未来传播书系

宫承波◎主编

广播新空间

——从广播媒体到听觉媒体

THE NEW SPACE OF BROADCASTING

— FROM BROADCASTING MEDIA TO AUDITORY MEDIA

田园—著

中国广播影视出版社

图书在版编目（C I P）数据

广播新空间 ：从广播媒体到听觉媒体 / 田园著 . --
北京：中国广播影视出版社，2020.7
（未来传播书系 / 宫承波主编）
ISBN 978-7-5043-8401-0

Ⅰ. ①广… Ⅱ. ①田… Ⅲ. ①广播工作—研究 Ⅳ.
①G22

中国版本图书馆CIP数据核字（2019）第 279034 号

广播新空间——从广播媒体到听觉媒体

田 园 **著**

责任编辑 房 远
封面设计 智达设计
责任校对 龚 晨

出版发行 中国广播影视出版社
电　　话 010-86093580 010-86093583
社　　址 北京市西城区真武庙二条 9 号
邮　　编 100045
网　　址 www.crtp.com.cn
电子信箱 crtp8@sina.com

经　　销 全国各地新华书店
印　　刷 河北鑫兆源印刷有限公司

开　　本 787 毫米 ×1092 毫米 1/16
字　　数 228（千）字
印　　张 12
版　　次 2020 年 7 月第 1 版 2020 年 7 月第 1 次印刷

书　　号 ISBN 978-7-5043-8401-0
定　　价 48.00 元

目　录

导 论

一、广播媒体陷入危机了吗——从“广播媒体弱势论”谈起

不管是从媒介发展的历史还是从曾经的影响力来看，广播媒体都可谓媒介种群中的“老字号”。传播速度快、感染力强、覆盖面广等优势使其一诞生就迅速成为主流大众媒介，推动人类进入了新的口语时代。无论是战争年代军中赖以传递信息、对敌开展“心理战”的电台，还是一度每天清晨伴随着许多人醒来、吃早餐甚至晨练的工具，无论是美国经济危机时期成就了“炉边谈话”、支撑了千千万万个普通家庭的收音机，还是中国20世纪60年代农村用于上传下达的高音喇叭、接入千家万户的木匣子，对于广播媒体来说，这些如“永不消逝的空中电波”“围着火炉听演说”“一朵牵牛花，爬上大树杈”般的盛景，或许曾辉煌一时，却已永远不再。从世界范围看，自20世纪20年代广播诞生到四五十年代电视兴起，广播媒体都作为“最强势的媒体”经历了相当长的一段“黄金时期”，甚至建构了一个时代的记忆。然而之后，广播的发展道路可谓跌宕起伏、风波四起。

从20世纪40年代黑白电视问世、50年代彩色电视出现，直到80年代音乐电视诞生，广播便已经迎来了其生存史上的第一轮冲击，尽管没有“报纸消亡论”那般甚嚣尘上，但针对广播媒体的“末日预言”也由此开始。此后，城市化和私家车的兴起使广播媒体迎来了短暂的“第二春”，但很快，互联网的繁荣、新技术的发展所带来的媒介生态变革又使广播媒体再度陷入危局。过去，唯一的竞争对手电视已经令广播“元气”大伤，而今，传媒的多样化发展又使得广播的竞争对手更趋纷杂多元，新媒体的侵袭，移动通信技术、数字技术、网络技术、流媒体技术给广播带来颠覆性震荡，日益蚕食和侵占着广播的领地；互联网以其高互动性、实时点播、易于保存等优势跃居领先媒体行列，横扫广播的受众市场；兼具个性化、自由性又贴近受众的手机等新媒体也逐渐对广播构成了瓜分之势。广播再次被推向了变革的风口浪尖。在此背景下，“广播媒体弱势论”大行其道。不少专家、学者开始对传统媒体的式微议论纷纷，认为其末日已经来临，广播媒体自然在所难逃，不是“正在消亡”便是“终将消亡”，其地位也终

于由昔日的“强势媒体”跌落为“弱势媒体”甚至“边缘媒体”。

2010 年，时任美国国家公共广播电台（National Public Radio，NPR）首席执行官的薇薇安·席勒（Vivian Schiller）这样预测：“广播发射塔十年内会销声匿迹。”①

2014 年，Netflix CEO 里德·哈斯廷斯（Reed Hastings）在演讲中谈及 Netflix 在拉美的崛起时称：“广播电视只能持续到 2030 年。”②

2015 年，挪威文化部部长索希尔德·韦德唯（Thorhild Widvey）宣布，挪威将在 2017 年 1 月 17 日开始正式终止 FM 传统模拟信号广播服务，全国的电台都将采用数字音频广播技术。③

FORTUNE RANKINGS MAGAZINE NEWSLETTERS VIDEO CONFERENCES SEARCH SIGN IN

PAID CONTENT
PVH Is Leading the Diversity and Inclusion Charge in Fashion
BY PVH

SPORTS
Retired NBA star Kobe Bryant dies in helicopter crash

TECH
Ready guest one: Atari-themed hotel deal punctuates the gaming pioneer's turnaround

ENTERTAINMENT
Diddy calls out Grammys for not respecting black music 'to the point that it should be'

TECH · FCC

Norway Shuts Down FM Radio Forever

BY JEFF JOHN ROBERTS
December 18, 2017 10:27 PM EST

There's something comforting in knowing you can switch on a radio and pull down an FM station just about anywhere—unless, that is, you live in Norway.

As of last Wednesday, FM radio can no longer be found in the Scandinavian country, which eliminated the stations as part of a national technology upgrade.

图 1　财富网发布的挪威关停 FM 广播服务的新闻

广播，真的要消失了吗？

的确，很多事实似乎都支持这一论断。

从传播效能上说，广播只有单纯的声音这一种传播符码，而电视则声画并茂，以互联网为代表的新媒体更是文字、图片、音频、视频等多种传播手段兼备。在当前这个“图片横行”“有图有真相”的“读图时代”，越来越多的信息以视觉符号呈现，更使得“只能听不能看”成为广播媒体的致命缺陷。

从受众规模及其媒介接触行为上说，随着社交媒体的兴起和越来越多互联网应用的普及，人们对广播的使用行为持续减少。2015 年发布的《全球传媒发展报告（2015）》显示，2014 年主要国家看电视、听广播、读报纸以及通过邮局

① 播客火了，广播会不会走向末日？［EB/OL］. http：//www. tmtpost. com/180007. html，2014-12-22。

② 传统广播电视必死无疑［EB/OL］. http：//news. mydrivers. com/1/343/343121. htm，2014-11-29。

③ 存在了 74 年的 FM 广播，要在这个国家消失了［EB/OL］. http：//www. ifanr. com/513506，2015-04-20。

发物品等的人数在整体上继续呈下降趋势，而用手机、上网的人数则在增长。此外，通过对 12 个国家受访者获取新闻源的比重调研发现，整体上网络（含社交网络）已成为第一新闻来源媒体，平均比重达 79%，其次是电视（76%），而报纸和广播占比均在 37%左右。① 而根据 2016 年 CSM 媒介研究在上海、北京、天津、广州、深圳、武汉、南京、成都、重庆、沈阳、西安和长沙 12 个城市的调查数据，被访者中，每天都接触“电视（在家里）”的人数占比为 73.8%，紧随其后并大幅度领先其他媒介接触行为的是“在家里上网”，每天都在家里上网的被访者占比为 66.2%。其后依次是“户外广告”“在家或单位以外的地方上网”“在工作单位上网”，占比分别为 31.1%、20.5%、15.0%。相较而言，“广播”的接触占比仅为 12.1%，稍微领先于“报纸”的 10.4%。② 无论从受众的整体规模还是从媒介接触偏好上看，广播似乎都已经处于一种“鸡肋”的尴尬位置。

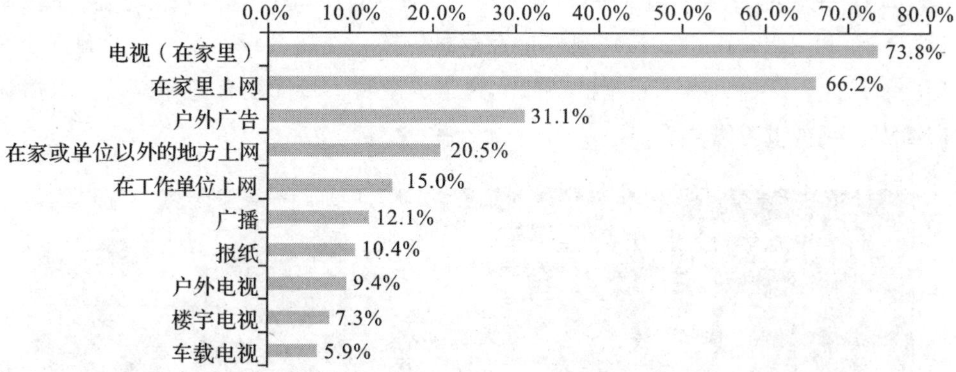

图 2　被访者中不同媒介每天接触至少一次的人数占比

从广播所处的竞争环境上说，像报纸、电视一样，广播媒体面临的竞争也来自于内部和外部两个方面。内部竞争，除了广播电台内部不同频率在各项指标上的竞争外，还有中央台和地方台、省级台和地市台之间的竞争；外部竞争，则包括来自传统媒体的竞争和来自新媒体的竞争，就当前的媒介生态格局而言，来自后者的竞争压力更大。公平地说，新媒体的崛起冲击的不仅仅是广播，然而相较于报纸、电视，传统广播所面临的对手却更为纷杂、具体：可随时随地收听且自制节目的播客，诸如 Pandora、SoundCloud、Spotify、Last. fm、AOL Music 等网络电台，诸如喜马拉雅、蜻蜓 FM、TuneIn、Classic FM、Jazz FM 等移动音频 App，形形色色的打车软件，未来通过移动互联连接智能终端的车载系统，等等。看起来，传统广播不但无力应付各色新媒体电台应用，而且在失去客厅之后，就连曾

① 《全球传媒发展报告（2015）》发布［EB/OL］. http：//www. lieku. tv/topic/2943. html，2015-11-25。

② 王平. 谁在看电视？谁在听广播？［EB/OL］. https：//mp. weixin. qq. com/s/O1G3OJ-fJeFzf1oe0F_dVQ，2017-11-28。

拯救自己于衰落的汽车也面临失守的危险。

在这样的背景下，广播媒体无论是产业规模、经营范围还是市场占有率、受众影响力等都好似处于“弱势地位”，相对于“上网”“刷微博”“发微信”“刷朋友圈”等更为“时尚”的媒介接触行为，“听广播”似乎早已成为遥远的过去。与此同时，风头正盛的新媒体不仅吸引了创业者、媒体从业人员等业界人士纷纷投身其中，也转移了大批学界研究者的注意力，在发展势头正旺的新媒体的诱惑下，愿意坚守在广播这块传统媒体阵地的人越来越少了。

然而，广播真如人们所说，是弱势媒体吗？它真的陷入了无法挽回的危机吗？若答案是肯定的，那么它何以存在百年？若答案是否定的，它又为何在人们心中的“存在感”如此之低？新媒体给广播带来了怎样的冲击，又或是怎样的机遇？在全新的媒介版图中，广播未来的生存空间在哪里？

2011 年，联合国教科文组织大会宣布，将每年 2 月 13 日定为“世界广播日”（World Radio Day），以彰显广播在信息传播、文化教育、舆论引导等方面的功能。从此，广播人有了自己的节日。这至少说明，时代没有抛弃广播；广播和广播人，仍被世界需要着。

图 3　2019 年 2 月 13 日是第 8 届世界广播日。联合国秘书长安东尼奥 · 古特雷斯（António Guterres）在致辞中道：“即使在当今数字通信的世界里，无线电广播能触及的人仍多于任何其他媒体平台。”

但即便如此，恐怕，对于“广播媒体弱势论”这一存在半个多世纪的议题，也还不能仅仅用“是”或“否”来回答——从发展历程上看，它曾经强势；从某些特定的发展阶段看，它陷入过低迷；而从发展现状上看，它常常被人遗忘，有时种种表现却要好过报纸、电视，它似乎潜力无穷、机遇无限，却又的确存在许多亟待解决的问题。

二、媒介融合："危机"中的"生机"

2014年中央全面深化改革领导小组第四次会议审议通过了《关于推动传统媒体和新兴媒体融合发展的指导意见》，使这一年成为"媒体融合元年"，由此，媒体融合成了中国媒体界不可或缺的主角。从媒介互动到媒介整合再到媒介大融合，人类需求的提高、技术的发展、政策法规的支持、传媒企业竞争的需要、媒介产品自身特性的完善等，无不使媒介间的融合成为现实。媒介融合成为媒介生态发展的必然趋势。对于传媒人和媒介产业、事业而言，这也许是最好的时代。

其实，放眼全球，媒体融合早已不是一个陌生的概念。它经历了科学、气象学、数学、进化生物学、政治学、经济学等不同学科领域的嬗变，最终由"Convergence"（融合）发展到"Media Convergence"（媒介融合）。1978年，尼古拉斯·尼葛洛庞蒂（Nicholas Negroponte）在其《数字化生存》（*Being Digital*）一书中最早提出了"媒介融合"的设想，用以表述计算机工业、出版印刷工业和广播电影工业边界趋于重合的现象，"Convergence"终于开始与大众传播联系起来。1983年，美国马萨诸塞州理工大学的伊契尔·索勒·普尔（Ithiel De Sola Pool）在其《自由的科技》（*The Technologies of Freedom*）一书中提出"传播形态融合"（the convergence of modes）的概念，并认为数码电子科技的发展是导致历来泾渭分明的传播形态聚合的原因，其本意是指各种媒介呈现出多功能一体化的趋势。① 后经学者们不断阐释，媒介融合开始在学界和业界普及，其内涵也日趋丰富，并发展出技术融合、产品和系统融合、组织融合、业态融合等不同范式。西方学者在该领域的研究不仅有理论分析、案例综述，还有现状访谈，且涵盖了媒介的外部环境和内部机制、新闻传播实践与媒介经营管理等与媒介相关的方方面面，视角广及技术技能、文化、组织结构、所有权等不同的融合层面，以及媒介融合与人才培养等，成果颇丰，其中就包括了广播媒体与新兴媒体的融合发展。

表1　部分西方学者对"媒介融合"的阐释②

人物	相关阐释
Andrew Nachison（美国新闻学会媒介研究中心主任）	将"融合媒介"定义为"印刷的、音频的、视频的、互动性数字媒体组织之间的战略的、操作的、文化的联盟"③

① 孟建．媒介融合：粘聚并造就新型的媒介化社会［J］．国际新闻界，2006（7）：24—27。

② 本表参考：蔡雯．从"超级记者"到"超级团队"——西方媒体"融合新闻"的实践和理论［J］．中国记者，2007（1）：80—82。

③ 徐沁．媒介融合：新闻传播业的新趋势［J］．东南传播，2008（6）：71—73。

续表

人物	相关阐释
科隆（Colon，2000）	媒介融合的实际运作早已有之。早在20世纪50年代，一些报社就拥有自己的电视台，并且共享一些信息资源。不过，从那时开始，媒介融合的概念已经历了半个世纪的演变。坦帕模式所代表的现代媒介融合方式充分说明了其更丰富的内涵①
詹金斯（Jenkins，2001）	媒介融合的五种形式：技术融合、经济融合、社会或组织融合、文化融合和全球融合②
道尔（Doyle，2002）	媒介融合是指电子通信技术、计算机技术和媒体的融合③
李奇·高登（Rich Gordon，2003）	根据不同传播语境下“convergence”所表达的含义归纳了美国当时存在的五种“融合新闻”类型：1. 所有权融合（ownership convergence）：大型传媒集团拥有不同类型的媒介，以实施这些媒介之间的内容相互推销和资源共享；2. 策略性融合（tactical convergence）：所有权不同的媒介之间在内容上共享；3. 结构性融合（structural convergence）：与新闻采集和分配方式相关，如报纸新闻加工打包后出售给电视台；4. 信息采集融合（information-gathering convergence）：新闻报道层面上一部分新闻从业者需要以多媒体融合的新闻技能完成新闻信息采集；5. 新闻表达融合（storytelling or presentation convergence）：记者和编辑需要综合运用多媒体的、与公众互动的工具与技能来完成对新闻事实的表达④
戴默（Lori Demo）等	在向美国新闻与大众传播学教育学会提交的论文——《融合连续统一体：媒介新闻编辑部合作研究的一种模式》中提出“融合连续统一体”的新概念，界定了“融合新闻”的几种模式及其具体含义：1. 交互推广（cross-promotion），指作为合作伙伴的媒介相互利用对方推广自己的内容，如电视介绍报纸的内容。2. 克隆（cloning），指作为合作伙伴的媒介不加改动地刊播对方的内容。3. 合竞（coopetition），指作为合作伙伴的媒介之间既有合作也有竞争，如一家报社的记者编辑在某电视台的节目中对新闻进行解释和评论，某一媒介为自己的合作伙伴提供部分新闻内容等。4. 内容分享（content sharing），指作为合作伙伴的媒介定期相互交换线索和新闻信息，并在一些报道领域中进行合作，如选举报道、调查性报道等，彼此分享信息资源，甚至共同设计报道方案，但各媒介的新闻产品仍然是由各自的采编人员独立制作的。5. 融合（convergence），指作为合作伙伴的媒介在新闻采集与新闻播发两个方面进行全方位的合作，他们的共同目标是利用不同媒介的优势最有效地报道新闻。多个媒介的记者编辑组成一个共同的报道小组，策划新闻报道并完成采编制作，并且决定哪一部分内容最适合在哪个媒介上播发⑤

① COLON A. The Multimedia Newsroom［J］. Columbia Journalism Review，2000，39：24-27.

② JENKINS H. Convergence? I Diverge［J］. Technology Review，2001，104：93-94.

③ DOYLE G. Media Ownership：The Economics and Politics of Convergence and Concentration in the UK and European Media［M］. London：SAGE Publications，2002.

④ RICH GORDON. The Meanings and Implication of Convergence In Kawamoto［M］. Ed. Digital Journalism：Emerging Media and the Changing Horizons of Journalism，New York：ILowman & Litdefield，2003：57-73.

⑤ DAILEY L，DEMO L，SPILLMAN M. The Convergence Continuum：A Model for Studying Collaboration between Media Newsrooms［C］. Paper Presented at the Association for Education in Journalism and Mass Communication Conference，Kansas City，MO，2003.

在我国，早在1999年开始就已陆续出现一些包含与“媒介融合”类似概念和词语的文章，大多是基于20世纪90年代互联网兴起之初所产生的“取代论”和“共存共荣论”之争。2005年，蔡雯在考察美国媒介发展状况过程中，发表了《培养具有媒体融合技能的新闻人才——与美国密苏里新闻学院教授的对话》，并接连撰文介绍媒介融合，最早将此概念引入中国并加以阐释。此后，国内有关媒介融合的研究迅速增多。不过尽管如此，在相当长的一段时间内，“媒介融合”都还只是作为一个概念、一种理论停留在技术使用、学术研究层面，而它真正走向实践，引起普通信息使用者的广泛关注则经历了一个过程。2013年，“媒体融合”被首次在党和国家领导人的公开讲话中提及，并成为我国全面深化改革决策的重要内容之一①，由此，它终于由一个技术概念发展为一项国家战略、由市场自发转变为行业自觉，以其时代性、前沿性成为传播学框架下的一门“显学”，从而获得了更多的发展动力。作为一种不可规避的大环境、大背景，它与媒体发展的关系也日趋紧密。

诚然，新媒体的发展和媒介格局的巨变给广播媒体带来了巨大冲击，但也正是潜藏于其中的媒介融合潮流使长期在“夹缝”中生存的广播媒体迎来了突破和新生的机遇。从传播平台上说，媒介融合所孕育的崭新传输渠道为广播的进一步发展提供了技术基础，使广播可通过与网络、手机等的融合超越半导体收音机，走出一条终端多元的道路，而这也将进一步延伸广播的整条产业链，使其获得新的利益增长点；从节目形态上说，媒介融合为广播节目形态的延展创造了条件，如依托于移动电台的广播脱口秀、广播真人秀，依托于微信、微博等社交媒体的用户自制广播节目等；从互动方式上看，媒介融合使得各种技术在广播传播中的应用成为可能，广播媒体的信息操作、处理、运算能力得以极大改进和提升，随之而来的是互动响应时间的缩短、互动方式的创新与多元、可供互动的信息量的增多，这将使广播媒体与其听众之间的交流更加充分、有效。

上述事实无一不告诉我们：媒介融合之于广播媒体，不仅裹挟危机，更蕴含生机；不仅是大背景、发展观，更是大方向、方法论。而当前需要做的，便是发现“危机”中的“生机”，并加以充分利用。

三、广播媒体的研究进路回顾

广播媒体研究几乎与广播媒体的诞生、发展同步，并在其发展的不同阶段呈现出不同的研究侧重，而由于国情、社会环境、传媒发展阶段、受众心理等诸多

① 2013年8月19日，习近平总书记在全国宣传思想工作会议上指出：“要适应社会信息化持续推进的新情况，加快传统媒体和新兴媒体融合发展，充分运用新技术新应用创新媒体传播方式，占领信息传播制高点。”同年11月，党的十八届三中全会提出，要整合新闻媒体资源，推动传统媒体和新兴媒体融合发展，并将此写入全面深化改革的纲领性文件——《关于全面深化改革若干重大问题的决定》。

因素的不同，国内外的广播媒体研究也表现出了迥异的特点。

（一）国外广播研究

从20世纪20年代广播诞生，西方便揭开了广播理论研究和实践探索的序幕。根据广播发展的情况，相关研究可划分为广播研究的起步期（20世纪20年代至40年代）、广播研究的低迷期（20世纪50年代至80年代）、广播研究的繁荣期（20世纪90年代后）三个阶段。

1. 广播研究的起步期（20世纪20年代至40年代）

西方的广播业于第一次世界大战后开始起步，从20世纪20年代后的经济大萧条到20世纪40年代电视兴起以前，广播的发展经历了一段短暂的“黄金时期”，在此期间，广播研究也随之展开。众所周知，广播的诞生、发展离不开电磁波的发现和电子技术的创新变革，且与电报、电话的发明息息相关，因此，早期的广播研究主要以技术为中心，涉及无线电技术、广播技术、收音机技术等，较具代表性的文章有：《跨大西洋无线传输的一些最新测量》（*Some Recent Measurements of Trans—Atlantic Radio Transmission*）、《无线电短波长距离传播的理论》（*Theory of the Propagation of Short Radio Waves Over Long Distances*）、《无线电波的极化》（*The Polarisation of Radio Waves*）、《大气条件对无线电接收影响的可视化观测方法》（*A Visual Method of Observing the Influence of Atmospheric Conditions on Radio Reception*），等等。

后来，随着广播技术的完善，加之独特战争环境的影响，广播突出的时效性及长距离传输优势使其成为社会宣传、政治传播的重要工具，广播的媒介功能得到发现、发挥，到20世纪30年代，开始出现一些有关广播媒体的宣传研究、传播研究，也有部分关于广播内容和节目形态的研究。例如：《有效广播演讲的原则》（*The Principles of Effective Radio Speaking*）、《作为教育力量的广播》（*The Radio as an Educational Force*）、《广播，一种新的宗教?》（*Radio, a New Religion?*）、《广播讲话的技巧研究》（*Studies in the Techniques of Radio Speech*）、《美国政治学协会的广播节目》（*Radio Program of the American Political Science Association*）、《心理学与广播》（*Psychology and Radio*）、《作为政府引导手段的广播》（*Radio as a Means of Instruction in Government*），等等。

20世纪四五十年代，美国经验学派传播效果研究盛行，1937年至1944年，在洛克菲勒基金会（Rockefeller Foundation）的资助下，保罗·F. 拉扎斯菲尔德（Paul F. Lazarsfeld）主持的“广播研究项目”取得了一系列重要的研究成果，较具代表性的包括赫塔·赫佐格（Herta Herzog）的日间广播肥皂剧研究、阿尔伯特·哈德利·坎特里尔（Albert Hadley Cantril）对广播剧《火星人入侵地球》引起的恐慌反应的研究〔1935年，与高尔顿·威拉德·奥尔波特（Gordon Willard

Allport）合著《广播心理学》]、西奥多·阿多诺（Theodor Wiesengrund Adorno）的流行与严肃音乐研究，以及拉扎斯菲尔德关于收听广播与阅读印刷品的比较研究等。① 1944 年，拉扎斯菲尔德等人关于伊里县项目的研究成果《人民的选择》（*The People's Choice*）问世，首次将社会调查法应用于传播效果研究。此后，以实证方法为主的广播研究成果逐渐增多。

广播节目的强大影响力也带来了巨大的商业利润，约从 20 世纪 30 年代起，广播业发展成为一个拥有极高利润的行业，商业电台兴起。1946 年，威廉姆·佩克·班宁（William Peck Banning）的《商业广播先驱：1922—1926 年 WEAF 的实验》（*Commercial Broadcasting Pioneer*：*The WEAF Experiment*，1922-1926）②一书问世，这是西方最早对商业电台模式的研究。1948 年，拉扎斯菲尔德、帕翠莎·肯德尔（Patricia Kendall）合著的《美国的广播收听》（*Radio Listening in America*：*The People Look at Radio Again*）③ 出版，报告了全国听众调查的结果；1949 年，麦克劳林（W. Rupert Maclaurin）的《广播业中的发明与创新》（*Invention and Innovation in the Radio Industry*）④ 出版，研究了技术在广播发展早期的明显控制性作用。这些成果显示出广播研究早期阶段偏重经验性实证研究和关注广播技术作用的特点。⑤

2. 广播研究的低迷期（20 世纪 50 年代至 80 年代）

在广播媒体的发展史上，电视可谓给予了其最为致命性的一击。20 世纪 50 年代以后，西方发达国家尤其是拉美地区的电视发展十分迅速，日益取代广播成为最重要的大众传播媒介。在此影响下，广播研究也陷入低迷，而对先前广播“黄金时代”的怀念和留恋也为研究者们开辟了另一视角的研究——广播史研究。1956 年，西德尼·W. 海德的《美国的广播》一书出版，提出在历史语境中认识和理解电子媒介的崭新角度。20 世纪 60 年代末期，哥伦比亚大学教授埃里克·巴诺（Erik Barnouw）接连出版了三部广播史：《巴别塔：1933 年以前的美国广播史》(*A Tower in Babel*：*A History of Broadcasting in the United States to* 1933)、《金网：美国广播史（1933—1953）》（*The Golden Web*：*A History of Broadcasting in the United States* 1933-1953)、《想象帝国：1953 年以来的美国广播史》（*The*

① 转引自高金萍．20 世纪西方电视理论研究述略［J］．媒介研究，2007（2)。原文引自 E. M. 罗杰斯．殷晓蓉，译．传播学史：一种传记式的方法．上海：上海译文出版社，2001：293。

② BANNING W P. Commercial Broadcasting Pioneer：The WEAF experiment［M］. Cambridge：Harvard University Press，1946。

③ LAZARSFELD PAUL F，PATRICIA KENDALL. Radio Listening in America：The People Look at Radio Again［M］. New York：Prentice-Hall，1948。

④ MACLAURIN W RUPERT. Invention and Innovation in the Radio Industry［M］. New York：Macmillan；reprinted by Arno Press，1971。

⑤ 高金萍．西方广播研究的视角分析［J］．新闻与传播研究，2012（5)：86—94。

Image Empire：*A History of Broadcasting in the United States from* 1953)，[①] 详细阐述了美国的广播电视史，以及广播电视在美国人生活和美国政治、商业、社会、宗教等事务中的作用，在广电史研究领域具有里程碑式的意义。

图4 埃里克·巴诺（Erik Barnouw）的三部广播史

3. 广播研究的繁荣期（20世纪90年代后）

广播在20世纪的社会历史风云中诞生、成长，也就不可避免地受到其所处时代政治、经济、科技、文化等的洗礼。20世纪90年代后，随着“地球村”的逐渐形成和世界文化的多元融合趋势，广播的内容日益丰富，在政治中的作用也日渐加强，其影响力开始为越来越多的人所重视，广播研究由此又重新活跃、繁荣起来。这主要表现在以下几个方面。

（1）研究领域丰富多元

这一阶段，广播研究无论在内容上还是数量上都有了较大提升，广播研究的论著和学术论文较20世纪20年代至80年代成倍增多。与此同时，学者们跳出了过去单纯技术研究、史学研究的窠臼，开始探寻更为丰富的内容，研究范围也进一步放宽，开始了由外向内、由宏观到微观的变化。

其一，广播新闻研究。其中，有对广播新闻节目制作技巧的研究，如美国维莱莉·盖勒（Valerie Geller）的《创造有影响力的广播》（*Creating Powerful Radio*：*Getting*，*Keeping and Growing Audiences News*）[②]，该书据作者30年的广播制作经验写成，堪称广播从业者的“红宝书”。还有对广播从业者（包括记者、主持人等）的研究，学术性的往往取道历史研究，紧密围绕新闻报道者展开，如美

① BAMOUW ERIK. A Tower in Babel：A History of Broadcasting in the United States to 1933（1966）；The Golden Web：A History of Broadcasting in the United States 1933-1953（1968）；The Image Empire：A History of Broadcasting in the United States from 1953，（1970）［M］. Oxford University Press，USA.

② GELLER VALERIE. Creating Powerful Radio：Getting，Keeping and Growing Audiences News［M］. Talk，Information & Personality Broadcast，HD，Satellite& Internet. Burlington，MA：Focal Press，2007.

国学者爱德华·D. 米勒（Edward D. Miller）的《突发事件报道与20世纪30年代的美国广播》（*Emergency Broadcasting and 1930s American Radio*）①，由广播灾难新闻报道案例切入构建学术框架，探讨早期广播的影响力；美国学者罗伯特·J. 布朗（Robert J. Brown）的《控制苍穹：30年代美国广播的力量》（*Manipulating the Ether: The Power of Broadcast Radio in 1930s America*）②，以罗斯福、艾森豪威尔对广播的使用等为例分析了早期新闻广播的报道方式。传记体的则以口述史、广播主持人传记为主，出现了多种关于哥伦比亚广播电台主持人爱德华·默罗（Edward R. Murrow）③、英国广播公司总经理约翰·瑞思（John Reith）④ 的传记。⑤

图5　维莱莉·盖勒（Valerie Geller）的《创造有影响力的广播》
（*Creating Powerful Radio: Getting, Keeping and Growing Audiences News*）

其二，广播娱乐研究。在广播诞生之初及其后发展的相当长的一段时间里，信息传递一直是其首要功能。而随着技术发展条件的逐渐完善和人们精神文化生活需求的提高，广播的娱乐功能逐渐形成，这也刺激了与广播娱乐相关的研究。其中，较为突出的一个方面是广播音乐研究。广播音乐研究起步于20世纪40年

---

① MILLER EDWARD D. Emergency Broadcasting and 1930s American Radio ［M］. Philadelphia: Temple University Press, 2003.

② BROWN ROBERT J. Manipulating the Ether : The Power of Broadcast Radio in Thirties America ［M］. Jefferson, NC: McFarland, 2004.

③ KENDRICK A. （1969）. Prime Time: The Life of Edward R. Murrow ［M］. Boston, MA: Little, Brown; Sperber, A. M. 1998. Murrow: His Life and Times. New York: Freundlich Books, 1986; reprinted by Fordham University Press.

④ MCLNTYRE IAN. The Expense of Glory: A Life of John Reith ［M］. New York: Harpercollins; Leishman, 1995. Marista. My Fathe: Reith of the BBC. England: Saint Andrew Press, 2006.

⑤ 高金萍．西方广播研究的视角分析［J］．新闻与传播研究，2012（5）：86—94。

代后期出现的广播古典音乐节目研究，代表是1946年吉尔伯特·切斯（Gilbert Chase）主编的《收音机广播中的音乐》（*Music in Radio Broadcasting*）和1947年恩斯特·拉普瑞德（Ernest LaPrade）的《广播音乐》（*Broadcasting Music*）①。20世纪90年代后，广播音乐研究进一步深入，出现了保尔·杰克逊（Paul Jackson）的三部曲：《周六下午老地方：大都会歌剧广播，1931—1950》（*Saturday Afternoons at the Old Met*：*The Metropolitan Opera Broadcasts*，1931-1950）、《节目结束老地方见：大都会歌剧广播，1950—1966》（*Sign-Off for the Old Met*：*The Metropolitan Opera Broadcasts*，1950-1966）、《在新的地方开始：大都会歌剧广播，1966—1979》（*Start-Up at the New Met*：*The Metropolitan Opera Broadcasts*，1966-1979）②。此外，在美国播出时间最长的直播音乐节目《奥里·奥普瑞》（Ole Opry）也吸引了研究者的目光，1999年，查尔斯·K. 沃尔夫（C. K. Wolfe）的《温厚的骚乱：伟大的奥里·奥普瑞的诞生》（*A Good-natured Riot*：*The Birth of the Grand Ole Opry*）③ 出版。

广播剧也是诞生于20世纪20年代、兴盛于20世纪40年代的广播娱乐品种，因此除广播音乐外，有关广播剧的研究也活跃起来，出现了一批广播剧演员的传记和有关广播剧创作者的研究，如：《弗莱德·艾伦：他的生活和智慧》（*Fred Allen*：*His life and wit*）④、《弗莱德·艾伦的广播喜剧》（*Fred Allen's Radio Comedy*）⑤；《诺曼·考温和广播：黄金年代》（*Norman Corwin and Radio*：*The Golden Years*）⑥、《诺曼·考温的环球飞行：最伟大的广播剧作家丢失的日记》（*Norman Corwin's One World Flight*：*The Lost Diary of Radio's Greatest Writer*）⑦。

其三，广播与文化研究。20世纪90年代后，广播从过去单纯的“政治工具”角色中分离出来，开始承担更多的娱乐、文化、教育、服务功能，此时，西

---

① GILBERT CHASE，ed. Music in Radio Broadcasting（McGraw Hill，1946），said by some to be the first book devoted to the topic；followed just a year later by Ernest LaPrade，Broadcasting Music（New York：Rinehart，1947），both of which were almost totally devoted to classical rather than popular music formats.

② JACKSON PAUL. Saturday Afternoons at the Old Met：The Metropolitan Opera Broadcasts［M］. 1931-1950（New York：Amadeus，2003）；Sign-Off for the Old Met：the Metropolitan Opera Broadcasts［M］，1950-1966（New York：Amadeus，1999）；and Start-Up at the New Met：The Metropolitan Opera Broadcasts［M］，1966-1976（New York：Amadeus，2006）.

③ WOLFE C K. A Good-Natured Riot：The Birth of the Grand Ole Opry［M］. Nashville，TN：Vanderbilt University/Country Music Foundation Press，1999.

④ TAYLOR R. Fred Allen：His Life and it［M］. Boston：Little Brown，1989.

⑤ HAVING A. Fred Allen's Radio Comedy［M］. Philadelphia：Temple University Press' American Civilization，1990.

⑥ BANNERMAN R L. Norman Corwin and Radio：The Golden Years［M］. Tuscaloosa：University of Alabama Press，1986.

⑦ KEITH MICHAEL C，Watson M A，eds. Norman Corwin's One World Flight：The Lost Diary of Radio's Greatest Writer［M］. New York：Continuum，2009.

方学者有关宗教广播、公共广播以及广播与少数族裔、广播与劳工组织等的研究逐渐增多。较具代表性的有凯茜·M. 纽曼（M. Newman）的《企业家的利润与骄傲：从假冒电台的吸引力到广播的灵魂》（*Entrepreneurs of Profit and Pride：From Black appeal to Radio Soul*）①、吉尔伯特·A. 威廉姆斯（G. A. Williams）的《黑人广播的传奇先驱》（*Legendary Pioneers of Black Radio*）②、托娜·J. 汉根（T. J. Hangen）的《电台的救赎：美国的广播、宗教和大众文化》（*Redeeming the Dial：Radio，Religion，and Popular Culture in America*）③，班内特（Barnett）等的《BBC 的战争：英国广播业的阴谋?》（*Battle for the BBC：A British Broadcasting Conspiracy?*）④。

其四，广播政策研究。从总体的发展历程上看，西方国家的广播业经历过诞生之初的自由发展、中期的加强规制、八九十年代的商业化浪潮与放松规制等不同发展阶段，进入 20 世纪 90 年代后，公营台和商业台之辩愈加激烈，不少国家颁布了相应的法案，由此，有关广播政策的研究也明显增多。包括：罗伯特·麦克切斯尼（Robert W. McChesney）的《电信、大众媒介和民主：1928 年到 1935 年美国广播控制的斗争》（*Telecommunications，Mass Media，and Democracy：The Battle for the Control of U. S. Broadcasting*，1928-1935）、迈克尔·特雷西（Michael Tracey）的《公共广播的沉浮》（*The Decline and Fall of Public Service Broadcasting*）⑤、杰姆·C. 福斯特（James C. Foust）的《空中巨响：广播频道争夺战》（*Big Voices of the Air：The Battle over Clear Channel Radio*）⑥、苏珊·L. 布瑞森（S. L. Brinson）的《红色恐慌、政治和联邦通信委员会，1941—1960》（*The Red Scare，Politics，and the Federal Communications Commission*，1941-1960）⑦、安德鲁·格雷汉姆（Andrew Graham）的《广播的公共目标：资助 BBC》（*Public Purposes in Broadcasting：Funding the BBC*）⑧、大卫·列维（David Levy）的《欧洲的

---

① NEWMAN M. Entrepreneurs of Profit and Pride：From Black Appeal to Radio Soul [M]. New York：Praeger "Media and Society Series", 1988.

② WILLIAMS G A. Legendary Pioneers of Black Radio [M]. Westport，CT：Praeger，1998.

③ HANGEN T J. Redeeming the Dial：Radio，Religion，and Popular Culture in America [M]. Chapel Hill：University of North Carolina Press，2002.

④ BARNETT STEVEN，CURRY ANDREW. Battle for the BBC：A British Broadcasting Conspiracy? [M]. London：Aurum，1994.

⑤ TRACEY MICHAEL. The Decline and Fall of Public Service Broadcasting [M]. Oxford：Oxford University Press，1998.

⑥ FOUST C JAMES. Big Voices of the Air：The Battle Over Clear Channel Radio [M]. Iowa：Iowa State University Press，2000.

⑦ BRINSON S L. The Red Scare，Politics，and the Federal Communications Commission，1941-1960 [M]. Westport，CT：Praeger，2004.

⑧ GRAHAM，ANDREW. Public Purposes in Broadcasting：Funding the BBC [M]. Bedfordshire：University of Luton Press，1999.

数字革命：广播规章、欧盟和民族国家》（*Europe's Digital Revolution*：*Broadcasting Regulation*，*the EU*，*and the Nation State*）①、劳伦特·加赞尼提（Laurent Garzaniti）的《电信、广播和互联网：欧盟的竞争性法律和规制》（第三版）（*Telecommunications*，*Broadcasting and the Internet*：*EU Competition Law and Regulation*）② 等。

其五，广播技术研究和史学研究。广播技术研究和史学研究都是广播研究中较早出现的分支领域，进入20世纪90年代后，它们均进入了更深层面。技术研究方面，研究的侧重从刺激广播出现的关键技术发明转向了推动广播完善与成熟的技术进步、融合探究，出现了如苏珊·道格拉斯（S. J. Douglas）的《创造美国广播，1899—1922》（*Inventing American Broadcasting*，1899-1922）③ 这样融广播技术史与经济制度史于一体的著作。此外，也出版了一些针对广播技术先驱者的传记，如《李·德福雷斯特：广播之父》（*Lee de Forest and the Fatherhood of Radio*）④。史学研究方面出现了两大分支：一是广播史学研究深入到广播广告史、文化史、区域史等多个层面；二是一系列地方广播电台的个案研究出版。⑤ 代表性作品有阿萨·布里格斯（A. Briggs）的《英国广播史》（五卷本）（*The History of Broadcasting in the United Kingdom*，*five volumes*）⑥，比尔·亚克（B. Jaker）、弗兰克·苏雷克（F. Sulek）和彼得·肯瑟（P. Kanze）的《纽约的电波：1921—1996年大都会156家调幅广播图史》（*The Airwaves of New York*：*Illustrated Histories of* 156 *AM Stations in the Metropolitan Area*，1921-1996）⑦。

（2）有关广播研究的学术刊物创办

除了著作和论文外，20世纪90年代后，许多有关广播研究的学术刊物也相继创办起来。例如，1991年美国广播电视教育学会创办的《广播研究期刊》（*Journal of Radio Studies*）⑧，刊登有关广播研究的成果，广及技术、政策法规、广播业务与管理、国际广播等领域，尤其重视跨学科的研究内容和方法。又如，在英国"广播研究网"与伯明翰城市大学于2003年合作出版的《广播杂志：广播和声音媒体的国际研究》（*The Radio Journal*：*International Studies in Broadcast &*

---

① LEVY DAVID. Europe's Digital Revolution：Broadcasting Regulation，the EU，and the Nation State [M]. London：Routledge，1999.

② GARZANITI LAURENT. Telecommunications，Broadcasting and the Internet：EU Competition Law and Regulation，3rd Revised edition [M]. London：Sweet & Maxwell，2010.

③ DOUGLAS S J. Inventing American Broadcasting，1899-1922 [M]. Baltimore：Johns Hopkins University Press，1987.

④ HIJIYA J A. Lee de Forest and the Fatherhood of Radio. Cranbury，NJ：Lehigh University Press，1992.

⑤ 高金萍．西方广播研究的视角分析 [J]．新闻与传播研究，2012（5）：86—94。

⑥ BRIGGS A. The History of Broadcasting in the United Kingdom，five volumes [M]. Oxford：Oxford University Press，1995.

⑦ JAKER B SULEK F，KANZE P. The airwaves of New York：Illustrated histories of 156 AM stations in the metropolitan area，1921-1996. Jefferson，NC：McFarland，1998.

⑧ 2008年更名为《广播与声音媒体期刊》（*Journal of Radio &Audio Media*）。

Audio Media)[①]，专事刊登声频媒体研究的成果。这些学术刊物为广播研究提供了更为便捷的平台，促使其向更深入的方向发展。

纵观国外的广播媒体研究，有过高潮也有过低谷，其研究对象广及国际与区域广播、公营与私营广播、教育与娱乐广播、政治与商业广播、宗教广播、黑人广播等各方面，甚至对无执照的地下电台（Pirate Radio）、微波电台（Lower-power Radio）等非主流的、面对小众进行传播的电台也给予了相当的关注。[②] 不过，无论是从自身来衡量还是从与其他媒体研究（如纸媒研究、电视研究）对比的角度看，国外广播研究的总体数量并不是很多，这与广播媒体自身的发展情况有关。另外，值得注意的是，由于社会制度、国情等原因，多数西方国家公私营广播机构并存，这使得在广播新闻、广播娱乐、广播技术、广播史、广播政策等既有研究领域之外，对广播社会角色和广播与人的关系的关注成为贯穿国外广播研究的重要线索，直到今天，西方国家对广播公私体制的争辩、对广播社会角色和文化功能的讨论、对广播与人的关系的探究等仍在继续。

（二）国内广播研究

与西方国家不同，中国的广播研究要早于广播发展。据当前可考证的资料显示，国内对广播的最早介绍始于1920年上海《东方杂志》的《科学杂俎》栏目陆续刊登的一批文章——《轻便无线电话机》（1月）、《自动车上之无线电话》（3月）、《空中传来之演说》（5月）、《用无线电传达音乐及新闻》（8月）、《无线德律风之又一式》（11月）[③] 等，这可看作中国广播研究的起步。此后，国内对广播的研究便一直没有中断，形成了丰硕的成果。

当前，学界倾向于按照时间顺序对我国的广播研究之路进行历史分期。2007年，赵玉明在其《谈谈广播电视研究和广播电视学学科建设》一文中将中国广播研究的历史划分为民国时期的缓慢起步、新中国成立至改革开放前的曲折前进、改革开放以来至20世纪80年代末的恢复成长、90年代初至今的走向成熟四个阶段。[④] 2010年，申启武、安治民在其合著的《中国广播电视研究90年》一书中，综合以往学者的研究成果，并按照媒介史分期应当抓住其本质变化及标志性事件进行阶段划分的原则，立足于中国广播发展情况以及中国广播研究自身的本质变化，将中国广播研究划分为萌芽时期的广播研究（1920—1927）、缓慢发展时期的广播研究（1928—1949）、曲折前进时期的广播研究（1949—1976）、恢复与短暂繁荣时期的广播研究（1976—1990）、成熟与相对稳定时期的广播研

---

① 详见 http://www.intellectbooks.co.uk/journals/view-Journal，id=123/。

② 高金萍．西方广播研究的视角分析［J］．新闻与传播研究，2012（5）：86—94。

③ 张君昌．简论中国广播电视90年发展轨迹：萌芽与起步阶段［J］．北方传媒研究，2010（3）。

④ 赵玉明．谈谈广播电视研究和广播电视学学科建设［J］．现代传播，2007（4）：104—108。

究（1991—2000）、繁荣发展时期的广播研究（2001年至今）六个基本的发展阶段（如表2所示）。①

表2　中国广播研究史概略②

<table>
<tr><th>阶段划分</th><th>研究重点</th><th>代表性作品</th><th>特点</th></tr>
<tr><td rowspan="3">萌芽时期的广播研究（1920—1927）</td><td>有关广播的知识介绍</td><td>《用无线电传达音乐及新闻》</td><td rowspan="3">早期研究规模小，自发性较多，对广播认识还相对粗浅，只将其当成新奇的文化娱乐工具或商业盈利手段；对广播与电报、电话的关系区分不清，相关术语缺乏规范性</td></tr>
<tr><td>外国人在华创办广播电台的情况介绍</td><td>《三年来上海无线电话之情形》（1924，曹仲渊）、《无线电之新事业》（1925，朱其清）</td></tr>
<tr><td>广播研究进入新闻学者的学术研究视野</td><td>1927年戈公振《中国报学史》中有关于“无线电话”（即广播）的记述</td></tr>
<tr><td rowspan="4">缓慢发展时期的广播研究（1928—1949）</td><td rowspan="4">受十年内战及抗日战争影响未得到健康发展，但在研究主体（包括无线电专家、新闻学者、政府部门人员及社会其他各界人士）、内容（包括广播节目、技术、发展状况、广播职业道德、广播与教育的关系、播音语言、抗战中的广播宣传等）、成果上均有很大进步，呈现出涵盖面广、综合性强、专业化水平高、针对性强等重要特点</td><td>《我国之广播事业》（吴道一，1929.12）、《上海无线电台的发展》（胡道静，1937.3）、《广播须知》（赵元任，1937.5）、《十年来的中国广播事业》（吴保丰，1937.6）、《对于时事播音的一点意见》（茅盾，1937.8）、《胜利还都与我国广播事业》（吴道一，1946.5）等</td><td rowspan="4">对广播的认识逐渐深入，并形成一定规模</td></tr>
<tr><td>旧中国“广播界的黄金时代”（20世纪30年代中期）代表作品：《从上海播音说到国际纠纷》（曹仲渊）、《广播无线电播音者与收音者应有之道德》（吴侍中）、《广播节目之趋向》（苏祖国）、《谈广播节目》（苏祖国）、《播音与教育》（苏祖国）、《借无线电灌输知识》（独鹤）等</td></tr>
<tr><td>抗战时期日伪区出现《放送年鉴》（1939年、1940年出版）</td></tr>
<tr><td>1940年人民广播研究诞生。《介绍XNCR》（延安《解放日报》，1945.10）、《大家办广播》（延安《解放日报》，1945.10）、《延安广播电台广泛征求听众意见》（晋冀鲁豫《人民日报》，1946.7）、《对目前改进语言广播的几点意见》（新华总社语言广播部，1947.6）等</td></tr>
</table>

① 申启武，安治民．中国广播电视研究90年［M］．广州：暨南大学出版社，2010：4—5。

② 本表根据申启武、安治民《中国广播电视研究90年》中对我国广播研究史的阶段划分整理，部分内容参考哈艳秋《简论旧中国对广播的研究》（《北京广播学院学报》1993年第3期）和张君昌《简论中国广播电视90年发展轨迹：萌芽与起步阶段》（《北方传媒研究》2010年第3期）。

续表

阶段划分	研究重点	代表性作品	特点
曲折前进时期的广播研究（1949—1976）	确立了广播的政治属性，开始探讨广播自身特性	1950. 2. 27，新闻总署召开京津新闻工作会议，确定了广播新闻传播、政令传达、社会教育、文化娱乐的主要任务；1952. 12. 1—11，第一次全国广播工作会议召开，总结了新中国成立三年来广播工作的成就、经验和存在问题；1954. 7. 6—9. 5，我国派出首个大型广播代表团访问苏联，学习其广播工作经验，10月，中央广播事业局内部印发《苏联广播工作经验》小册子，全面介绍苏联经验①	受政治影响明显，围绕如何更好地为政治服务展开。研究成果、队伍、平台较先前有了较大突破，在专业化建设进程中向前迈了一步，但受政治影响，仍停留在资料整理阶段，学科化建设未取得进展
	新中国成立初期主要围绕新中国广播事业建设及具体广播宣传业务工作展开	《必须重视广播》（《人民日报》社论，1951. 3. 23）、《对广播事业局工作的谈话》（刘少奇，1956. 5. 28）、《改进我们的广播宣传工作》（梅益，1956. 8. 16）等	
	社会主义建设的曲折时期，广播研究也出现了一些不切实际的表现	《政治是广播大跃进的统帅》（梅益，1958. 5）、《政治挂帅，开门办台》（《新闻战线》，1958. 10）、《组织广播宣传大跃进的关键》（《新闻战线》，1958. 12）	
	广播研究机构成立	1949. 11. 3，中央广播事业局建立广电系统第一个业务研究机构——地方编播研究部；1958，中央广播局研究室成立；1959. 9. 7，北京广播学院成立。出现了一批重要的广播研究工作者，广播研究由此逐渐走向专业化，研究范围涵盖广播史、广播理论、广播业务、广播宣传、播音等方面	
	广播研究刊物创办	《新闻战线》（1957）、《每日广播》（1950. 1. 4，中央电台）、《广播通报》（1950. 2. 1，中央电台）、《收音员通讯》（1951. 3，中央电台）、《人民广播》（1950. 4，中央电台）、《广播业务》（1955，中央广播局，1966. 5 停刊）、《广播爱好者》（1955. 7，广播爱好者社）、《广播业务译丛》（1959. 2，中央广播事业局）、《外国听众反映》（1964. 2. 8，北京电台）、《天津广播》（1951. 3. 20）、《每周广播》（1955，上海电台，国内第一家公开发行的广播节目报）	
	“文革”十年广播研究尤其是广播事业和业务探讨基本陷入停滞，仅广播技术研究得以持续		

① 张君昌．简论中国广播电视90年发展轨迹：萌芽与起步阶段［J］．北方传媒研究，2010（3）。

续表

阶段划分	研究重点	代表性作品	特点
恢复与短暂繁荣时期的广播研究（1976—1990）	1980，提出广播要“自己走路”的宣传改革方针；1983，提出“四级办广播、四级办电视、四级混合覆盖”的方针	1986，建设广播学的工作被提上议事日程，中国广播电视学会成立；“珠江模式”掀起研究热潮；随着西方大众传播学的引进，广播受众研究逐渐兴起，并开展了几次全国性的广播听众调查工作	热点频出，研究领域得到极大拓展，学科体系建设初见成效
	20世纪80年代，广播研究力量恢复	《中国广播电视学》（阎玉，1990）；各综合性大学纷纷在新闻院系下设立广播电视系，《中国广播》《声屏世界》《岭南视听研究》等学术期刊出版；《中国广播电视年鉴》于1986年开始出版；各类广播学术研究团体开始出现	
成熟与相对稳定时期的广播研究（1991—2000）	电视的繁荣及网络媒体的出现使广播研究相对沉寂：被纳入广播电视学学科体系建设的广播学的建设实际上处于边缘化发展状态；广播研究机构和人员较电视研究的绝对数量和相对比例均明显弱势；广播教育在广播电视教学中没有占据一席之地。但对已有资料的总结和分析取得了较好成果，围绕广播与市场经济的关系、广播剧等热点问题的研究也取得了较好成绩	《广播新闻编辑教程》（陆锡初，1995）、《广播学导论》（李岩，1997）、《广播新闻业务》（曹璐、吴缦，1997）、《中国广播受众学》（宋友权，1998）	
繁荣发展时期的广播研究（2001年至今）	研究领域进一步扩大，除传统各项广播业务研究外，广播专业化改革、广播广告、广播经营与管理、广播与新媒体融合发展研究等也成为热点		

上表大致归纳、总结了自1920年至今我国广播研究近百年的历程，从中可以看出，与国外相比，我国广播研究数量颇丰，基本与我国社会主义广播事业的发展同频共振，体现出鲜明的国情特色，并有着研究领域不断拓展、研究平台逐渐增多、研究队伍日渐壮大等一系列可喜的演变态势。特别值得一提的是，21世纪以来，尤其是近几年，广播研究领域热点频出，特别是广播业务研究日益细化，研究视角也更加丰富多元，为我国的广播研究注入了活力。

2002年年底，我国召开了改革开放以来首次专门研究广播发展的全国广播工作座谈会，确立2003年为“广播发展年”，以此为起点，我国的广播研究走上了繁荣发展的新阶段。此时，广播发展中出现的一系列新现象、新问题都进入到研究者的视野，出现了诸如广播传播模式研究、广播受众研究、广播广告研究、广播品牌化研究等不少新成果。其中，早已引起研究者注意的广播频率专业化研究更是尤为引人瞩目，对交通广播、音乐广播等类型化电台的探讨也逐渐增多，大批学者围绕广播频率专业化改革的背景、动因、措施、必然性等展开思考，涉及移动广播、频率细分、广播服务等议题，由此产生了一大批著作、专题文章、论文等，“广播频率专业化”也成为广播研究领域活跃至今的热点话题之一。

从广播自身的成长变革历程来看，它一直是受技术影响较大的媒体。进入21世纪后，数字技术、网络技术的发展使新媒体强势崛起，吸引了越来越多人的关注，也成功获得了年青一代的注意力。于是，“新媒体冲击下广播媒体的生存之道”开始成为广播人所关心的首要问题。尤其是2005年以后，探讨广播如何借助网络平台发挥自身优势、在新的媒介环境下实现生存转型、寻求生机的文章增多，特别是2008年的下一代广播电视网（Next Generation Broadcasting，NGB）及初步落实的“三网融合”计划，也为广播的新媒体生存研究提供了更多视角和话题。

表3　21世纪以来我国广播研究部分代表性论著成果一览

研究范畴	代表性著作
本体研究	《广播电视学导论》（2002、2007，欧阳宏生），《当代广播电视概论》（2002，陆晔、赵民），《广播入门》（2003，廉杨、费良生），《当代广播电视概论》（2004，吕萌、左靖），《解读广播——曹璐自选集》（2004，曹璐），《广播电视综合知识》（2005，王蓓、方华等），《现代广播电视论纲》（2007，毕一鸣），《新编广播电视概论》（2009，段汴霞），《当代广播电视概论》（2011，孟建、黄灿），《广播电视一体化教程》（2011，徐先贵、刘彤），《当代广播电视学》（2012，郭镇之、苏俊武），《广播电视概论》（2009、2014、2015、2018，宫承波）
实务研究	《广播新闻与音响报道》（2001，周小普），《广播新闻与电视新闻》（2001，王振业），《广播电视深度报道》（2004，罗哲宇），《广播电视节目评估概论》（2006，张君昌、王志云），《广播电视新闻学》（2006，蔡尚伟），《广播新闻策划》（2006，礼桂华），《广播新闻理念与实务创新研究》（2007，曹璐），《广播节目策划与制作》（2007，董旸），《广播电视评论教程》（2007，仲富兰），《广播节目运营实务》（2008，傅珊珊），《广播电视新闻评论》（2009，王振业、李舒），《广播电视摄、录、编》（2009，付俊、黄碧云、睢凌），《广播新闻业务教程》（2010，肖峰），《广播电视编辑应用教程》（2010，靳义增），《广播电视写作教程》（2011，彭菊华），《新编广播电视新闻学》（2011，吴信训），《广播音响报道实用教程》（2012，危羚），《广播电视节目采访艺术》（2012，刘春蕾），《广播内容传播——媒体融合视域下广播节目模式创新研究》（2017，孟伟等）

续表

研究范畴	代表性著作
经营管理研究	《市场经济与广播电视管理》（2002，赵凯、赵腓罗），《卫星数字广播电视技术》（2003，关良柱、蒋茜等），《广播电视经营与管理》（2005，周鸿铎等），《广播电视产业发展论》（2005，杨宏），《广播广告创作》（2005，杨乃近），《广播电视经营管理》（2006，李立刚等），《广播广告理论与实务教程》（2006，刘英华），《中国广播产业经营管理研究》（2008，黄升民、王兰柱、宋红梅），《广播经营与管理》（2008，董传亮、黄孝俊、郭华省），《中国广播产业研究》（2009，余春泉），《经营广播》（2010，李秀磊），《公共广播收入模式研究》（2010，洪丽）
技术研究	《数字卫星广播系统》（2000，车晴、王京玲），《数字声音广播》（2001，李栋），《广播电视技术管理与教育》（2003，高福安、孙江华），《广播电视技术概论》（2003，史萍、倪世兰），《数字广播电视技术基础》（2003，刘长年等），《数字卫星广播与微波技术》（2003，车晴等），《广播电视新技术》（2004，朱强），《广播收听率调查方法与应用》（2006，黄学平），《广播电视监测技术》（2008，陈德泽），《广播电视技术维护与管理》（2009，高福安、李志勇、张洁霞），《广播电视自动监控技术》（2009，周春来），《数字广播发展研究》（2012，李秀磊、王洪波）
史学研究	《中国广播电视通史》（2000，赵玉明），《中国广播电视史初论》（2002，艾红红），《传播媒介之光：广播电影电视史论》（2004，李幸、刘荃），《中外广播电视史》（2005，郭镇之），《中国现代广播史料选编》（2007，赵玉明），《中国广播史考》（2008，陈尔泰），《世界广播电视发展史——视听传媒的历史变迁》（2010，毕一鸣）
播音主持研究	《语言与传播——广播电视播音与主持艺术新论》（2005，毕一鸣），《广播影视配音艺术》（2011，段汴霞），《广播直播主持艺术》（2011，王佳一）
广播剧研究	《广播剧导演艺术》（2001，朱宝贺、林长风），《中国广播文艺广播剧研究》（2003，王雪梅），《广播剧史论》（2007，王雪梅），《广播剧编导教程》（2009，朱宝贺、董旸）
专业化研究	《广播音乐论集》（2001，杨玲），《寻找广播榜样，北京音乐广播十年历程的理论关注》（2003，丁俊杰、邵军），《交通广播精品战略》（2004，潘力、林玲），《交通广播总监启示录》（2005，潘力、乐建强），《中国交通广播 2005》（2005，潘力、秦晓天），《广播频率专业化研究》（2006，邓炘炘、黄京华），《老龄化社会与老年广播》（2007，张彩），《内容·受众·传播：广播专业化概论》（2008，赵多佳、许秀玲），《困境与出路——新媒介生态下的中国交通广播》（2012，潘力）
跨学科研究	《广播电视广告学》（2000，朱月昌），《中国广播文艺学》（2000，张凤铸），《广播影视声学》（2003，林达悃），《新时期广播文艺的发展》（2004，王雪梅），《广播影视艺术论》（2004，张凤铸），《广播影视中的声音》（2006，李南），《广播影视学》（2007，倪祥保、钱锡生），《广播影视与文化传播》（2008，黎风），《广播电视艺术学通论》（2011，张凤铸、施旭升），《中国广播文艺理论研究》（2011，王雪梅）
发展研究	《面向新世纪的广播电视》（2000，王录），《全球化背景下的广播电视》（2001，陈卫星、胡正荣），《广播的创新与发展》（2004，胡正荣），《中国广电传媒体制创新》（2007，刘成付），《地方广播电视媒体发展策略》（2009，赵长军），《技术变革与广播媒介转型》（2011，李建刚），《寻道谋变：广播网络化发展之路》（2012，王秋、蔡明可）

续表

研究范畴	代表性著作
国外广播研究	《日本广播概观》（2001，张彩），《世界广播趋势》（2005，张勉之），《发达国家广播影视管理体制和管理手段研究》（2007，国家广播电影电视总局发展研究中心课题组），《世界广播发展研究》（2007，张彩），《东盟广播电视发展概况》（2008，国家广播电影电视总局培训中心），《中俄广播发展对比研究》（2010，谢飞），《德国公共广播电视研究》（2010，何勇），《德国广播电视双轨制》（2012，路明），《世界广播电视发展趋势研究》（2012，张丽）
其他特色研究	《中国广播名栏目》（2005，张莉、张君昌），《国际广播事业的新发展》（2006，夏吉宣、王冬梅、马为公），《新广播媒体经典案例剖析》（2007，潘力、王宏），《广播跨越论》（2008，白玲），《现代广播实战与思考》（2008，陈佑臻），《社会转型与对农广播》（2009，于忠广），《广播影视发展政策研究》（2010，朱虹），《广播报道与危机应对》（2013，王宇）

如果将我国早期的广播研究概括为“建设性”研究，那么21世纪以来我国的广播研究可以说早已超越了过去的修补、学术建构阶段，而是进入了“发展性”研究的新时期。纵观2000年至今的中国广播研究，可以看出一些鲜明的特点。

其一，日益丰富、深入、细分、专业化的研究内容。随着研究团队的壮大和研究平台的拓展，2000年以后我国的广播研究可谓在各个方面都前进了一大步。广播的研究成果呈井喷之势，大量相关书籍出版，学术论文更是不胜枚举。由于文章成果细碎繁杂，表3仅以论著成果为例，列出了21世纪以来我国广播研究的部分代表性成果。从表中可以看出，技术研究更为专业化，从过去简单的知识介绍发展为对某项技术的专业探究、趋势把握；史学研究更为系统化，综合性的专著取代了过去分散的资料整理和收集；业务研究也出现了更多细分领域，涵盖了广播的节目形态、体制变革、技术创新、发展趋势等方方面面，而每个方面又包含了无数细小的研究分支，如广播节目研究从本体方面又可以细分为节目构成要素研究、节目设置研究、节目生产与策划研究、节目创新研究等，而按照节目形态又可分为广播新闻节目研究、广播文艺节目研究等。由于不同学者的研究各有侧重，这里仅依照研究范畴的不同将其总结为以下四种：

一是以内容为中心的研究，包括广播新闻研究、广播剧研究、音响报道研究、节目策划研究、主持与播音研究等。这些研究一方面指出广播发展的重点在于频率细分，强调类型化广播的发展前景，认为交通广播、音乐频率的兴起是适应细分受众需求的结果；另一方面也强调广播节目形式创新的重要性，提出广播改革应该在节目设置、内容创新、风格转变等方面下功夫。

二是经营管理方面的研究，包括广播广告研究、品牌建设研究、营销创新研究、广播活动研究等。强调政策制定、体制革新和广告经营对广播发展的作用，突出广播产业化经营的重要性，主张实施CIS（Corporate Identity System）战略，采取多种措施发展广播产业。

三是面对技术的研究，认为数字技术是广播发展千载难逢的良机，数字广播和网络广播是新媒介生态下广播与新媒体融合的必经之路。但同时认识到广播的数字化并非一帆风顺，受众使用习惯不成熟、技术不完善、节目内容匮乏都是这一过程中必须克服的难题。

四是以不同传播要素为主体的研究，包括广播功能研究、广播受众研究、广播传播效果研究等，认为广播的受众群体已经发生了变化，广播应根据不同的细分人群重新考虑其频率划分，与此同时，广播还应该在常规的新闻报道之外充分利用其优势进一步发挥其服务功能，以更好地为其听众提供服务。

其二，出现了一些极具“中国特色”的研究话题和针对某些特殊现象的研究。前者如广播影视集团化改革研究、农村广播研究、广播产业化研究、广播的制播分离改革研究等，后者如“珠江模式”研究、交通广播现象研究，也包括部分学者对西方公共广播服务和某些典型性广播公司的专门研究。

其三，拥有了多学科的研究视野。广播研究不再仅仅局限于新闻学、传播学的既有框架中，而是逐渐有了来自文艺学、文化学、叙事学、符号学等不同学科视角的关照，与此同时，学术争鸣和创新意识也不断加强。①

对比国外的广播研究，可以看到，我国的广播研究从数量上来说无疑是丰富的，而且，在某些业务研究领域甚至要更为细致、深入。然而，与国外主线相对明晰、重点集中、理论与实践兼具的研究相比，我们也应当清醒地认识到，我国的广播研究也存在着显而易见的理论研究相对薄弱肤浅、重案例分析轻规律总结、学科体系建设不足、研究方法单一、各学科研究进程参差不齐、选题重复现象严重、原创的实证性研究少等弊病。更为遗憾的是，与国外的情况类似，由于过去曾一度受电视挤压，近几年更是受到新媒体的冲击，我国学界和业界对广播的研究整体而言是冷落和衰弱的。以本书所类属的广播生存研究为例，据笔者在查阅资料过程中的所见所得，目前绝大多数对于广播媒体生存策略的研究，都没有跳出节目、人才、技术、管理和资源频率等单一对策型研究的窠臼，很少有能将其置于一个系统的、理论化的框架之中，去研究广播与其他媒体、广播与政治经济文化、广播与媒介制度和政策环境甚至广播与人等一系列复杂矛盾的互动关系，同时业界与学界之间也缺乏足够的沟通，因此学界的推演对业界的指导作用有限。

而事实上，与任何其他媒体一样，广播也是大众传播媒介中不可缺少的一

① 张君昌．简论中国广播电视90年发展轨迹：发展阶段（下）［J］．北方传媒研究，2011（1）。

员，具备独立发展的理论基础和现实必要性。对于当前的广播媒体来说，在认真总结历史发展经验的基础上，既要“登高望远”，构建起属于自己的理论视野，又要“脚踏实地”，看清楚当前所面临的发展现实，才能为自身的生存空间寻求对策。

四、广播学研究的跨学科视野：媒介生态学

当前的时代是一个生态的时代。20 世纪上半叶兴起的生态意识是一种社会—科学催化剂，催生了学术界多学科和跨学科的思维方式。[①] 从学科范式和思维方式来看，运用生态学的学科视野去进行媒介研究，是今后传媒研究领域的大势所趋。

如果将广播媒体置于大的媒介生态系统中，会发现：作为媒介生态种群中的一分子，尽管广播与其他媒介有竞争，却既不会被所谓“强势媒体”吃掉，也不会自行消亡，而是不断调整自身的生态位和生存空间，确保媒介生态系统的动态平衡。这一思路也的确在现实中找到了依据：自电视诞生以来，关于广播的“死亡预言”就接连不断，然而事实却是，尽管广播的广告份额和听众群体依然在被蚕食，来自电视和新媒体的两面夹击并未消除，它却并未在质疑声中销匿。相反，车载收音机、播客、网络电台、微电台等新的广播形式为广播注入了新的活力。也就是说，新媒体使广播遭遇挑战的同时，也带来了机遇，它全新的互动方式和传播理念有望为广播的发展带来启发，拓展新的空间。从媒介生态学的视角看：传媒的多样化发展给广播带来的最大改变其实是其微环境的改变，也就是广播所面临的传播生态领域的改变及其所处媒介生态格局位置的改变。当前不仅是广播媒体危机存亡的关头，更是其向更高阶段发展、实现质的飞跃的紧要时期。广播需要做的，便是适应瞬息万变的微环境，放眼整个宏观的传媒生态系统，去调整或改变自身的发展与竞争策略，迎来新一轮的发展生机。媒介生态学恰好为“广播媒体生存空间”问题构建了一套行之有效的理论框架。

首先，媒介生态学的研究在不同层次上进行，包括媒介个体、媒介种群、媒介群落和媒介生态系统，这有利于对研究对象进行区分。本书所指称的“广播”隶属于第二个层面，即整个广播媒介种群。媒介生态学将“种群”的概念引入媒介丛林中，这就暗示了一个基本的观点：广播作为整个媒介生态系统中的一分子，是不可缺少的。

其次，在媒介生态学中，广播媒体寻求自身生存与发展出路的过程也可以看作是其在现有媒介格局下与其他媒介展开竞争的过程，媒介生态学将“竞争”

---

① 林文刚．媒介环境学：思想沿革与多维视野［M］．北京：北京大学出版社，2007：15。

的概念界定为"生态相似性"(Ecology Similarity)①,认为这是资源有限性所造成的不可避免的结果,这恰与各媒体之间对有限受众、广告资源等的争夺相吻合,无论在逻辑层面还是在实践层面均具有可行性,且更有助于考察媒体与环境、媒体与媒体之间的关系。

再次,广播是唯一一个纯粹"听"的媒体,属于"绿色媒体",没有视觉污染;而绿色媒介生态也具有如下基本内涵:高效、低耗和高品、低密;无毒、无害和清洁、健康;预防、创新和循环、双赢。② 将广播置于媒介生态学的视野下进行研究,可以说是某种巧合——它自身的媒介特性与媒介生态学所一贯倡导的绿色、和谐要旨是不谋而合的。

最后,也是最为重要的一点,便是媒介生态位理论。"生态位"(Ecological Niche)是生态学领域的核心概念,生态位理论(the theory of the niche)是理论生态学研究的核心范式。它所包含的众多有关竞争、共存与合作的概念和法则,对自然界和人类社会同样具有适用性。其中许多观点与命题,都为制定广播媒体的生存策略提供了最直接的依据。

总之,媒介生态学的视野为本书的研究提供了重要的理论基础和依据,同时本书也将试图在理论层面构建一个媒体生存空间研究的阐释框架,形成对媒介生态学研究对象和应用视角的拓展以及对媒介生态理论的积累和丰富。生存空间作为一个生物地理概念,目前已被广泛应用于生物学、地理学、人类学甚至政治学、社会学、企业管理学。然而,在传播学和新闻学领域,对这一概念的应用还相对较少。结合媒介生态学中的相关理论与观点,将这一概念引入媒介研究领域,探求在媒介生态系统中各媒介种群的相互影响,并以媒介的生存空间为研究中心,无疑会大大丰富生存空间自身的相关理论,拓展其应用领域,具有重要的理论意义。从实践层面看,媒介生态学的研究进路也有利于启发广大媒体从业者的思考,帮助其从一个全新的角度审视媒体的生存与发展问题,以制定科学、适当的发展战略,推动整个传媒业向前更进一步。

五、听觉生态位的超越:从广播媒体到听觉媒体

一直以来,媒介都习惯以其所依托的传播介质界定自身,这一点在传统媒体上表现得尤为明显:纸媒得名于其刊载信息的纸张;广播媒体得名于其传递信息的无线电技术(广播经历了有线广播、无线广播;最早经营广播业务的公司称为无线电通信公司),也是凸显了电波"广为传播"的特点;电视媒体则取用了

① 张明新.媒体竞争分析:架构、方法与实证——一种生态位理论范式的研究[M].武汉:华中科技大学出版社,2011:21。

② 邵培仁.媒介生态学:媒介作为绿色生态的研究[M].北京:中国传媒大学出版社,2008:16。

"以电子技术及其相关设备传送视像信息"之意。在漫长的媒介进化历史中，这些名称已然深入人心，并一直沿用至今。不过，在日益深入的媒介融合发展趋势下，媒介与媒介之间的边界正变得模糊，甚至逐渐消解，原来区隔明显的媒介种群开始往丛林化、一体化方向发展。从媒介未来生存的角度看，这些称呼也未免显得狭隘和不合时宜了。

在媒介融合所构建的全新媒介生态系统中，媒介的定位发生了两种明显的转向：其一，从传播者视角转向接受者视角（或称用户视角），即更多地从用户的角度出发去赋予媒介产品意义；其二，从工具视角转向功能视角，即对媒介的关注脱离单一的大众传媒工具属性，而更多地延展其各项功能化服务。正是在这样的转向中，传统广播媒体在拥抱媒介融合所带来的诸多机遇之余，还有望经历一次听觉生态位的超越——未来，可能不存在通常意义上的传统媒体和新媒体，而广播媒体也不再叫"广播媒体"，而是与其他所有以声音为传播符号、致力于满足人们听觉需求的各种新媒体形态相互打通、一体化发展，成为新型的听觉媒体。

（一）数字技术拓展电波技术，带来跨渠道声音传递

一直以来，广播对技术都具有较强的依赖性。"广播"这一称呼，便是始于电子传播技术。而如今，数字技术的发展使广播不再仅仅依赖于电波、导线传递声音，集体收听时代的"广为传播"不再是广播唯一的传播方式。数字技术对广播传播渠道的拓展使其迈出了脱离收音机匣子的第一步，走向广义上的"听觉媒体"。

从纯技术的角度看，数字技术将声、光、电、磁等信号转换为数字信号，使图、文、音频、视频等各种信息都能以"0""1"信号的形式在网上处理、传输、存储。这种技术在传媒信息采集、加工、制作、播出中的应用，直接推动了各种形态数字媒介的形成和发展。由此，广播也迎来了一个更为广阔的以融合、共享为特征的传播领域：数字压缩和卫星传播技术克服了通过中短波和调频波沿地表传导的无线电广播模式进行区域性覆盖的诸多限制，解决了广播的广域覆盖和远邻近郊问题，同时提升了传播速度；数字化技术以及在此基础上发展起来的数字音频广播让传统广播的传播真正走向了全球，成为继调幅、调频之后的第三代广播系统。

最为关键的是，在数字技术与网络技术的结合下，一大批新型音频媒体形态发展起来，除了人们熟知的网络广播、手机广播、播客广播、移动电台等，还有依靠智能手机、汽车点烟器、车载智能音箱等实现的车联网广播，以及未来的可穿戴设备内置广播，它们都以声音为传播符号，主要诉诸人的听觉器官，却有着各式各样的传播载体和接收终端，传递出了过去只能从电波中传递出的声音。通

过形形色色的设备，人们接收到的声音既是跨渠道的，又是超越渠道的，因为所有声音均被放置在“比特的世界”，是经过数字化处理之后再还原出来的声音，很难确切地说究竟是通过无线电、互联网还是手机或任何哪个固定渠道传出的，“最先的声音信息传送者根本不知道传送出去的‘声音比特’最终会以何种面目——CD 光盘、MP3，还是直接的网上链接——在接收端出现，决定权是你的，这是尼古拉斯·尼葛洛庞帝（Nicholas Negroponte）所谓的真正‘数据播放（Datacasting）和比特播放’”①。

从技术的外延力来看，跨渠道的声音传递也在重塑着人们的听觉习惯。越来越多个人数字化收听工具的发展使私人听觉空间从公共听觉空间中分离，广播集体收听的历史被彻底改变，它不再是“广”播，而变成了“窄”播甚至是“点”播。“移动互联平台上的新型听觉媒介，从传播链条各环节来说都不能再以‘广播’而概括之。大众文化与新技术的结合使声音符号变得丰富且焕然一新，数字声音的来源之多元，创意之自由，内容之细分，选择之灵便，以传统广播难以企及的程度实现。”② 一方面，数字声音世界的开放性和共享性迎合了人类听觉的开放性和社会性，为人类创造、模拟出前所未有的敞开式的、与他人“共在”的收听场域；另一方面，数字化收听设备的普及为现代人赋予了独立、封闭化的听觉环境，私人听觉空间崛起，“倾听”日益成为一项私密的个人文化事件。在这种情况下，依托于技术载体对媒介生态定位的划分已经不再合理，广播媒体更为确切地说就是一种听觉媒体。

（二）享受需求叠加信息需求，倒逼复合型声音服务

在考察媒介融合所带来的影响时，媒介自身的维度往往比媒介消费者——受众的维度受到更多的关注。而事实上，媒介融合在对各种新旧媒介施加影响的同时，也在重新构建着受众对媒介的消费需求。

“听”的需求仍然是人们在使用广播媒体时的最主要需求，这种需求是最为直接的信息需求，即听众听广播是为了获取新闻，增长知识，了解世界。自广播诞生以来，传递信息、提供资讯便一直是其最重要的任务。唯一有所不同的是，如今听众对这类内容的接触喜好有了一些变化，与以往的“大综合”相比，媒介融合时代广播所生产的内容也越来越具备了这样的特征：第一，碎片化的，或称快餐化的，即能在短时间吸引注意力；第二，可听性强的，即需求指向明确的，满足实用性、趣味性、贴近性或某一个性化需求；第三，互动性的，内容本身包含互动性元素或获取内容的过程具有互动性体验；第四，差异化的，与其他媒介种群或种群内部的其他媒体对同一内容的呈现形成区隔。

---

① 李念．数据传媒语境中的听觉文化研究［D］．桂林：广西师范大学，2013。

② 隋欣．新媒介环境听觉文化复兴的可能［J］．当代传播，2016（4）：45—47。

“用”的需求成为“智慧生活”中人们为广播媒体设定的必备需求，这种需求也可以称为服务需求，即听众对广播媒体的角色期待从单纯的内容媒体转向了“内容媒体+服务媒体”。具体而言，这种服务又可以分为两个层次：第一个层次，实用信息的提供，在过去常规的天气预报、路况信息播报、生活小贴示等的基础上，提供更为细化、分众化的实用信息，为听众的生活实践提供决策指导、意见参考，如股市行情信息、教育培训信息、留学信息、旅游休闲信息等，当达到一定的专业化水平和成熟度之后，形成细分的专业化频率，如当前的对农广播频率、应急广播频率等；第二个层次，实用平台的搭建，借助于新技术的应用和与智能终端的结合，为现代人量身定制能使其生活更为便捷、智能的媒介产品，如基于移动端定位的店铺、停车位、加油站、银行等位置查找，基于特定场景的音频对接，与音频关键词链接的商家推荐、在线支付，与其他硬件设备配套的健康信息动态监测，等等。最终，依托于广播的各项优势，打造一个包括传统电台节目收听、移动端音频供给、个人应用、本地化服务、社交分享与社群活动、线下体验等在内的“生活形态圈”，深度触达听众。

“玩”的需求是在媒介融合发展的刺激之下人们对广播媒体的全新需求，这种需求也可以归纳为社交需求，即当传统广播媒体的听众转变为用户后，以广播为桥梁与其他听友进行交流互动、分享观点甚至参与节目生产的需求。人是社会关系的总和，而传播正是在人与人的交往中构建关系，“传播的本质是寓于传播关系的建构和传播主体的互动之中的，传播是社会关系的整合”①。在媒介融合的多股力量中，社交媒体的介入带来了一种被忽略已久的关系传播，使媒介的本质真正确立和表征在了人与人之间的社会关系上，由此也催生出了人们借助媒介去建构、维护和延展社会关系的需要。在广播媒体中，这种需要一方面体现在人们希望通过自主生产内容（即通常所说的UGC）在虚拟公共空间中彰显自己的价值，与他人建立连接，拓展自己的“圈子”；另一方面也体现在人们渴望将一些能够体现个性化特色的声音或自己喜欢的音频产品与他人分享，建构自己在虚拟公共空间中的形象。

相对于信息需求，服务需求和社交需求可以笼统地概括为享受需求，当人们对广播的需求从单纯的信息需求变为信息需求叠加享受需求，所导致的直接结果就是广播不得不开始推出一系列复合型的声音服务，这实际上也揭示了广播媒体向听觉媒体转变过程中实质内涵的最大变化：从提供音频内容到生产音频产品；从声音传播信息到声音演绎生活。

① 李彬，关琮严．空间媒介化与媒介空间化——论媒介进化及其研究的空间转向［J］．国际新闻界，2012（5）：38—42。

（三）整合生态延展单一生态，促动多形态声音表现

作为一股强有力的媒介发展潮流，媒介融合可谓揭示出了媒介演进过程中最为核心的一条规律，那就是并存、融合与共赢。并存，要求一种媒介能够充分认清自身和其他媒介的价值，承认其他媒介的价值，进而从其他媒介的价值中汲取养分；共赢，要求不同媒介能够在取长补短、分工协作的基础上，在竞争中推进对方的发展。媒介种群之间从并存到实现共赢，中间的桥梁就是融合，最为复杂的也是融合。融合并不是简单地“1+1”，不仅涉及观念融合、利益融合，还要涉及要素融合、资源融合、技术融合等方方面面，当这些逐步实现之后，就会呈现出一种新的“融合生态”，继而使每种媒介种群的生态状况都与融合前的单一媒介生态状况发生巨大变化。就广播媒体而言，尽管当前各项融合还有待继续，但已经初步形成了一种“整合生态”。

从宏观层面来看，在整个广播媒体行业中，形成了诸多新的跨平台广播实践，它们使声音功能的开发从平面走向立体。在文化发展的“跨界融合”趋势推动下，内容、渠道、品牌、人力资源等多种文化市场要素加速聚集、整合，许多行业通过布局全产业链来提高附加值、增强核心竞争力。例如，传统的网络视频平台商涉足微电影、网络自制剧甚至电影，网络购物平台商涉足图书出版，影视和动漫游戏业则打通主题公园、音像图书出版、演绎展览等，通过开发内容塑造品牌优势，增强平台黏性的同时获得自主知识文化产权，实现多元驱动力的有效结合。在此背景下，广播作为手握内容优势的传统大众传媒，也开始更多地与平台相融合——与实时搜索平台的结合催生了具备多种互联网元素的广播全媒体产品，与打车软件的融合探索出全新的听友互动模式，与电商的融合则开创出全新的广播媒体经营模式。所有这些，都是传统广播所不具备的。

从微观层面来看，具体到广播媒体的内容生产，也出现了诸多“跨界”的混搭和融合，它们使声音的表现形式从规划、整齐走向创新、多元。得益于“互联网+”在全国范围内的推广和在各行业的应用，广播媒体也探索出自己的“+”模式：“广播+网络文学”成就了有声小说，“广播+电视剧”创造了广播微剧，“广播+相声”催生了掌上听书，“广播剧+新闻”产生了新闻广播剧，还有“广播+旅行”“广播+运动”“广播+演出”等，通过与其他各种要素的融合，广播媒体的内容生产不断碰撞出新的火花。由此，当前广播所能触及的，已经远远超越了新闻、娱乐、财经、体育、教育等常规品类，广播媒体的声音表现形式变得前所未有的丰富、多元。

当“跨界”所带来的丰富内容最终流向消费者之后，也进一步刺激消费者走向了产业势能的制高点，他们获得主导权，日益向生产过程渗透，创意的生发、集成、发酵越来越多地被分散到社交网络、网络广播社区、移动电台等虚拟

空间的每个活跃个体上，他们又反过来成为新的声音创作主体，由此形成了良性循环。他们所颠覆的，可能不仅仅是广播节目的声音表现形式那么简单，而是“报选题—做节目—看收听率—决定节目去向”的传统广播生态。

最终，得益于融合实践的启发和推动，广播理论和学科本身也在不断拓展自己的外延。随着“场景化”声音服务的兴起，诸如“声事件”“声环境中的声事件”这种原属于声音生态学、声音景观理论的许多观点也开始受到关注，声音被放置到以社会、历史、环境、文化为着眼点的领域中去考察；与此同时，美学、传播学、物理声学、文化人类学、文艺学等跨学科的相关知识也日益受到重视。在这种形势下，广播早已超越了原来简单的“声音信息播报”模式，而成为具备各种声音形式和多元声音生态的名副其实的听觉媒体。

（四）媒介记忆丰富媒介工具，形成社会化听觉文化

人类传播史同时也是一部媒介文明史、媒介文化史，媒介作为一种文化聚合、记录、传播的工具，通过各式各样的大众传播活动对社会和大众产生影响，同时也受到文化的熏陶，形成特定的媒介文化，如报纸文化、电视文化、电影文化、网络文化。广播的文化以独特的声音传播、口语化的表达方式为标志，但更确切地说，这不仅是一种“广播文化”，更是一种“听觉文化”。

首先，广播媒体对声音的记录、书写使其脱离了简单的工具属性，而成为人类声音历史变迁的重要传承者。在人类能够用文字来记录、传授知识和思想之前的漫长历史阶段，担负着文化传承重任的就是听觉。20 世纪，广播的诞生成为听觉文化史上颇具里程碑意义的大事件，它通过对不同时代大众生活、社会风貌、重要变革等的见证、记录，对不同时期珍贵历史原声的留存，以“媒介记忆”的方式承载了一个时代的社会历史变迁。所谓媒介记忆，是指媒介保留某些信息的能力和属性，人类通过媒介可以将过去的事件和信息一如既往地在现实中再现和还原，并以此影响人类的个人记忆、集体记忆与社会记忆。① 如果说，在过去，广播媒体的这种记录还是自发的，那么如今，当数字技术赋予了广播索引、存储、复制等更多的手段，广播媒体已自觉担负起“用声音记录历史”的重任。像中央人民广播电台的《中国声音中国年》《致我们正在消逝的文化印记》都是在以不同的方式有意识地去寻找、挖掘那些具有文化价值或历史价值的珍贵声音。

其次，广播媒体自身在从电子复制走向数字化的过程中，它所传递的声音也经历了不断地改造，继而大众的听觉习惯和文化经验也在被不断地重塑，由此生成了新的听觉艺术形态和听觉文化消费方式。例如，在 20 世纪 60 年代，“一支牵牛花，爬上大树杈”的农村大喇叭构成了那个年代乡村生活的特定图景，彼

① 邵鹏．媒介作为人类记忆的研究——以媒介记忆理论为视角［D］．杭州：浙江大学，2014。

图6 《致我们正在消逝的文化印记》海报

时，高音喇叭中传出的声音就是为当时人们所依赖、同时又广泛流行的声音；当汽车进入普通家庭生活后，边驾驶着汽车边打开车上的收音机旋钮成为更普遍、更常态的广播收听图景；而随着移动互联网的风起云涌，边跑步边戴上耳机收听iPod或移动电台里的各类音乐则代表了当下更为时尚的声音文化消费行为。“听觉本身事实上就是一种不断被文化建构的过程，包括了声音符号意义的赋予、倾听的方式、声音的内容和听觉主体等。当听觉被赋予了文化的内涵后，听觉的变迁也自然包含了历史性和社会性，当下的数字听觉与传统的听觉和文化相比，也必然发生着根本的变化。”①

再次，广播媒体本身也通过声音的传播、声音品牌的塑造构成了大众听觉记忆的一部分和特定时代听觉文化的显著标志。广播剧《火星人入侵地球》所造就的恐慌标志了20世纪40年代广播媒体发展的“黄金时代”，也是经济危机中的美国人民特定的听觉文化记忆，类似的还有经典的“炉边谈话”；开国大典上，毛主席那句“中国人民从此站起来了”的宣告是新中国成立初期一代中国人的深刻声音记忆；同样，提及广播，很多人都对每天清晨6点30分准时响彻在中华大地上的《新闻和报纸摘要》、伴随了近三代人成长的《小喇叭》等栏目记忆犹新，这些都是广播媒体自身所建构起的大众听觉文化记忆。听觉的文化与文化中的听觉相交织，推动着广播媒体走向一种真正的文化意义上的听觉媒体。

① 李念．数据传媒语境中的听觉文化研究［D］．桂林：广西师范大学，2013。

图 7　美国 1953 年上映的电影《火星人入侵地球》（*Invaders from Mars*）的海报

图 8　罗斯福“炉边谈话”资料图

图9 1949年10月1日，齐越、丁一岚在天安门城楼开启开国大典实况广播

（五）视听平衡取代视觉独大，回归现代化视听格局

人们依赖于视觉、听觉、触觉、嗅觉、味觉等各种感官对世界进行感知，获得对客观事物的直观感觉，继而形成对世界的认识。鉴于不同感官不同的感知模式，加之西方哲学早期文化传统①的影响，一直以来，在众多感官中，视觉和听觉都更受重视。但不幸的是，在大众传媒的发展中，自文字发明后，相较于视觉，听觉实际上长期处于一种被低估、被忽略的状态，作为“人的延伸”，像网络媒体、手机媒体等许多现代媒介所延伸的也主要是人的视觉器官。以声音为传播符号、诉诸人的听觉器官的广播媒体，竟然成了唯一的听觉媒体。

但有利必有弊，当“图像至上”、视觉中心主义在我们生活中肆意张扬，“人类认知活动对图像刺激的过度倚重以及‘图像主义’对其他感知方式的挤压达到令人忧虑的程度”②，当代文化逐渐变成了一种视觉文化，产生了如消费文化霸权、缺乏精神性维度等缺陷，基于此，听觉文化开始迎来了某种回归，这也

① 西方文化中将视觉和听觉列为高级感官，触觉、味觉、嗅觉则被归入低级感官。高级感官与思维和灵魂相通，而低级感官则和肉体、欲望难分。

② 王馥芳．纠正“图像至上主义”偏颇［N］．中国社会科学报，2016-02-23。

为广播媒体创造了飞跃的机会。

在麦克卢汉对传播媒介的三阶段演变划分中，听觉空间的回归更像是一种必然。在口语传播对应的“部落时代”，人们以“面对面”交流为主，因此这是一个听觉偏向的时代；在文字传播对应的“脱部落时代”，文字及印刷技术的发明使眼睛的作用被强化，人类的视觉被从其他感官中分离出来，甚至在一定程度上取代了听觉，听觉空间开始向视觉空间转换，后者占据绝对的主导地位，其他感官功能也不再受到重视；而到了电子传播对应的“重新部落（地球村）时代”，电子媒介的出现使人的感官得到延伸，视觉空间开始向听觉空间回归，与此同时，文字传播时代视觉空间下的单向传播再次恢复到听觉空间下的双向传播，“脱部落时代”中人们只动用单一某种器官进行信息接收的情况得到逆转，转向全息化、立体化，人们似乎又重新返回到了听觉空间的时代。顺应麦氏的媒介演变轨迹，我们会发现，尽管数字化传媒带来了更为自由、充分的媒介互动与交流，但当今我们所处的时代从某种程度上说仍是个视觉偏向的时代，那么未来，更加全面、均衡地延伸人的各种感官也将是必然趋势。

从文化和社会的需要来看，听觉互动对社会文化情感结构的构建和发展具有重要作用。有观点认为，听觉能力使得孕育和发展社会情感结构的有声言语交流互动成为可能。当前，人们之间的情感交流往往诉诸数字化媒介，如微信、微博，很多时候甚至连文字都被各种表情符号所取代，更遑论面对面的交流和倾听。这使得传统的社会情感表达变得浅表化、可视化，趋向于一种“情感图像化结构”，即对各种情感进行类型化和符号化的扁平化组织和管理，对情感固有的多维性、心理复杂性、无意识性和不可言说性造成了挤压甚至排斥，从而把复杂的情感问题过度简单化了。[①] 在此情况下，建立在听觉互动基础上的广播媒体，实则担负起了唤醒听觉、重新激发感性情感表达的使命。

即使是在媒介研究之外的哲学研究、文化研究领域，“倾听”都日益成为一种新的感知维度，听觉也表现出了一种回归的趋势。从本质属性上说，视觉具有空间性，而听觉具有时间性，“听”本来就是人类的一种存在方式，这使得听觉对存在和审美的理解蕴含了一种动态发生性的特点，与理性、同质性的传统视觉至上和象征感性欲望、消费主义的现代视觉文化形成了鲜明对比；从表现形态上说，听觉文化体现出了一种视觉文化所缺失的精神性维度，即柏拉图所谓的眼睛是现实世界的“肉体之眼”，而耳朵却是理念世界的“心灵之眼”；从听的结果来看，人们在“听”声音的同时，还完成了一个“听—感知—识别—感官

① 王馥芳. 听觉互动之于文化的建构性——基于“图像至上主义”潜在的文化破坏性［J］. 江西师范大学学报（哲学社会科学版），2016（2）：80—85。

反应—联想和想象—构筑图景—思维梳理—形成自我认识和理解”的过程，这最终使得听觉更具开放性和包容性。

综合以上几个方面的原因，视觉独大的现状将被改变，视觉和听觉在媒介传播中各占半壁江山的格局正在形成。一旦这种格局确立，广播媒体无疑将成为最重要的听觉媒体。

第一章　生存空间理论

——一个观察媒体的跨学科视角

第一节　生存空间理论溯源

在媒介研究中，众多视角往往聚焦于媒介本身，如媒介的特征、功能、形态、传播规律等，而另一个重要的因素却往往被忽略，那就是关系。在媒介与媒介之间、媒介与环境之间、媒介与社会之间、媒介与人之间，都存在着错综复杂的关系，媒介之所以能够生存，正依赖于对这些关系的构建、经营与维护，也正是对这些关系的协调利用才营造起媒介的“生存空间”。而当媒介中有了新的竞争者加入，这些关系的平衡也会被相应打破，媒介便需要重新调整关系，寻找新的“生存空间”。

需要注意的是，这里的“生存空间”不能简单地等同于“生存策略”或“生存路径”，而是一个完全生态的、系统的整体概念，也正是对这种系统性的生态生存空间的寻觅让我们能够透过一种跨学科的视角观察媒体，从而为其发展出谋划策。

一、早期人境关系学说中的“环境决定论”

从学科渊源上追溯，“生存空间”是一个地理学概念。人类脱离茹毛饮血的动物性生活，学会使用工具，并逐渐拥有自己的语言、文字，经历了一段漫长的时期，而从人类的主体意识产生到更为高级的文明到来之前，他最容易关注的便是自身所处的周遭世界，与自然环境有关的问题是原始人思考的起点，“人与许多其他动物认定地球表面某一个地段作为他的生存空间；并且，和其他动物一样，他对别人的生存空间内的草可能长得更绿些会觉得羡慕；好奇心驱使他去探究他所看到的远处山丘以外的地方到底是个什么样子”①。因此，对环境的思考

① 普雷斯顿·詹姆斯．地理学思想史［M］．李旭旦，译．北京：商务印书馆，1982：3。

构成了人类哲学思维的第一步，这也间接促使“人—境关系”成为地理学研究由史至今的重大主题。

在“人—境关系”的视角下，自然环境与人文世界是严格区分开来的，而地理学所研究的，便是这两个世界之间的关联。在对“人—境关系”的种种探索中，“环境决定论”是最早也是持续时间最久的一种思想。它倾向于从地理环境中去寻求人的面貌、体质及各种行为，认为文化甚至社会的差异都是地理环境的不同使然。在不同的历史发展阶段，由于人类适应和改造自然的能力不同，人们对世界与环境的认识也就存在着差异，环境决定论的表现也因此多种多样。

我国早在先秦时期，就出现了关于地理环境决定论的系统论述。管仲及其弟子所撰《管子》一书中就详细列述过齐之水、楚之水、越之水、秦之水、齐晋之水、燕之水、宋之水的不同造成的各地人民性格、善恶和精神面貌的不同。与此类似的，还有《礼记》中关于水文决定论的记载、《大戴礼》中关于土壤决定论的记载、《周礼》中关于地形决定论的记载，等等。

西方的环境决定论最早出现于古希腊。从罗马时代即被尊称为“历史学之父”的古希腊学者希罗多德（Herodotus）在《历史》一书中通过其游历及地理考察经历探讨了人与地理环境的关系，提出“地理提供了自然背景和舞台场景，历史事实和它联系在一起才具有意义”①，将地理概念看作“历史的仆从”，主张全部历史都必须用地理观点来研究。

另外一些学者也从不同学科视角给予了环境决定论自己的解释。首创医学地理学的古希腊医生希波克拉底（Hippocrates）在其《论空气、水和地方》一书中提出气候决定论，认为气候对人的身体条件、精神状态、性格等差异产生了决定性的影响。亚里士多德受其思想影响，进一步指出地球上不同地区的人们会表现出不同的民族性格及精神面貌差异，正是由于其身处的纬度即气候条件的不同。与他们持相似观点的还有赫卡泰（Hecataeus）、埃拉托色尼（Eratosthenes）、波里比阿（Polybius）、庞蓬尼·麦拉（Pomponuis Mela）、托勒密（Ptolemy）等，他们大多都赞同将地球划分为不同的居住地带，并认为适宜人类居住的可居住地带在政治、历史中有更大的重要性。柏拉图（Plato）则是“海洋决定论”的拥趸，认为海洋使“国民的思想中充满了商人的气质，以及不可靠的、虚伪的性格。这就使得不仅在他们的市民之间，而且在他们与别人交往时变得不可信和敌对”②。

中世纪之后，环境决定论又有了新的发展。艾伯塔斯（Albertus Magnus）将星占学与环境决定论相结合，伊本·卡尔敦（Ibn Khaldun）在看到自然环境对人的影响的同时，也承认文化和生活方式的作用。15 世纪之后，欧洲探险活动的

① 普雷斯顿·詹姆斯．地理学思想史［M］．李旭旦，译．北京：商务印书馆，1982：25—26。
② PLATO. The Laws［M］. Penguin Books Ltd，1970：704-705。

增多以及地理大发现的鼓励，使自然环境对人类行为的影响再次成为历史学家和政治学家热衷于争论的话题，而环境决定论也有了更多来自历史学和政治学方面的解释。

近代以来，孟德斯鸠（Montesuquieu）作为西方地理环境决定论的集大成者，在其《论法的精神》一书中系统地论述了自然环境对一个民族的性格、精神面貌以及法律性质、政治制度的决定性影响。此后，地理因素在社会历史发展进程中的作用日益为西方学术界所重视，许多学者都从各种角度在不同程度上弘扬了孟德斯鸠的观点，如黑格尔（Georg Wilhelma Friedrich Hegel）专门在其《历史哲学》中展开“历史的地理基础”研究，超越生理和心理层面，认为地理环境是通过生产力尤其是通过社会组织对人产生着影响；普列汉诺夫（Plekhanov）明确指出“社会制度是由地理环境的属性决定的”[①]；巴克尔（Henry Thomas Barke）坚信气候制约政治行为的重要性；埃尔斯沃思·亨廷顿（Ellsworth Huntington）则认为“气候不仅决定健康水平、活动、粮食生产水平以及其他资源可能获得的程度，还决定各国人民的迁徙及种族遍婚”[②]。此外，哈兴额的《历史之地理基础》、哈尔福德·约翰·麦金德（Halford John Mackinder）的《历史的地理枢纽》、李约瑟（Joseph Terence Montgomery Needham）《中国科学技术史》的“地理概述”章等也都阐述了类似的思想。

尽管地理环境决定论的许多思想尤其是自然环境对人产生“决定性”影响的观点略显“粗暴”，但应当承认的是，古今中外历史上的环境决定论确与人地关系协调论有着不可分割的联系。而且，它也是过去那个时代人们的一种朴素“联系观”的体现，最为可贵的是，它为我们提供了一种从环境的、地理的因素去审视事物的视角。

二、多学科交织下的“生存空间论”

可以说，地理环境决定论揭示了“生存空间理论”的“史前史”，而真正使“生存空间”概念生成并发展为一种理论的是生物学视角的加入。

早在1850年12月，英国社会学家赫伯特·斯宾塞（Herbert Spencer）就出版了《社会静力学》（*Social Statics*）一书，最早将进化论的视角引入社会学的研究中。后来，斯宾塞也深受达尔文思想的影响，认为同生物生态系统一样，社会的进化过程也是优胜劣汰，适者生存，应遵循其自身的规律，社会是一个由相互联系的各要素构成的结构性体系，若要其正常运转，其需求就必须得到满足。斯

---

① 普列汉诺夫·格奥尔基·瓦连廷诺维奇论．论一元论历史观之发展［M］．博古，译．北京：三联书店，1961：195。

② 詹姆斯·多尔蒂，小罗伯特·普法尔茨格拉夫．争论中的国际关系理论［M］．邵文光，译．北京：世界知识出版社，1987：65。

宾塞社会学理论的突出特点是将社会与生物有机体进行类比，他也被后世公认为“社会达尔文主义”的创始人。

1859年，达尔文的《物种起源》(*The Origin of Species*)① 一书出版，进化论的问世掀起了一场重要的认识革命。“它赋予自然以创造的使命，从而一切从环境中寻找动因就成为一个合理的逻辑。这种环境决定论的因果逻辑与当时流行的生存竞争的进步哲学观念合流，其结果就是社会达尔文主义。”② 社会达尔文主义认为，达尔文进化论中的核心概念——生存竞争所带来的自然淘汰在人类社会中也是一种普遍现象。大到国家、民族之间，小至人与人之间，都存在“弱肉强食，优胜劣汰”的规律。微妙的是，这一思想对于生存竞争的强调与当时所处的时代恰恰存在某种程度的契合，自然界中个体通过竞争来获取进步的观点被鼓吹斗争的工业家们不加修饰地移植到人类社会中，达尔文主义先是被看作个体斗争的隐喻，继而被延伸到国家和种族之间，成为维护帝国主义、殖民主义以及奴隶制度的说辞。此后，“适者生存”“自然选择”等观点被越来越多地引入社会科学领域的研究中，其中，比较有代表性的就是德国“地缘政治学之父”弗里德里希·拉采尔(Friedrich Ratzel)的观点。

如果说斯宾塞是一位社会达尔文主义者，那么拉采尔便是一位典型的地理达尔文主义者。在他的众多学术思想中，较为光彩之一的便是将达尔文的生物概念在人类社会中的应用。他给予我们的假定性推理是：人类集群和动植物等生物有机体一样，需要在一定的环境中展开生存竞争。在接受斯宾塞“社会有机体”学说的基础上，1897年，拉采尔在《政治地理学》(*Political Geography*) 一书中明确提出了“国家有机体”学说，认为“国家是属于土地的有机体”。他从生物地理学的角度理解，认为国家也不过是地表上生物分布的一种形式，地球上人类分布的特殊的诸法则对国家的分布也同样适用。③ 在提出了这一学说后，他继而意识到，既然国家是有机体，那么正如生物有机体的成长需要阳光、空气、水分等一样，国家的发展也离不开特定环境的支持。于是，他继续论证道：“一个国家必然和一些简单的有机体一样地生长或老死，而不可能停止不前。当一个国家向别国侵占领土时，这就是它内部生长力的反映。强大的国家为了生存必须要有生长的空间。”④ 实际上，这便是所谓的“生存空间论”。拉采尔试图以自然科学的知识去解释国家的政治行为，认为国家是有机体演变的产物，就像树木生长要

---

① 全称《论借助自然选择（即在生存斗争中保存优良族）的方法的物种起源》(*On the Origin of Species by Means of Natural Selection, or the Preservation of Favoured Races in the Struggle for Life*)。

② 孙相东．地缘政治学的性质：一种多维视角分析［D］．北京：中共中央党校，2003：21。

③ 盛叙功．西洋地理学史［M］．重庆：西南师范大学出版社，1992：332。

④ 普雷斯顿·詹姆斯，杰弗雷·马丁．地理学思想史（增订本）［M］．李旭旦，译．北京：商务印书馆，1989：213。

扎根土壤，国家作为一个“空间有机体”也要进行领土扩张，从而增强力量，适应环境。之后，拉采尔又将国家的扩张从单纯的领土拓展到政治、经济等方方面面，但他仍不忘强调，在外部刺激的推动下，对那些最有战略和经济价值的领土进行扩张会持续激发一个国家的活力，一国想要繁荣强盛就必须去吞并他国，反之就会由于衰落而消亡，最后被另一个更为成功的国家兼并。“获得生存空间（Lebensraum）的整个过程，不仅使这个充满活力的国家更强盛，而且将使其人民更坚强、更富于进取，这样才能适应于统治这个不断扩大的领土。”① 这一论说后来被希特勒歪曲利用，将领土扩张、吞并弱国、殖民统治、掠夺和宰割所谓“劣等民族”等视作国家权力增长的必然规律，借以发动了第二次世界大战。

三、生存空间理论的框架模型

公正地说，尽管对环境的作用给予了特别强调，但拉采尔并非就认为这种作用是绝对性的，而是同时承认了人类集群活动和生物有机体在许多方面的差异性，并“特别注明某些地区文化的差异，比自然特征的差异更为重要”②。而且从另一角度来说，他将进化论引入人类社会的研究中，试图用自然科学知识去解释国家政治行为，这一做法本身就是具有学科启示意义的。在他的反复论说中，也逐渐呈现出一个清晰的概念——“生存空间”：“活的有机物在其范围内发展的地理区域。”③

归根结底，拉采尔是一位人文地理学家，他所要研究的是人类的迁移、文化借鉴和人地关系，而他的生存空间论则显示出，在对人类地理学的研究中，他关注的不仅是地域，还有与地域相关的空间复合体，即作为一种空间组织的人类社会与其复杂的物质背景之间的关系，而这种关系之间的交织与连接正勾画出了生存空间理论的框架模型。

在拉采尔之后，包括他的学生埃伦·丘吉尔·森普尔（Ellen Churchil Semple）等在内的很多人又对他的学说进行了发展、完善或延伸。与此同时，生存空间的概念也受到地理学家们的重视。他们有的将生存空间做了进一步划分，有的着重探讨环境与生存空间的关系，有的着眼于各种现象在空间上的相互联系及演变发展。尽管这些研究始终围绕着国家、民族、人类生存这些核心点，但也可以从中抽象出一些基本规律：其一，生存空间概念具有丰富、深刻的内涵；其二，该概念描述的是一种要素之间的关系及其相互作用；其三，该概念强调事物

---

① 杰弗里·帕克．二十世纪的西方地理政治思想［M］．李亦鸣，徐小杰，张荣忠，译．北京：解放军出版社，1992：11—12。

② 普雷斯顿·詹姆斯，杰弗雷·马丁．地理学思想史（增订本）［M］．李旭旦，译．北京：商务印书馆，1989：214。

③ 封志明．人类生存空间的框架模型及拓展途径［J］．战略与管理，1993（1）：83—86。

之间的相互依存、相互协调。

人类生存问题素来是学术界研究的热门话题，视角也五花八门，却少有结构和功能方面的系统阐释，“生存空间”概念的出现促使部分学者开始从人类生态学的视角将与人类生存发展相关的各要素纳入其中，对人类的生存问题进行总体审视，从而给予了“生存空间”一个崭新的定义：“生存空间是指一定时期内能够维持具有一定生活水准、一定质量的人口生存与发展的多维要素整体，它是人类群体对生态系统中生态位的有效占据。”[①] 与此同时，一个生存空间的基本模型也被构建出来，曾本祥、王勤学、封志明、石俊敏在其《生存空间理论探讨》[②] 一文中，将该模型的要素分解为以下几个方面：

第一，物理空间，指人类赖以栖居的三维几何空间，具体表现为不同人类群体栖居地的一定地域划分、层次划分等，它往往作为研究不同人类群体的生存空间的一种直观的区位指标；

第二，资源系统，指人类物质资料的来源，是人类生存发展的重要物质基础，包括生物、水文、气候、土壤、矿产等几大类资源，各大类资源中又包括多种具体资源形式；

第三，环境系统，指对人类生存和发展产生影响的非资源化的其他自然要素，如废物聚集等；

第四，关系系统，指生存空间中各种硬件之间的相互联系，包括各系统内的，如资源系统中生物资源与土壤资源的关系，也包括系统间的，如环境系统与资源系统、环境系统和资源系统与物理空间系统的相互关系等。

这一模型意在显示，人类生存空间是物理空间、资源系统、环境系统及其错综复杂的相互关系的函数，它表示的是人类有效占据极限空间的既有部分。而所谓“极限空间”，则是指客观存在着的一个最大生存空间，它是在人类的智力水平下使物理空间、资源系统、环境系统等都达到一种最大开展状态，同时相互关系达到一种最适状态时的生存空间大小，人类的全部努力就是使生存空间尽量去接近这个极限空间。

---

① 封志明．人类生存空间的框架模型及拓展途径［J］．战略与管理，1993（1）：83—86。

② 曾本祥，王勤学，封志明，石俊敏．生存空间理论探讨［J］．中国人口·资源与环境，1991（Z1）：64—69。

第二节 媒介生存空间

任何物种的生存与发展都脱离不了环境以及环境中的各因素，它们共同构成了物种的生境，生境所限定的最大环境范围就是所谓物种的“生存空间”。[①] 实际上，生存空间就是物种的最大可能生存范围。在媒介生态学的视角下观察媒体，会发现，媒介的生存发展与人类的生存发展在很多方面都存在相似性，例如，都生存于一个大的生态系统中，都由个体、种群、群落构成，都受到自身及环境之外的众多复杂因素的影响和控制，等等。这些相似性也为我们将“生存空间理论”纳入媒介研究中提供了方便。

一、生态学关照下的媒介生存空间

在传媒研究领域，“生态”是近十年来逐渐兴起并走热的一个新名词。作为自然科学中专门研究生态现象的生态学，从诞生之初就被人称为“环境的生物学”，寓意其研究对象是生物及其与环境的相互关系。20 世纪 40 年代起，生态科学的影响触角开始渗透到人文社科领域，成为一门指导人类行为准则的综合性学科。不难发现，世界万物之间的相互联系性使任何事物都不能脱离环境而存在，媒介亦是如此，而生态学的自身特点使之成为一种研究某一主体与内外环境之间关系的有效工具。

基于媒介生存与人类生存的相似性，在媒介生态学的特定视角下，遵照人类生存空间的逻辑去探寻媒介生存空间自然也能找到合理之处：从媒介生态学的角度看，在媒介生态系统中，任何媒介的生存与发展也都要受制于政治、经济、文化、社会等生态因子，还要受到媒介之间的相互制约与影响，而所有这些因素的总和共同构成了媒介的生境，这个生境所限定的最大环境范围就是媒介的“生存空间”。这里的“生存”并非简单地指媒介存活，而是指某一媒介种群能够稳定地延续；而“空间”也是一个包含了各要素的多维度概念。生存空间描述了一定时期内能够维持一定数量和质量的媒介种群生存与发展的多维要素整体，是媒介种群对媒介生态系统中生态位的有效占据。它深刻地揭示了媒介种群与环境相互依存、相互对应的内在本质，对于我们研究媒介与环境之间的关系以及媒介如何适应环境以实现自身生存与发展具有重要意义。

从宏观上看，以媒体生存空间为中心的研究将会涉及媒体生存空间的培育、

① 邹欣庆，郝治纯．边缘幸存空间——一个新概念的提出［J］．古生物学报，1995（4）：518—523。

媒体生存空间的构建、媒体生存的有利条件和限制因素、媒体的生存困境、媒体生存空间的多维度拓展，等等，这对于透过当前媒体间的激烈竞争指导媒体正确处理自身与其他媒体、自身与环境的关系，继而走出困境、拓宽自身的生存空间，具有重要的实践意义。

从微观上，对媒体生存空间的探讨将会涵盖媒体的内容空间、受众空间、经营空间等各个方面，尤其是当媒介面临竞争对手，诸种空间遭到挤占，媒介系统内部的各要素发生变化、媒介生态系统的整体平衡被打破时，专注于媒体生存空间的研究对于如何继续保持媒介生态系统的整体平衡，以满足传媒、受众、经济和社会共同演进、协调发展的生态要求，合理利用生态资源，拓展新的生存空间，将会是一种强有力的指导。

参照相关学者构建的人类生存空间框架模型，可以将媒介生存空间的模型搭建如下：

其一，物理空间。它是指每个媒介种群在整体的媒介群落中所处的位置，也是媒介所赖以生存的空间，属于媒介空间生态位的部分。例如，报纸依赖于纸张（文字）空间，广播依赖于频率（音频）空间，电视依赖于频段（音视频）空间，新媒体则依赖于网络（富媒体）空间。不同媒体的物理空间可能会相互交错，但每种媒体都必然拥有一个属于自己的、主要的物理空间。

其二，资源系统。它是指延续媒介生存发展所需要的各项资源，包括内容资源、技术资源、经营资源、受众资源等，每种资源中又包含了许多具体的子资源项，例如内容资源中又包括内容定位、内容生产、内容编排等，技术资源中又包括智能化技术、云技术、大数据技术等。

其三，环境系统。它是指对媒介生存和发展产生影响的内外部环境因素，如社会政治经济因子的变动、媒介竞争对手的出现、媒介格局的变动、媒介技术的变迁、新的媒介潮流的兴起等。

第四，关系系统。它是指媒介生存空间中各部分之间的相互联系，既包括某一系统内部的关系，例如资源系统中内容资源与受众资源的关系；也包括系统之间的关系，例如资源系统与环境系统的关系；还包括媒介与其自身的资源系统、环境系统的关系。

同样地，媒介生存空间也是物理空间、资源系统、环境系统以及关系系统相互作用、相互协调下媒介对极限空间有效占据的部分，“极限空间”则指客观存在着的媒介最大生存空间，是在媒介的充分协调下，物理空间、资源系统、环境系统等都达到一种最大开展状态，关系系统达到最适状态。媒介需要努力做的，便是使自身的生存空间无限接近这个极限空间。

二、媒介生存空间与媒介生态平衡

在生物学中，“生态平衡”并不是一个陌生的词汇。它是指在一定的时空条件下，生态系统中物种与物种之间以及物种与环境之间，通过能量流动、物质循环和信息传递等相互作用而建立起来的一种高度适应、协调、统一的动态平衡状态。在媒介生态学中，自然也存在媒介的生态平衡。

媒介生态学是生态学由生物生态学转向人类生态学，再转向人文生态学的一个必然结果，“媒介生态”也是由生态学中的“生态”演化而来的概念。这一过程包含了人类对媒介生态现象和媒介生态规律的逐渐认识和深化。

从本质上说，媒介生态学是一个“拿来”的科学，是通过类比而形成的一种思维方式，强调在广泛联系中看问题，按照生物系统的方式理解媒介及其环境。邵培仁在其《媒介生态学：媒介作为绿色生态的研究》中最先给出了“媒介生态”的本土定义：在一定社会环境中媒介各构成要素之间、媒介之间、媒介与外部环境之间关联互动而达到的一种相对平衡的和谐的结构状态。①

这一定义中有几个关键词：环境、互动、平衡。这说明，媒介生态本身是有生命力的，它关注环境、关注自身与环境的关系，并依靠自身的生命力与环境进行互动，以维护一种动态中的平衡。媒介生态学以媒介生态现象为研究对象，立足于生态视野、生态方法，探索媒介与人、与社会、与其他媒介等之间的相互关系及其发展变化。其研究宗旨就是“从人类社会的普遍联系中，从媒介生态的内在机制和外在联系以及各种媒介生态因子之间的相互关系中，探索和揭示媒介生态发展与变化的本质和规律”②。

媒介生态学研究中的核心概念之一便是媒介生态系统。所谓媒介生态系统（Media Ecosystem），是指在一定的时间和空间内，人← →媒介← →社会← →自然四者之间通过物质交换、能量流动和信息交流的相互作用、相互依存，而构成的一个动态平衡的统一整体。③ 在媒介生态系统中，位于信息传播相同位置、具备相同功能的个体传播要素可被视为媒介生态种群，它是占有一定时间和空间的相同传播要素的个体汇集，种群内部或不同种群之间以及种群与环境之间相互联系、彼此协调，进行能量和物质的交换传递，构成媒介群落④，媒介生态系统便是由媒介群落与社会环境相互作用构建而成的。

需要特别指出的是，媒介生态并不是与媒介生存空间相并列的另一个概

① 邵培仁．媒介生态学：媒介作为绿色生态的研究［M］．北京：中国传媒大学出版社，2008：5。
② 邵培仁．媒介生态学：媒介作为绿色生态的研究［M］．北京：中国传媒大学出版社，2008：7。
③ 邵培仁．媒介生态学：媒介作为绿色生态的研究［M］．北京：中国传媒大学出版社，2008：110—111。
④ 邵培仁．媒介生态学：媒介作为绿色生态的研究［M］．北京：中国传媒大学出版社，2008：82。

念，而是一种思维方式和研究手段。这意味着，在研究媒介生存空间时，脑海中需要始终有一个媒介生态系统的大框架，有一套统一、连贯又相互联系的分析模式。而媒介生态平衡观①正是作为一种思维方式的媒介生态所蕴含的重要观念之一。

早在2500多年前，我国道家就有道法自然、“天地人合一、万物一体”之说，倡导万物和谐共生的自然生态和心灵和谐愉悦的心灵生态，庄子就曾说过：“天地与我并生，万物与我为一。”在媒介的生存与发展中，我们同样也需要祖先留下的这份生态智慧。只有充分调动媒介生态系统的自我调节和控制能力，将媒介发展中的潜能和各方面阻力以及环境影响力置于一种动态平衡之中，才能保证各种媒介有条不紊地运行。由此，基本可以形成以下结论：首先，媒介生态平衡的内涵十分丰富，它既包含了媒介种群与种群之间在数量、功能、结构等方面的稳定状态，也包含了媒介物种内部运行的稳定状态；其次，媒介生态平衡并不是固定不变的，而是一种在不断发展、协调中努力实现的动态平衡，它既需要社会各方力量的努力，也需要媒介自身的调节和控制；最后，就像自然生态系统中允许有食物链，媒介生态平衡并非要拒绝竞争、拒绝环境阻力的存在——反之，这种阻力有时可能是促进平衡的力量——而是要将这些对媒介生存发展的不利因素有效搁置在能够维护媒介生态系统整体平衡的框架之内。而放眼整个媒介生态系统，只要每个媒介种群都能准确把握并圈定好自己的生存空间，并努力促使自身的生存空间向极限空间靠拢，便已经是在维护媒介生态平衡了。

第三节　传播学视阈下的人类文明——对媒介生存空间的思考

人类文明的演进与媒介的发展息息相关、不可分割，而如若在信息传播的视阈下放眼回望，便会发现，在漫长的人类文明发展史中，不仅仅是媒介的变革、更替在推动着人类文明的嬗变，与此同时，嬗变中的人类文明也在反过来影响着媒介，从而使媒介的生存空间不断发生着调整与改变。这既是媒介技术和媒介文化变迁的结果，也是人类需求变化和选择的结果。

一、媒介技术和媒介文化的双重变迁

在对媒介生存空间的所有探索中，我们最应把握的一条重点是：它是动态发

① 根据邵培仁的解释，其他几种观念分别是：媒介生态整体观、媒介生态互动观、媒介生态循环观、媒介生态资源观。

展着的。也正是媒介生存空间的这种可变性才使得当某种媒介面临竞争对手时，我们对其生存空间的维护、拓展、迁移甚至重塑等种种手段具备了可行性。前文的分析已经使我们明确：媒介生存空间是由一种媒介的物理空间、资源系统、环境系统、关系系统相互作用而建构出来的，那么理论上说，要想调整媒介的生存空间，只要相应地去调整这些子系统中的各要素就可以了。而事实上，正如考察人类生存空间时不能忽略文化和社会心理因素一样，即便是再全面、完善的框架模型，也未必能涵盖与社会、与人紧密相连的媒介相关的各种影响因素。在这种情况下，如果还是一味去纠结某篇报道的策划、某档节目的编排等细枝末节，而置像媒介自身的发展规律、媒介与人的关系这种大线索于不顾，则未免显得避重就轻了。

如果抛开某种特定的媒介，站在媒介生存史的高度俯瞰，可以发现，在我们所构建的模型之外，对媒介生存空间同样具有重大影响的便是媒介技术。需注意的是，这里的“媒介技术”并非如云技术、大数据技术一类单项技术——这些完全可以涵盖在资源系统的技术资源子项中——而是指贯穿于整个媒介形态更替的媒介技术链条。不甚严谨地概括，人类文明史也可以说是一部媒介技术的进步史。人类的信息需求在社会的点滴发展中逐渐变大，由此，传受双方的时空关系就必须据此不断调整，而每一种媒介的兴起与普及，都离不开各具针对性的技术的支撑，这对于媒介初始生存空间的开拓具有深远和决定性的意义。表 1-1 概略性地描述了媒介技术的演进对媒介生存空间的影响。

表 1-1 媒介技术的演进与媒介生存空间变迁概览

<table>
<tr><th>阶段</th><th>技术类型</th><th>表现形式</th><th>发展阶段</th><th>占据主要生存空间的媒介</th><th>信息形式</th><th>影响</th></tr>
<tr><td rowspan="3">手工媒介技术</td><td>口语行为技术</td><td>表情、动作等</td><td>口语媒介时代</td><td>语言</td><td>图像/声音</td><td>使人与动物划清界限</td></tr>
<tr><td>文字书写技术</td><td>书写技术、书写媒介制作技术</td><td>文字媒介时代</td><td>竹简、草纸、兽骨等</td><td>文字</td><td>拓展了人类交流和社会活动的空间</td></tr>
<tr><td>手工印刷技术</td><td>活字印刷术、雕版印刷术</td><td rowspan="3">印刷媒介时代</td><td>纸</td><td>文字</td><td>使人类珍贵的文明成果得以保存</td></tr>
<tr><td rowspan="2">机器媒介技术</td><td>机器印刷技术</td><td>机械印刷术</td><td>报纸</td><td>文字/图片</td><td>使信息传播从人际传播真正过渡到大众传播阶段</td></tr>
<tr><td>图书出版技术</td><td>出版技术</td><td>图书</td><td>文字/图片</td><td>催生了出版印刷业</td></tr>
</table>

续表

<table>
<tr><th>阶段</th><th>技术类型</th><th>表现形式</th><th>发展阶段</th><th>占据主要生存空间的媒介</th><th>信息形式</th><th>影响</th></tr>
<tr><td rowspan="4">电子媒介技术</td><td>电报技术</td><td>电磁波技术</td><td rowspan="4">电子媒介时代</td><td>电报</td><td>文字</td><td>标志着电子传播时代的开始</td></tr>
<tr><td>电话技术</td><td>电磁感应</td><td>电话</td><td>声音</td><td>开启了有声传播的时代</td></tr>
<tr><td>广播技术</td><td>无线技术、有线技术</td><td>广播</td><td>声音</td><td>开启了远距离、“点对面”传播声音信息的时代</td></tr>
<tr><td>电视技术</td><td>收像真空管等</td><td>电视</td><td>文字/声音/图像</td><td>实现了人类听觉和视觉的同时延伸</td></tr>
<tr><td rowspan="2">网络媒介技术</td><td>计算机技术</td><td>电子管、晶体管、集成电路等</td><td rowspan="2">网络媒介时代</td><td>计算机</td><td>文字/声音/图像/影像</td><td rowspan="2">开启了人类信息传播的新时代</td></tr>
<tr><td>网络技术</td><td>光纤、比特技术等</td><td>各种新媒体</td><td>文字/声音/图像/影像</td></tr>
</table>

从表 1-1 可以看出，从一项简单的技术发现或发明到一种媒介、一个行业、一种传播方式的诞生，技术对媒介生存空间的塑造无疑是具有开创性意义的。但是，鉴于技术更新、迭代、升级的飞速与迅猛，这种塑造也只是停留在初始阶段。例如，电子技术塑造了广播的生存空间，但之后，网络技术、移动互联网技术、流媒体技术等逐渐取代电子技术成为传媒界的主流技术，此时尽管广播依然同与新技术协同兴起的新媒体共存，其生存空间却已不再是早先只有电子技术时所占据的部分，而是要相应发生迁移，媒介生存空间的研究要关注的便应当是这种迁移何时会发生、如何迁移、迁移到哪里去，要回答这些问题，除了有关物理空间、资源系统、环境系统、关系系统的解释路径外，媒介技术史便是一条重要线索。

在媒介技术之外，媒介文化提供了另一个不可忽视的维度。人类的文明进步史同时也是一部文化的发展演化史。从茹毛饮血到刀耕火种，从结绳记事到创造文字，人类在从野蛮步入文明、从蒙昧走向觉醒的过程中，不断深化着自己对客观世界的认识，并通过文化将自身与周遭世界区别开来。文化与人共生共长，成为人之为人的重要特性，人也在人文相长的过程中逐渐确立并完善起自己的本质内涵及类属，不懈地进行着文化创造。

在人类文化创造力的拓展和延伸中，始终扮演着重要角色、发挥着重要作用的，便是媒介。无论是传播方式上从口传文化、印刷文化到电子文化、网络文化的过渡，还是受众本位下由贵族文化、精英文化到大众文化、后现代文化的嬗变，媒介的发展变迁与人类文明的演进相互渗透，文化的流变、更迭也始终与大众传媒的发展和普及携手共进，文化的传播与传播的文化不断递进、叠加，共同构筑起人们日常生活及意识形态的图式和景观。

文化作为一种价值取向，不仅成为人类认识世界、改造自然的指引，也为人类生存与发展提供着最基本的依据。媒介与文化的“联姻”自20世纪中期电子媒介引发文化形态和产业变局便已起步。以马克斯·霍克海默（M. Max Horkheimer）、西奥多·阿多诺（Theodor Wiesengrund Adorno）为代表的法兰克福学派将媒介看作文化生产的机器和资本主义意识形态控制的工具，以雷蒙·威廉斯（Raymond Henry Williams）、斯图尔特·霍尔（Stuart Hall）、约翰·费斯克（John Fiske）等为代表的英国文化研究学派则视大众媒介为社会文化的重要组成部分。在我国，随着20世纪90年代后大众传媒在文化领域受到广泛关注，媒介文化也开始被当作大众传播时代的一种新兴文化形态，其重要性不言而喻。一种媒介可以创造、引领一种媒介文化，而形成之后的媒介文化也可以对此前或后继的媒介产生影响。与媒介技术不同，媒介文化对媒介生存空间的塑造是修缮、拓展式的，也就是说，往往是先有了某种媒介技术，催生出特定媒介，才形成了某种媒介文化，然后这种媒介文化又反过来影响媒介的生存空间，而且，这种影响作用力的施加往往在出现时间更早的一种媒介上更加明显。例如，移动互联网技术催生出微博、微信这类移动社交新媒体，由此形成社交媒体文化，社交媒体文化重参与、互动、分享的特征又反过来影响到早于微博、微信出现的广播媒体，使广播媒体开始转战具有社交分享、用户自制等功能的移动音频App，从而拓展出新的生存空间。

二、基于人类需求和选择的媒介生存空间

以地理学为轴心的生存空间探讨往往会过分强调环境，而忽略了环境之外的其他要素。从人类文明发展史来看，媒介生存空间的塑造不仅仅是媒介技术和媒介文化双重变迁的结果，还包含了一个重要方面，那就是人类的信息接收需求以及在此影响下的主动选择。

在“媒介与人的关系”问题上，媒介对人的个体感知方式、行为方式、思维方式、社会生活、文明与文化、认识结构等各方面的影响已经被挖掘得比较全面，但相对而言，人对于媒介发展及应用的影响、人类需求和选择对媒介生存空间的反向控制作用却被忽略了。事实上，无论是媒介技术的发展还是媒介文化的演变，都无一不在遵从着人类的需要。在保罗·莱文森（Paul Levinson）的媒介进化论思想中，非常核心的一点就是他认为人如“自然环境”，而媒介也在其中

以类似达尔文生物进化的方式演进，此时进行“自然选择”的是人的主观能动性。1979年，莱文森在《人类历程回顾：媒介技术进化理论》① 中提出了媒介进化生存的“人类即环境”理论，该理论主要包括了以下几个方面的内涵②：

第一，媒介技术的生存进化是由作为“环境”的人类决定的，适者生存的媒介就是适应人类需求的媒介；

第二，人类是媒介技术“有机体”的促发器，即媒介技术作为“有机体”是有生命的，同时，这种有生命的媒介技术是人类创造的，是人类使得媒介技术得以发生；

第三，人类是媒介技术“有机体”生存的外部“环境”，即媒介技术与自然界的生物有机体一样，只有适应环境才能生存。

在莱文森看来，人的“自然选择”首先可以决定什么样的媒介具有生存空间。他首先给出了一个“自然人感官传播模式”理论，用以说明人类选择媒介的依据：“自然人”，指的是没有接触和体验过人类创造的媒介技术的纯粹的自然生命的人；“自然人感官传播模式”是说，某种媒介的传播模式是否同人类与生俱来的安装在人类感觉器官中的“硬件”一致，是其命运的决定因素，在这里，人类与生俱来的感觉器官中的“硬件”，意指一种人类运用感官和世界的交流方式、传播模式，是一种“前科技”传播模式，是历史悠久到远于任何人类发明的技术前就有的，是人类在自然生存状态下生而有之并永远存在、不会被改变的。③ 为了说明这一点，莱文森用只诉诸视觉传播符号的无声电影和只诉诸于听觉传播符号的广播的不同命运给出了例证：“人类习惯了眼睛这个感官的停止活动，可以很容易地闭上眼睛挡住光线，但人类却没有生长出关闭耳朵的‘门’。听而不见是人类习惯了的在黑暗中与世界的接触和交流方式，可见而不听却是正常健康人不习惯的奇怪经验。”④ 也就是说，同样是一维媒介，无声电影和广播的不同命运就在于前者有悖于自然人的感官接受习惯，而后者的传播模式则契合了自然人的感官接受模式。

紧接着，莱文森又提出了估量媒介存活前景的“两种特征”理论。在他看来，任何媒介技术都有两种特征，第一种特征是该媒介的基本属性，它决定了媒介是什么，一旦变化，无论用什么合理的名字来说，它都应该已经是一种新装置

---

① 莱文森的博士毕业论文，英文原名为 *Human Replay: A Theory of the Evolution of Media*。

② 参考赵广远．媒介融合时代的电视死亡论探究［J］．今传媒，2015（7）：58—59。

③ 梁颐．走出“电视消亡论”：媒介进化论视阈下的电视未来命运［J］．新闻知识，2014（7）：3—5。

④ 梁颐．电视和电视机的未来命运——以莱文森媒介生存进化论为视角［J］．西部广播电视，2014（4）：11—12。

了；第二种特征是可以改变的，或者其变化是可以想象的，而且即使改变之后，该装置也不会伤筋动骨。由此，莱文森进一步指出，若要估量一种媒介的存活前景，就要区分上述两种特征：固有的、不能压缩的特征和短暂的、过眼云烟的特征。然后结合“自然人感官传播模式”理论去分析这两种特征。以广播为例，以声音为唯一传播符码、作用于人的听觉器官的大众传播模式是广播的固有特征，这个特征决定了广播之所以是广播，而不是其他任何媒介，电视也传播声音，但是声画一体，所以没有人把电视认作广播，电话也传播声音，但非大众传播，因此也没有人说电话是广播；人们用于收听广播的终端部分是可以改变的，从过去的收音机匣子到如今的互联网、手机、iPad，不管名字如何改变，任何一种都没有改变广播的基本属性，因此属于短暂的、过眼云烟的特征，广播的固有特征符合“自然人感官传播模式”理论中所说的人类与生俱来的运用感官与世界交流的方式，因此永远具有生存空间。

除了可以决定什么样的媒介具有生存空间，人的“自然选择”也可以决定媒介生存空间的未来趋向。对于这一点，莱文森再次通过其“人性化趋势”理论和“补偿性媒介”理论给出了说明。

首先是“人性化趋势”理论。在莱文森的论述中，经常可见的两个词汇是“前技术的世界”和“技术世界”，前者指的就是上文中所提到的符合人类与生俱来的感官接受模式的原始的自然传播模式，后者则指当前媒介技术不断演变的世界。媒介的“人性化趋势”理论的核心观点是：技术世界中任何一种媒介的进化趋势都是在越来越高程度地复制和模仿前技术世界人类的感知模式和认知模式，尽一切可能去再现真实世界，直到媒介和传播环境达到某种程度上的和谐一致，比如电话取代电报，彩色取代黑白。从这一角度看，我们如今称之为“高科技”的触摸屏幕、智能手机、语音识别、图像识别等一系列交互手段和工具，实际上只不过是在无限度地契合前技术世界中人类通过皮肤细胞的感知、眼睛的图像识别以及耳朵的声音识别所依赖的自然传播模式。

如果说“人性化趋势”理论揭示了媒介技术演变的终极目标，那么“补偿性媒介”理论可谓揭示出了媒介技术进化的一种基本模式，它隐藏的一个基本假设是：协同工作的媒介比单独工作的媒介更能够贴近于某种前技术模式，媒介的发展和创造正是基于对前一种媒介的补救。1988 年，莱文森便在其《思想无羁：技术时代的认识论》中阐释了该理论的内涵：任何一种后继媒介都是一种补救措施，都是对过去的某一媒介或某一种先天不足的功能的补救或补偿。这种补救通常有两种情况：其一，替代性补救，即新媒介既能够弥补旧媒介的不足，也具有旧媒介的一些特性，此时旧媒介的生存空间就会受到挤压；其二，完善性补救，即新媒介只是弥补了旧媒介的不足，但并不能取而代之为人们所用，此时旧媒介仍旧有很大的生存空间。[①] 需要注意的是，媒介技术的补救并非技术自发而为，而是包含了人类的理性选择。

按照莱文森的观点，人在媒介技术的进化中有两种目的或动机：其一，借助媒介技术，让媒介成为自身的延伸，突破自身生物性和传播时空的局限，以满足自我更为便捷的信息传播的需求；其二，基于自身需要，不断寻求补救性的媒介技术。例如，最初收听广播只能完全按照线性时间顺序，收音机虽然便携但也不能完全实现收听的随时随地，于是有了后来的移动电台。

综上所述，媒介生存空间演进的动力不只是媒介自身的调整、技术和文化的变迁，而是还有能够对这三方面同时施加影响的人类的需求及其选择。

① 陈功．保罗·莱文森的媒介演进线路图谱［J］．当代传播，2012（2）：27—38。

第二章　广播媒体生存空间的历史嬗变

媒介技术的进步促使媒介形态不断趋向丰富多元，这也在客观上决定了媒介生存空间的动态发展特性。在没有任何一个媒介种群被淘汰的情况下，越来越多媒介物种的加入势必会引发竞争，逼迫原有的媒介种群调整自身生存空间，以维护自身的生存与发展利益，重新实现媒介生态平衡。从1920年至今，广播在近百年的发展历程中经历过数次大规模的生存空间调整，也正是得益于这一次次的调整，它才得以在跌宕起伏中始终屹立不倒，一步步发展到今天。当前，广播再次处于生存空间调整的关键时期，梳理和回顾广播媒体生存空间的历史嬗变，对我们在紧握广播媒体优势的前提下充分利用好新的时代机遇、助广播实现跨越式发展，无疑具有十分重要的意义。

第一节　诞生：在技术变革下开创生存空间（20世纪20年代）

广播能够在媒介生态系统中开辟出一片天地，拥有属于自己的生存空间，与电磁波的发现和电子传播技术的支撑是分不开的。也正是电子技术的不断创新和变革才使得广播经历了从有线到无线、从近地到卫星、从数字到模拟的一系列改变，实现了生存空间的不断拓展。当无线广播的形态基本稳定之后，商业力量的加入则进一步刺激了广播业的发展。

一、从生理传播到物理传播

无论是在高度文明化的今天，还是在尚未完全开化的远古时代，人们从未停止过传递信息的需求。除了简单的暗号、手语、旗帜，暮鼓晨钟、鸿雁传书、飞鸽传书、烽火狼烟、驿传等，都反映出人们对远距离信息传递的需求。

早在公元968年的北宋时期，中国人就发明了可以通过竹管长距离传送声音的“竹信”，“竹信”通过线绳将两个竹筒连接，依靠线绳传递声波，在国际电信联盟（International Telecommunication Union，ITU）出版的《电话一百年》中，

“竹信”被认为是今天电话的雏形。

不过，“竹信”还只能说是我国古人的一种智慧，真正的近代电信科技源于欧洲。1753年，爱丁堡的《苏格兰人》杂志收到了一封署名为C. M.的信，信中提出用电流进行通信的大胆建议，并详细解释了如何架设电线，如何将与字母一一对应的金属线与静电机相连接，再利用电流达成远距离信息传递的目的。这一提议虽经反复改进，但终囿于当时条件所限未能实现，不过，这却是人类最早的电通信设想。尽管通电与通信还相去甚远，但是人们有关“电通信”的种种尝试由此开始。

1793年，法国查佩兄弟俩在巴黎和里尔之间以接力方式架设了一条长230千米、由16个信号塔组成的托架式线路，由信号员在下边通过绳子和滑轮操纵支架的不同角度表示相关的信息。当时，法国和奥地利正在作战，这种被称为“遥望通信”的信息传递方式只用一个小时就把胜利夺取埃斯河畔孔代的消息传到巴黎，该系统也因此在欧洲盛极一时。据称，查佩兄弟中的一人，就是最早使用“电报”一词的人。

17世纪，英国物理学家和化学家罗伯特·胡克（Robert Hooke）首先提出了远距离传送话音的建议，此项研究由此在欧洲展开。1796年，英国教授休斯提出用话筒接力传送语音信息的办法，并称之为“Telephone”，这个名称一直沿用至今。

到18世纪30年代，电池、铜线、电磁感应等电子器件已经基本被发明出来。而欧洲铁路的迅速发展也迫切需要一种不受时空和天气限制的通信工具来保障铁路运输的准点和安全。电报应运而生。1833年，约翰·卡尔·弗里德里希·高斯（C. F. Gauss）和威廉·爱德华·韦伯（Wilhelm Eduard Weber）制作出了世界上最早的电磁指针式电报机；1834年，塞缪尔·莫尔斯（Samuel Finley Breese Morse）提出莫尔斯电码；1837年，莫尔斯制成了第一部使用莫尔斯电码的电报机，几乎与此同时期，威廉·福瑟吉尔·库克（William Fothergill Cooke）和查尔斯·惠特斯通（Charles Wheatstone）两人合作制成的五针式电报机开始在伦敦帕丁顿车站与韦斯特·德雷顿之间的铁路上投入使用，距离达21公里；1944年5月24日，通过自制的电报机，莫尔斯在华盛顿国会大厦向巴尔的摩拍发了世界上第一封电报：“上帝创造了何等奇迹！”

后来，随着赫兹电磁波的发现，1896年，无线电报也被发明出来，以后又经过意大利物理学家古格里尔莫·马可尼（Guglielmo Marconi）的数次技术更新，无线电通信技术日益完善，到1899年，美国已经成立了第一个无线电通信公司——马可尼无线电报公司。电的发明将人类的信息传播方式从生理传播带入了物理传播的新时代，而电报的出现更让人们看到了通过电进行远距离通信的可行性，为日后广播的发明奠定了基础。

图 2-1　塞缪尔·莫尔斯（Samuel Finley Breese Morse）

二、从无声传播到有声传播

电报的发明大大满足了人们远距离传输信息的需要，到 19 世纪后期，莫尔斯电报已经获得了广泛应用。然而，电报的劣势也很快显现出来：若想准确传递信息，从发报人到收报人需借助专门的电码译本经两次翻译；发报人与收报人不能进行及时的双向信息交流。由此，在成功地利用电报传递电码信息之后，人们又开始设想：是否也能发明一种装置，可以利用电来直接传递话音信息呢？

这一设想吸引了众多学者投入研究。1876 年 3 月 10 日，亚历山大·格雷厄姆·贝尔（Alexander Graham Bell）利用电流强弱来模拟声音大小的变化，发明了有线电话，并通过送话机与其助手沃森通话成功，成功地发出了人类第一句通过电话传送的语音。这也意味着，人类终于实现了用电磁波来传送语言声波。

从利用电流传递电码信息到利用电磁波传递话音信息，电报、电话的相继发明让人们见识到了电的力量。人类的远距离信息传递真正实现了从无声到有声的飞跃。于是，一系列更加大胆的设想开始出现：既然无线电能传送话音，那么它是不是也可以传送音乐呢？无线电信号是不是也可以被多人接收、向公众广播呢？

1906 年的 12 月 24 日，圣诞节前夕晚上 8 点钟左右，在美国新英格兰海岸外，在穿梭往来的船只上，一些听惯了“滴滴答答”莫尔斯电码声的报务员们，忽然听到耳机中传来了人的说话声和乐曲声——朗读《圣经》故事和播放韩德尔的唱片，最后祝大家圣诞快乐。报务员们怔住了。他们大声呼叫起来，纷纷将耳机传递给同伴们听，以此证明自己并非痴言梦语……①

图 2-2　亚历山大·格雷厄姆·贝尔（Alexander Graham Bell）

上述这段话描述了加拿大籍美国物理学家雷金纳德·奥布里奇·费森登（Reginald Aubrey Fessenden）在马萨诸塞州布兰特罗克镇的国家电器公司 128 米高的无线电塔上进行人类历史上第一次无线电广播实验时的情形。这次广播的内容包括一段亨德尔的《慢板》，一首平安夜的经典老歌 *Oh Holy Night*，一段《圣经》中《路加福音》部分章节的诵读，还有费森登本人给听众们的圣诞祝福，当时四处分散的持有接收机的人们清晰地收听到了这一节目，无线电广播从此诞生。

同样是 1906 年 12 月，李·德福雷斯特（Lee De Forest）发明了"三级真空管"，使接收电波更加容易，声音更加放大。1907 年，德福雷斯特无线电话公司开始进行了世界上最早的无线电广播定时播出的试验。"人类第一次无线电广播的成功为现代无线电广播、通信开辟了广阔的前景，并确立了无线电在航空、航海、军事中的重要地位。"② 1909 年，在美国加州的圣何塞，查尔斯·戴维·

① 无线电广播发明的百年历史回眸——纪念费森登发明无线电广播 100 周年［EB/OL］，http：//www.360doc.com/content/12/0421/22/53158_205519530.shtml，2012-04-21。

② 毕一鸣．世界广播电视发展史——视听传媒的历史变迁［M］．北京：中国广播电视出版社，2010：32。

图 2-3　雷金纳德·奥布里奇·费森登（Reginald Aubrey Fessenden）

"博士"·赫罗尔德（Charles David "Doc" Herrold）建立了一所广播学校，并且在花园城银行大楼的屋顶上树起了一座从七层楼高的银行大厦一直蔓延到相邻基座建筑屋顶上的巨大天线，赫罗尔德使用原始的麦克风按照排定的节目表开始每周播出半小时的新闻和音乐节目，又从 1910 年改为每天播出，成为第一个提供定期节目的人。[①] 1920 年 11 月 2 日，世界上第一个商业电台美国匹兹堡的 KDKA 电台终于正式开播，标志着世界广播事业从此诞生。与此同时，广播自身也在不断经历着技术上的完善：费森登将无线电广播通信的距离延长到 350 千米，阿姆斯特朗发明了超外差式接收电路，日本人八木秀次发明超短波天线，调频技术出现……广播的传播载体也由最初的矿石收音机、电子管收音机逐渐发展到半导体收音机、数字收音机乃至今天的各式移动终端。由此，大众传播媒介的大家庭中正式增添了一名新成员——广播，凭借着快速、及时、覆盖范围广、远距离声音传播的许多先天优势，广播在媒介生态系统中真正占据了一席之地，开创出自己的生存空间。

三、从试验广播到商业广播

如果将目光转回到广播诞生的那个时代，不难想象，对于当时读惯了枯燥的

① 迈克尔·埃默里，埃德温·埃默里．美国新闻史（第八版）［M］．展江，殷文，主译．新华出版社，2001：311—312。

图 2-4 世界上第一个商业电台 KDKA 电台

报纸、听惯了电报“嘀嗒”声的人们来说，可以传送音乐、语音、笑话的广播是多么新奇，可以说，它的发明本身就具有划时代的意义。“当美国首家商业广播电台于 1920 年开播时，试验者发现他们已有相当数量的观众。这些人中有的是自己制造了接收机和发射机的业余爱好者；有的拥有矿石收音机，用耳机收听广播。此前半个世纪的大量的科学突破使无线电广播有了展现魔力的可能……”① 整个 20 世纪 20 年代，无线电广播电台的注册数量迅速增加。由于广播是依托于新兴的电子技术而起的，而电报、电话的产业化都要早于广播，因此最初的广播电台大多也依附于各家电器公司，实行以市场驱动价值的公司化经营模式，而由广播兴盛所带动起的收音机和各种无线电元件的巨大销售量也于无形中促成了广播在许多国家的商营体制。

事实上，申请第一个全商业性标准广播执照的威斯汀豪斯公司（Westinghouse）在运营 KDKA 电台之前就已经意识到这将是一个拥有极大利润空间的新兴市场。早在 1916 年，该公司的工程师弗兰克·康拉德（Frank Conrad）就在匹兹堡运营着一个名为 8XK 的实验电台，1919 年，该电台开始播放录音唱片，后来应听众要求在周三和周日晚用两小时播出音乐。当地一家百货商店开始做广告推销威斯汀豪斯公司的矿石收音机，让人们收听“弗兰克·康拉德博士受欢迎的广播”。也就是说，不管承认与否，无线电广播确实是作为其他企业的促

① 迈克尔·埃默里，埃德温·埃默里．美国新闻史（第八版）［M］．展江，殷文，主译．新华出版社，2001：310。

销手段问世的，第一批广播电台的运营者中有像威斯汀豪斯这样销售矿石收音机的百货公司，有希望制造收音机的公司，也有想要扩大影响力的报纸。以美国为例，无线电广播发展的最初动力无关信息传播，无关新闻和娱乐播报，却是诸如威斯汀豪斯公司、通用电器公司（GE）之类的通信和电器制造大公司，受市场利益驱动，它们积极推动无线电广播的发展，原本只是为了扩大自己产品和服务的销路。到20世纪30年代，已经有一些全国性的大广告商开始投资广播，广播业成为一个拥有极高利润的新兴行业，尽管以盈利为目的的商营电台在大踏步地发展中难免出现低俗倾向，但借助于这些大广告商的支持，这些广播电台获得了雄厚的经济基础，广播事业也拥有了早期资本的原始积累，这为日后广播的发展提供了根基。可以毫不夸张地说，在广播最初的生存空间开辟战中，商业和技术一样，也是一股不容小觑的力量。

第二节　发展：在与报业大战中稳定生存空间（20世纪20年代至40年代中期）

人们发明广播的初衷是要寻找一个比电报更加快捷、方便的传递信息的方法，所以，不管无线电广播事业最初以怎样的形态发展起来，促销工具也好，盈利机器也罢，转向信息传递无疑会是它的必然趋势，快速、及时、跨越时空地传递信息正是它与生俱来的基因，也是它能够获得长远发展的根本保证。

一、新闻传播发掘优势生存空间

任何一个媒体人都希望能够将自己的报道迅速及时、客观公正地传递给尽可能多的人群，而快速、及时、便捷、覆盖面广等正是广播的天然优势，所以尽管在诞生之初推动广播业发展的并非新闻传播，但广播与新闻传播却注定有着不解之缘。

1920年KDKA电台开播时，播放的就是沃伦·甘梅利尔·哈定（Warren Gamaliel Harding）当选美国总统的新闻；1922年英国广播公司（British Broadcasting Company，BBC）组建时虽然是为了推销收音机才面向公众广播文化、社会服务类内容，但第二年立刻就增加了新闻节目；1923年，由在华经营电讯业务的美国无线电商人奥斯邦开办、中国无线电公司与英文《大陆报》联合创办的中国境内第一座广播电台“大陆报-中国无线电公司广播电台（呼号XRO）”（也称奥斯邦电台）开播，在每晚1小时的播音中，就有国内外和上海新闻，创办三天后，该电台就播出了孙中山先生发表的《和平统一宣言》；作为世界上无线电广播事业起步较早的国家之一，苏联在1918年便成立了自己的无线电实验所，列宁很早就认识到广播是没有纸张、没有距离的报纸，可供成千上万人哪怕没有文化的人阅读，因此苏联广播事业在诞生之初就与新闻宣传建立了密不可分的联系，在宣传鼓动和报道有关苏维埃政府活动方面发挥了重要作用；1924年美国总统大选时，约有300万户家庭是通过广播听到的小约翰·卡尔文·柯立芝（John Calvin Coolidge，Jr.）当选的，到1928年大选时，美国各大通讯社也开始在电台上向听众播出选举结果。可以说，即便在大多数国家播放新闻并非广播电台的首选或初衷，但客观上看，广播和新闻确实都借助彼此扩大了影响力。

最初，一家独大的报纸并未感到来自广播的威胁，但到20世纪20年代末，报纸无论是销量还是广告收入都开始走下坡路。与此相反，广播却逐渐走向繁荣，越来越多的电台开始扩大新闻报道业务，广告商也纷纷转向广播。20世纪30年代，广播电台迅速发展起来，可谓打了报业一个措手不及。压力之下，几乎所有国家的报刊业团体都开始试图禁止或至少延迟广播新闻的发展，对广播进行压制，以此削弱新闻广播的影响力。美国报刊发行人协会开始对广播进行新闻封锁，不再向一贯依赖他们的广播网提供新闻，大电台完全封锁，小电台则只有通过付费才能获得简明新闻；英国的广播电台被迫只能在每晚7点后播放新闻；法国报业也企图减少并推迟播送新闻广播的时间、减少时事新闻广播的次数，以避让报纸销售的高峰时间，在报纸和广播双方长时间谈判仍无法调和矛盾之后，法国报业开始介入广播业的经营，不少报纸都控制着一座广播电台。①

的确，尽管广播新闻自诞生之日起就因其巨大影响力而风头盖过了报纸，但最初的广播新闻确实在很大程度上要依赖报纸，甚至许多就是报纸的“广播版”，将报纸新闻照搬到广播中播出。而正是在报纸主动发起的这场生存空间争夺战中，广播发现并巩固了自己的优势，一些国家的广播电台开始抵制报业的干涉，寻求独立发展之路，甚至介入报业的经营中（如BBC），听众也逐渐增多。报纸在竞争压力之下对广播的压制非但没有灭掉广播，反而倒逼广播去探索自身独立的采编系统和报道体制，逐渐走向独立、成熟。

二、娱乐功能开拓特色生存空间

广播诞生于工业文明全面来临的20世纪20年代，文化娱乐成为新时期资产阶级生活方式的一部分，可以说，广播从它诞生的那天起，就承载了提供娱乐、满足人们精神生活需求的使命，也正因此，广播娱乐功能的发掘甚至要比广播新闻早得多。

① 参考毕一鸣．世界广播电视发展史——视听传媒的历史变迁［M］．北京：中国广播电视出版社，2010：40。

1906年，当费森登进行人类历史上第一次无线电广播实验时，播出的就是音乐、《圣经》诵读，后来许多国家的电器公司为推销收音机或其他盈利目的通过广播向公众播放信息时，最先尝试播出的也是娱乐或生活服务类的内容。到20世纪20年代末期，音乐已经成为最受欢迎的广播电台节目。

除了广播音乐，广播剧的出现也绝对值得大书特书。有着悠久文学历史传统的英国是世界上发展广播剧最早的国家。1922年5月，英国广播公司通过电台播出了一部根据莎士比亚原作《第十二夜》改编而成的戏剧，这就是世界上第一部广播剧。1924年1月，英国伦敦广播电台又播出了世界上第一部原创广播剧《危险》，"该剧的小说编剧家理查·休斯从声音具有'引起人们感情上、心理上的反应'得到启示，从捕捉声音入手创作该剧。播出后引发听众热烈反响，许多报章、杂志纷纷发表评论，积极地介绍这个新节目。从此之后，许多广播电台纷纷仿效，努力创作广播剧，从而使得这种利用电波传播的表演艺术很快成为世界性的娱乐节目"[①]。广播剧的繁荣和迅速发展甚至引发了之后被载入世界广播发展史册的"火星人入侵地球事件"。1938年10月30日，美国CBS公司的"空中水星剧场"（Mercury Theatre on the Air）播出根据英国科幻小说《星际战争》改编的广播剧《火星人入侵地球》。剧中逼真的音响效果、播音员神秘的声音、节目中为增加可信度而特别加入的并不存在的专家引语和人们熟知的实际地名等，使收听了该剧的600万听众误以为这就是真实的新闻，火星人真的要入侵地球，从而引发了大规模的恐慌。这当然与美国当时所处的特殊时代背景、经济大萧条下人们的社会心态有着不可忽视的联系，但仍可从中看到广播的巨大影响力。

如果独立的新闻传播尚可说是广播在面对报纸压力下做出的不得已之举，严格地说，广播剧的诞生则无论如何也算不上是"有意为之"了。然而，这却让生来就携带有娱乐基因的广播开辟出一块能够充分发挥其声音优势，既与报纸截然不同又迥异于它后来的竞争对手电视的特色化生存空间。无论在新闻领域还是在娱乐和生活服务领域，广播都日益得心应手，以至于后来成就出"炉边谈话"那样的经典。30年代资本主义世界经济危机爆发后，广播所提供的音乐、肥皂剧、谈话节目为陷入危机的人们提供了精神慰藉，成为百业萧条的年代中可供娱乐、消遣的唯一媒介。"20世纪30年代末，广播成为大众传播和大众娱乐的主要形式，读报的人数开始下降。据估计，1938年32万户美国家庭中，有27万户拥有收音机，超过了拥有电话、汽车、抽水马桶、家用电器、报纸和杂志的人数。收音机的拥有量急剧上升，几乎每5年美国收音机的数量就翻一番。"[②]

① 毕一鸣. 世界广播电视发展史——视听传媒的历史变迁［M］. 北京：中国广播电视出版社，2010：66。

② 希伦·A. 洛厄里，梅尔文·L. 德弗勒. 大众传播效果研究的里程碑（第三版）［M］. 刘海龙等，译. 北京：中国人民大学出版社，2004：42。

三、战争背景打造垄断生存空间

任何媒介的发展都不能脱离其所处的时代背景和社会环境，广播也不例外。在广播诞生和成长的重要阶段，它恰好经历了两次世界大战，这两次战争给广播带来的影响是深刻而深远的。

在战争中，广播的时效性、广覆盖、低成本使其能够跨越重重阻碍向每天焦急等待在收音机旁的人们传递有关战事的最新消息；更为重要的是，广播强大的社会影响力、渗透力和感召力使其在政治宣传、军事策反等方面也展现出了独特的优势。

以国家为主体来看，在对内的方面，让广播脱颖而出的是一国内部的政治宣传。广播最先展示出其在宣传方面的天赋其实是在宗教传播中。1906 年费森登的首次广播试验曾播放《圣经》中的《路加福音》，后 1921 年美国又创办了第一家基督教无线电广播电台，此后广播在宗教传播中的作用被逐渐发现。各国相继出现一些专门性的宗教广播电台，用以宣传宗教教义、传经布道。而在当时那个政局混乱的时代，与五花八门的宗教类似的是拥有着不同政见的政治力量、社会团体，因此毫无悬念地，广播也成为政治活动家们宣传政见及施政纲领、控制舆论、实现政治目标的有力工具。尤其是在总统选举中，广播更成为候选人造势的必备武器。美国总统罗斯福的“炉边谈话”堪称借助广播进行政治宣传的经典案例。1933 年 3 月 5 日，富兰克林·罗斯福（Franklin D. Roosevelt）于经济大萧条、内外交困之际就任美国总统，他一心推行新经济政策，却发现民众信心不足，且反对势力设置了重重阻碍。3 月 12 日，罗斯福在外宾接待室的壁炉前接受美国广播公司、哥伦比亚广播公司和共同广播公司的录音采访，准备活动时他向到访记者申明不想这次讲话搞得很严肃，希望就像坐在自己家里那样随意交谈。在这次广播演讲中，罗斯福就拯救金融问题发表了自己的政见，并给予全国人民耐心的解释、劝导，这就是第一次“炉边谈话”。围绕新政改革的“炉边谈话”共进行了 4 次，而整个就任期间，像这样的“炉边谈话”罗斯福共做了 30 次，每当美国面临重大事件，他都以这种“谈话”而非“讲话”的方式与全国人民沟通。无线电广播将罗斯福总统自信洪亮的声音传送到千家万户，拉近了总统与民众之间的距离，让他们感到总统就像一个朋友，与自己休戚与共。凭借“炉边谈话”，罗斯福的“新政”得到众多民众的拥护，一系列新立法批准实施，美国也得以逐渐走出危局。

在对外的方面，“广播心理战”则让广播成为主战场之外当之无愧的主角。事实上，早在第一次世界大战前，各国便已经在控制新闻舆论的斗争中认识到无线电的重要性。从 1927 年荷兰开办世界上最早的国际广播，各国的国际广播系统便开始逐渐建立起来，无线电广播已经成为国家主义和达成政治、军事目标的工具。20 世纪初到 40 年代，正是传播效果的“枪弹论”盛行之时，这样的理论也在指导着各国在军事行动中将媒介作为攻击对手的武器。最早使用无线电来攻击其他国家的是苏联，1926年在争夺比萨拉比亚地区时，苏联就曾运用无线电来反对罗马尼亚。进入20世纪30年代后，由于各国在意识形态上的对抗，“广播战”全面爆发。1933年，纳粹在德国掌权后最先开始了以激发本国人民、挫伤敌人士气为目的的广播宣传；1935年，德意法西斯开始向欧美国家广播，以掩盖其侵略罪行。受其影响，美、英、苏联等多国开始重视起外语广播，因为反对他国的宣传攻势，监听和分析其他国家的广播内容也获得了同等的重要性（1937年英国广播公司就开始专门用外语广播来抵制纳粹和法西斯分子的政治宣传）。到第二次世界大战爆发时，纳粹德国的外语广播节目已经增加到26种语言，此外，意大利23种，法国21种，苏联约13种，英国10种。

“1939—1945年爆发的第二次世界大战中，在恶劣的战争环境里能把各类信息传送到敌占区，并产生心理影响的所谓‘广播战’被参战各方广泛运用。与陆战、海战、空战一样轰轰烈烈，撼天动地，被认为是‘人类战争史上从此出现了与陆海空并列的第四条战线’。”① 1939年，英国广播公司就开播了一个专门对军队的特殊广播，这对轴心国的宣传起到了纠正作用；美国参与“广播战”的时间虽然相对较晚，但也于1942年开始对欧洲播出名为“美国之音”的节目，向全世界输出美国的价值观和民主信念。那时候，对外宣传被分为“黑色宣传”和“白色宣传”两种，“黑色宣传”倾向于策略性地使用谎言和断章取义，通常是一些设在他国领域之内的秘密电台，由异议分子主持；“白色宣传”则传递未经修饰的真实信息，如战争期间广为世人所知的英国广播公司和美国之音；随着战争的扩大，又出现了“灰色宣传”，指那些广播目的性很明确，但电台的位置却极为秘密，或是目的和来源很清楚，但实际上由革命组织或颠覆分子组织所主持的广播电台。②

总体来看，两次世界大战为刚刚诞生的广播的快速成长、成熟提供了充分条件。战争将广播低成本、覆盖面广、渗透性强、不受封锁线阻隔和号召力强、感染力强等优势发挥得淋漓尽致，同时借助于战斗报道中所积累的经验，广播新闻也越发成熟起来。正是在第二次世界大战中，美国哥伦比亚广播公司的记者爱德华·默罗及其同事完成了广播史上第一次跨国“新闻联播”，并打造出《现在请听》（*Hear It Now*）、《这里是伦敦》（*This Is London*）这样的经典节目。在这一过程中，广播新闻报道的形态逐渐丰富起来，现场直播、连线访问、电话采访等都成为广播新闻报道中的常用形式。也正是借助于战争中能够充分扬己之长的报

① 毕一鸣．世界广播电视发展史——视听传媒的历史变迁［M］．北京：中国广播电视出版社，2010：54。

② 罗伯特·福特纳．国际传播：全球都市的历史、冲突及控制［M］．刘利群，译．北京：华夏出版社，2000：140。

道，广播才在与报纸的竞争中逐渐树立起自己的权威，甚至在某些类型的报道领域取代了报纸的地位，这帮助广播找到了属于自己的一块“垄断性”生存空间，为日后的发展奠定了基础。在广播此后至今的发展历程中，尽管很少再有战争，但它这种可以穿越封锁线、抗干扰能力强的特质助其在诸如地震、海啸、雪灾等许多重大自然灾害事件和重大突发事件中延续了这块“垄断性”生存空间，成为突发事件中的“轻骑兵”、永不消逝的空中电波。

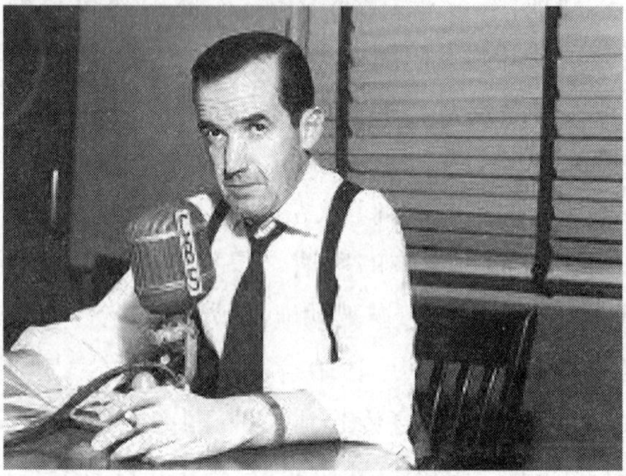

图 2-5　爱德华·默罗（Edward Roscoe Murrow）

第三节　转型：在电视冲击下完成生存空间迁移（20 世纪 40 年代中期至 80 年代）

在 20 世纪 20 年代，与广播同系一族诞生的电子媒介还有一样，那就是电视。但是相对于广播，电视的技术要更加复杂，加上第二次世界大战爆发进一步推迟了电视发展的进程，因此电视久未得到普及。但是第二次世界大战后，电视逐渐崭露头角，许多广播公司也都将发展电视作为开拓广播事业的重点。1948 年年底，美国联邦通信委员会（Federal Communications Commission，FCC）为 100 个电视台批发了执照，“1948—1952 年，全美共有 108 座电视台开始正式播出电视节目……到 1960 年时，全国已经有 88%的家庭都拥有了电视机。电视的兴起严重冲击了电影业和广播业，广播的听众明显减少了”①。就这样，在 20 世纪 30 年代到 40 年代中期刚刚还经历着黄金时代的广播开始遭遇其生存史上第一次真正的冲击，广播原来在报纸面前形成的“声音优势”到了“声画并茂”的

① 毕一鸣．世界广播电视发展史——视听传媒的历史变迁［M］．北京：中国广播电视出版社，2010：81。

电视那儿瞬间变成了“只听不看”的劣势，而随着越来越多昔日广播的人才和资源流向电视，广播的受众和广告收入也开始流失。除此之外，频率的增加也进一步挤压了单一电台的受众规模。于是，在这样的背景下，广播开始着手对自己的生存空间进行调整和迁移，逐渐从大众媒体变为个人媒体、从全国性媒体变为地方性媒体、从室内媒体变为户外媒体。

一、内容类型化：从“大而全”到“小而美”

无论是媒体还是自然界的任何生物物种，当遭遇竞争对手冲击时，能够确保自己继续存活下去的一定是只属于自身的不可替代性的东西。广播也一样，在面对电视冲击时，它放弃了如情景喜剧、肥皂剧等无法与电视抗衡的节目形式，而诸如乡村音乐、古典音乐等适合“听而不看”的音乐节目成为危机中广播固守的阵地。这也为之后广播频率类型化改革中音乐台的首先出现奠定了基础。

最早的音乐台诞生于20世纪50年代的美国。据说，这还是受到酒吧音乐的启示，“有一次，音乐台的创始人托德·斯托兹和他的朋友比尔·斯图尔特到酒吧喝啤酒。他们注意到投币唱机里只有几首同样的歌曲被人反复点播，继而联想到电台的听众也会有人喜欢这种播放方法。于是在他们工作的KOWH台进行了试验，三个月之后，这个台功成名就”①。就这样，以类型化音乐广播“TOP40”的产生为标志，在广播发展史上具有重要意义的类型化电台（Format Radio）诞生了。在此之前，尤其是媒介覆盖不充分的广播发展早期，根据不同层次受众在不同时段提供综合性节目服务的版块式结构是广播最普遍的编排方式。而类型化电台的出现却带来了一种全新的编排方式——格式化编排，频率不再拆分时段打造不同栏目，而是全频率根据特定的听众兴趣喜好编排特定内容和风格的节目，致力于满足众多人群中的同一种需求，任何时候听众打开这一频率，听到的都将是自己感兴趣的内容。

类型化电台对受众需求细分的设计和运营思路给予了广播在电视竞争威胁之下重获新生的机会，第二次世界大战后大量出现的调频台也恰好被利用起来，广播开始逐步走出困境，重新累积起收听率。自此以后，恰好填补了市场空白的音乐类型化电台在各地纷纷建立起来。随着音乐台的发展，频率细分也更为深入，出现了流行音乐台、摇滚台、乡村音乐台、黑人音乐台等，甚至在摇滚台之下又进一步细分出流行摇滚、经典摇滚，乡村音乐之下又进一步细分出传统乡村音乐、乡村金曲和热门乡村音乐等。在音乐台之后，1964年，洛杉矶又出现了美国第一家全新闻电台。此后，新闻与谈话综合台、信息台、特别专业台等其他类型化电台也相继出现。而美国类型化电台模式的成功也使世界各国掀起了广播类型

① 周小普．广播类型化发展的历史及前瞻思考［J］．中国广播，2012（2）：18—23。

化改革的热潮，广播频率类型化逐步被确立为新时期广播生存、竞争与发展的法则。

类型化是广播生存和发展历史中颇为重要又影响深远的一次改革，也可以说是广播发展的转折点。它是广播在面临与电视的激烈竞争时仍能确保自身生存与发展的关键，甚至也间接改变了广播媒体的生存轨迹。随着类型化电台的深入发展，一些针对特定地域、特定人口学特征等的更多类型化电台形态被发掘出来，广播的生存空间真正开始由过去的“大而全”转向“小而美”。

二、对象专业化：从“大众”到“分众”

广播频率类型化可谓广播在电视的冲击下找到的一条有益生存路径，而几乎与类型化并行的，还有一条广播专业化的探索之路。所谓广播专业化，是指广播电台的某一频率或某档节目在明确自身定位的情况下，锁定某一特定目标听众群体为传播对象，为他们提供能满足其所有需求的大众传播服务。简单地说，就是从过去传统的“大广播”中跳脱出来，寻找特定的受众。与类型化不同，专业化广播针对的是特定的目标受众，其节目内容的提供致力于覆盖该类人群的所有需求，因此也可以说，专业化频率是受众本位的，而类型化频率是需求本位的。

在电视对广播造成的各种冲击中，人才资源流失、受众规模降低、广告份额减少等还都是后续的结果，而另一个可见的明显冲击是：广播黄金时段的位移。在电视诞生之前，广播的黄金时间是晚上，但很快这个黄金时间便被电视挤占。加上调频技术和晶体管技术在广播中的应用，收音机价格下降、体积变小，人们也日益养成了白天听广播、晚上看电视的习惯，而在白天的各个时段，不同受众又因人口学特征、生活方式和兴趣爱好等的差异有着不同的需求。1964 年，日本商业广播电台将美国的商品销售经验——市场细分法引入并借鉴到对受众情况的分析上，创造了“听众细分法”，根据听众年龄、性别、职业、地域、收听状态（车内、工作场所、家中）对其分类，将一天的广播时间分成多个针对特定受众层的时间段，即“面向职业男性的早晨”“面向家庭主妇的上午”“面向驾车人的下午”“面向年轻人的晚上”，根据对时间段的定性划分有针对性地编排节目。[①] 这一方法虽然没能帮助广播重新获得昔日高峰时段的收听率，但确实更加有针对性，提升了广播的整体传播效果。

日本广播细分听众的做法并非孤例，从全球范围来看，到 20 世纪 70 年代，许多欧美发达国家的广播发展已经进入了“分众时代”。在我国，专业化频率的序幕也于 20 世纪 80 年代正式拉开。1986 年 12 月 15 日，广东电台开办了内地改革开放以来第一家经济广播电台——珠江经济广播电台，在国内电台中，它首次采用以新闻、信息为骨架，以直播、主持人节目版块和听众热线参与为主要特征

① 张彩．日本广播概观［M］．北京：中国广播电视出版社，2001：63—64。

的节目结构模式，通过节目样式的变化和内容的调整吸引了大量听众，并带动了广告收入的明显增长。[1] 我国第一家专业化广播频率由此诞生，它巨大的改革价值和历史意义使其被冠以“珠江模式”的名号写入了我国广播发展史册，从此之后，直播、大版块、听众参与等成为全国广播界的关键词，“珠江模式”引来各地广播电台纷纷效仿，出现了与此结构类似的新闻台、音乐台、交通台、教育台、文艺台，等等。尽管“珠江模式”自身并不是一个非常完善的“终极模式”，许多地方甚至由于不顾自身条件和社会环境地生搬硬套出现了“水土不服”现象，但是它的成功以及由此引发的效仿却在客观上推动了中国广播的改革，同时在传播理念上确立了受众在广播中的主体地位。

从整体上看，虽然中西方国家的社会环境、国情、受众情况有所不同，但自第二次世界大战后的20世纪40年代中期尤其是电视发展起来开始，广播已基本从过去“黄金年代”的繁荣兴盛中冷却下来，陷入某种程度的衰弱。而尽管发展模式不尽相同，发展顺序、发展程度也有所差异，各国基本上都采取了频率专业化、类型化或与此类似的应对之策，广播的频率定位开始向各个专业细分，广播的传播模式也由其诞生时引以为傲的“大众传播”逐渐转向“分众传播”，由“广播”转向“窄播”。

三、定位从属化：从“主角”到“伴随”

20世纪40年代中期到80年代是广播生存空间的调整期，也可说是整个广播发展战线全面“收缩”的时期，具体表现在：服务对象上从过去的大众变为细分受众，满足需求上从过去的综合性需求变为类型化需求，还有前两者带动下的经营上从过去全国性市场变为地方性市场。但必须指出的是，“收缩”并不等于“退让”，而是广播在与电视的竞争中更加明确了自身的核心优势，找到了自己的最佳生存空间。不过，所有这一切还并不能全面概括这一时期广播的本质变化，仍需关注的还有隐藏在这一系列变化之后，又与这一系列变化紧密相连的受众需求的变化和广播媒介形态的变迁。

无论是类型化电台还是专业化电台，无疑都是广播与电视激烈竞争的产物，但它们的成功并非偶然。一方面，战后人们对于精神娱乐生活的渴望以及天生携带娱乐基因的电视的发展使人们对媒介的选择变得更为主动，而频率的增加也在无形中分化了受众需求，这间接使得广播由原来人们生活中的“主要”媒介变为“可选择”媒介；另一方面，电视对广播原有黄金时段的挤占也悄然改变了人们的媒介使用习惯，使广播由原来的“大众”媒体变为“个人”媒体。这其中，还蕴含了以下几个方面的变化：

---

① 邓炘炘，黄京华．广播频率专业化研究［M］．北京：中国传媒大学出版社，2006：26。

其一，人们对广播的收听从专注收听变为“分心收听”（distracted listening），相应地，广播由过去的主要媒体变为“并行媒体”（dual-task media）。类型化频率和专业化频率的出现又进一步加剧了这样的趋势。在综合性广播时代，人们具有专心收听广播的必要性，因此对收听时段和节目内容的选择也是认真的，而类型化广播和专业化广播的出现则以听众和其需求为突破口激发出广播伴随性收听的本质和新的内容选择习惯。于是，广播从夜间走向白天，而白天边从事其他活动边收听广播的媒介接触行为则进一步强化出广播的伴随性优势。

其二，人们对广播的收听从固定收听变为移动收听。20 世纪 50 年代中期，便携式小型半导体收音机被开发出来，这为广播的个人持有提供了条件，而适应了分众化需求之后的新广播频率也进一步瓦解了广播集体收听的必要性，因此，有着伴随性优势的广播便自然而然地发展为一种移动媒体。

其三，人们收听广播的场所从客厅转向车厢。当广播的伴随性、移动性优势被发掘出来，它的生存空间也必将转向更能够充分发挥这些优势的地方。此时，电视的兴起使媒介迎来了其发展史上第一场“客厅革命”，即电视取代广播成为家庭娱乐的中心、客厅的主角。那么，被赶出客厅的广播去向了哪里呢？在美国广播界流传着一句名言：“车轮子和干电池拯救了广播”，干电池是指小型化的半导体收音机，而车轮子指的便是广播对车厢这一全新生存空间的占据。广播收听终端的小型、便携化趋势使得此时的汽车制造商也将电台接收装置作为新款汽车的标准配件，而汽车时代的到来、广播移动伴随优势与驾车环境的适应性也都促使车载广播逐渐兴起，并很快帮助广播再次成为人们不可或缺的伴侣。车载广播的发展促进了各地交通频率的兴起，这成为世界广播发展史上另一个极为重要的、具有重大意义的转折点。可以毫不夸张地说，交通广播不仅成功地挽救广播于电视的冲击危局，甚至使广播焕发出“第二春”，正是它的兴起给广播带来了巨大的发展机遇，才使广播得以生存至今，并在互联网诞生前稳定了与报纸、电视“三分天下”的格局。

第四节　重塑：在互联网浪潮中寻求生存空间跨越（20 世纪 90 年代至今）

电视的诞生虽一度给广播的发展带来强烈冲击，但当广播将生存空间基本稳定在类型化电台、专业化电台、车载移动电台等大的发展形态上之后，它逐渐走向了一种与电视相安无事、共生共荣的发展状态，直到互联网的出现。如果追溯互联网的发展历史，便会发现，作为 1969 年出现于美国军事领域的一项技术应用，尽管每年它都能获得新的突破，但在它其后发展的至少十年间，还没有人将其看作稳居大众传媒宝座多年的广播、电视的威胁。然而，在后续的发展历程中，互联网以日趋先进的功能和日益缩短的技术变革周期不断刷新着人们的感观，印证着麦克卢汉有关“地球村”的预言。1982年，“个人电脑”被选为当年美国《时代》周刊的“年度风云人物”，这是《时代》周刊首个非人物封面；1991年，因特网上的“环球信息网”（英文全称为“World Wide Web”，简称“WWW”）公共服务首次亮相；1998年5月，联合国秘书长科菲·阿塔·安南（Kofi Atta Annan）在联合国新闻委员会上正式提出互联网（Internet）作为“第四媒体”的概念。继电视之后，互联网的加入使广播迎来了其生存史上第二次大规模的动荡，但这一次，它给广播带来的不仅是威胁、挑战，而是还有实现生存空间跨越的机遇。

图2-6　1982年“个人电脑”被选为当年美国《时代》周刊的“年度风云人物”

一、丰富传播形态走向融合生存空间

哈罗德·伊尼斯（Harold Adams Innis）认为，一种新媒介的长处，将导致一种新文明的产生。互联网的诞生便是这句话的有力证明。作为新兴媒体，互联网拥有传统媒体无法比拟的优势，借助图形、文字、画面、视频、游戏、流媒体等众多形式传递信息，拥有电子邮件、新闻浏览、搜索引擎、在线音乐、即时消息、BBS、在线影视等强大功能，并以空前的交互性、自由选择性吸引了大批年轻受众，成为当前最为盛行的媒体形式。20世纪90年代以后，通过与互联网的融合，一种新的广播形态——网络广播诞生了，从此，广播克服了单向传播、线性收听、声音不易保存等劣势，获得了自身在传播平台、传播形态、传播模式、互动方式等方方面面的立体化提升。

世界上最早将广播与互联网融合的是美国。1995 年 4 月，美国西雅图的“进步网络”（Progressive Networks）在其网页上推出试用版软件 Real Audio System，提供“音频点播”（Audio On Demand）服务，开启了广播与互联网融合的先河。1995 年 8 月，美国广播公司（American Broadcasting Corporation，简称 ABC）首先利用因特网进行全球播音，标志着网络广播的正式诞生。不久，美国几大广播公司如美国有线电视新闻网（Cable News Network，CNN）、哥伦比亚广播公司（Columbia Broadcasting System，CBS）、福克斯广播公司（FOX Broadcasting Corporation，FOX）、美国全国广播公司（National Broadcasting Company，NBC）等相继建立网站，并在网上介绍或播出自己的部分节目。很快，广播上网浪潮席卷全球。1996 年，BBC 建立了在线新闻网站；2000 年 9 月，法国广播电台开播了一个以出版为主题的互联网电台——书籍出版电台；亚洲范围内，日本七家较大的商业广播电台也自 1999 年 4 月开始通过与微软公司合作，播出颇具个性的网上广播节目。“1996 年年初，全世界有近 50 家广播机构踏入了互联网领域，不少广播电台都成立了专门的国际互联网中心，负责每天对互联网页面的更新以及各类信息的收集……1999 年年初，世界各国建起网络广播电台 1500 多家。”①

今天，我们可以欣喜地看到，早期以“广播节目的在线收听”为核心功能的网络广播只是广播与互联网融合的前奏，随着二者融合的深入以及互联网自身的发展，尤其是移动互联网时代的到来，又不断有一些新的广播传播形态诞生，如网络电台、播客广播、手机广播、移动音频应用等，在我国，甚至还拓展出了依托于微博、微信的微电台，借助于互联网，广播真正实现了传播形态的跨越，走向融合化生存。

二、突破传播时空迈进数字生存空间

与纸质媒介不同，作为电子传播媒介，广播因技术而生、随技术而兴，一直是对技术发展依赖性较强、受技术影响较深的媒体。20 世纪 90 年代以来，一系列新技术在广播业中得到应用，广播又借技术而盛，实现了传播时空的突破。

在所有帮助广播跨越时空障碍的技术中，最受瞩目的便是网络技术。依托于网络技术而实现的网络广播，其传播速度与传输的信号有极强的抗干扰性，可以让声音穿山过海遍布全球每一个角落，且不折损音质。更重要的是，借助网络的无边性，无论是地区性还是全国性的网络广播电台，其传播范围均可扩展至全球，彻底突破了传统广播的波段覆盖和地域限制。

网络广播更像是与网络融合后广播的一种延伸形态，而真正让传统广播自身

---

① 古丽萍．加强网络广播建设势在必行［J］．电声技术，2002（10）：55—57。

跨越时空障碍的，还有两项关键技术。

首先是数字压缩和卫星传播技术，它的普及解决了广播的广域覆盖和远邻近郊问题，同时也提升了传播速度。过去，广播的传播主要依靠近地传播，即通过中短波和调频波沿地表传导的无线电广播模式进行区域性覆盖，受发射功率大小限制，很难实现大范围的信号覆盖，而且传统电台由于广播信号受风速、雷电雨、地形等自然环境的影响，音质易受干扰；调频广播音质好，但发射范围小；短波虽发射范围大，但信号不稳定，影响收听效果。20 世纪 90 年代之后，数字卫星广播技术发展起来，使广播突破了地理疆域的限制，真正实现了全球传播。1994 年，美国通用汽车公司（General Motors Corporation，GMC）下属的休斯（Hughes）电子公司首先推出了名为 DIRECTV 的数字卫星广播业务，它使用大功率的 Ku 波段转发器，波束覆盖了美国大陆和加拿大南部，美国也由此成为世界上第一个进行数字卫星广播的国家。① 此后，数字卫星广播技术逐渐在世界各国普及开来，在美国世广公司和英国世界广播网所提供的数字卫星直播平台的帮助下，许多发展中国家的广播电台也实现了向更广大区域的覆盖和传播。例如，2000 年印度的国际广播电台借助“非洲之星”面向非洲广播；2001 年印度尼西亚国家广播电台借助“亚洲之星”向全国和东南亚地区播出。②

其次是数字化技术以及在此技术上发展起来的数字音频广播，它让传统广播的传播真正走向了全球。20 世纪 90 年代后，广播在全世界发生的多次局部地区冲突和战争中发挥了重要作用，因此，国际广播受到各国的重视，无论资金方面还是技术力量方面都得到更多倾斜。在这样的背景下，无线电广播技术获得了其发展史上又一项重要突破，大大提高了广播传播效率、传播范围和音频质量的数字音频广播成为继调幅、调频之后的第三代广播系统，广播的数字化也成为世界各国适应新的时代要求、在竞争中谋发展的必行之路。从世界范围来看，较早发展数字技术的是欧洲，1988 年 1 月 1 日，欧洲正式施行 Eureka 147 规范，即数字音频广播（Digital Audio Broadcast，DAB）体系规范；1994 年，该规范被国际电信联盟确认为国际规范。最早开始数字广播服务的是英国。1995 年 9 月，在政府的扶持下，BBC 开始发射数字式音频广播信号，随后，它的 5 套广播节目逐步改用数字技术播出，到 2001 年，BBC 已拥有了 11 套数字广播频率。随后，相继有国家开展数字音频广播实验，目前，国际上已有近 30 个国家和地区开播或实验播出数字音频广播节目。不过，数字音频广播的发展情况因各国的经济实力、技术水平而异，同时也受到广播体制和相关政策法规的影响，因此在全世界的发展

① 车晴，王京玲．数字卫星广播系统［M］．北京：北京广播学院出版社，2000：10。

② 毕一鸣．世界广播电视发展史——视听传媒的历史变迁［M］．北京：中国广播电视出版社，2010：94。

并不平衡。“总的来说，北美、西欧及澳大利亚、南非的数字音频广播已经较为发达，人口覆盖较广，数字收音机也进入普及实用阶段；中东欧国家、俄罗斯、墨西哥、中国、印度、日本及亚洲其他一些国家正在实验或发展中；而非洲（除南非外）、拉丁美洲（除墨西哥外）、亚洲大部分国家，特别是中东、中亚地区，还处于刚刚起步或没有起步的状况。”①

三、更新传播模式探索互动生存空间

20世纪90年后，广播通过不断探寻自身与互联网融合的路径、方式，实现了在传播技术和传播形态上的跨越。在这一过程中，跨越后的广播在自身的传播模式、传播特性上也发生了一系列与最初诞生的那个电子媒介——广播截然不同的变化。

首先，线性传播模式被非线性传播所取代。传统广播节目按时间顺序播放，听众只能依据广播台预先设定好的播出顺序收听，而声音具有不可逆性，稍纵即逝，过耳不留，一旦错过便无法弥补。与互联网融合后，借助于网络覆盖的广泛性和数字化信息排列的无序性，网上广播节目具备了无限次的复制与组合功能，消除了广播媒体在时空上的强制性，实现了真正的开放式网状传播。同时，网络空间中的广播网站是一个没有时限的资讯中心，节目可以存储于网站，按用户意志随时点播甚至下载，摆脱了“线性传播”实时收听限制的同时延长了广播信息的“生命”，使广播得以传播“留得住的声音”。

其次，强大的超媒体性弥补了“只听不看”的遗憾。数字化的网络传输系统使网络广播几乎将文字、图片、音频、视频等所有传播手段悉数囊括，弥补了传统广播“只闻其声，不见其人”的缺憾，大大拓展了广播的发展空间。听众不但可以通过网络收听广播节目，还可以看到以文字和图像形式呈现的节目素材、主持人介绍和相关背景资料，甚至参与到节目互动与意见交流中，新广播已经可以超越声音传播的限制，“看”广播、“读”广播成为可能。

最后，单向传播变为双向互动传播。网络的到来将人们引向了一个互动传播的时代，它以一种去中心、多向互联的环形分布式传播拓扑结构冲击着传统的传播观念，通过赋予受众更多的传播主动权和参与权重新定义着传受关系。过去，广播基本上属于单向传播，即便听众与广播电台有交流，也只能通过信件、热线电话、手机短信等方式，更不用说介入节目制作中去。广播与网络融合后，听众不仅可以点播节目，甚至可以通过直播聊天室、网络社区、网络论坛、电子邮件以及线下活动等方式随时参与到节目中，对主持人、对节目表达自己的意见和观点，同时与他人分享。正如尼葛洛庞帝在其《数字化生存》一书中所阐述的观

① 毕一鸣．世界广播电视发展史——视听传媒的历史变迁［M］．北京：中国广播电视出版社，2010：96。

点，信息在大众传媒和个人之间实现了双向流动，过去的信息被“推”（push）给消费者变成了现在消费者主动把所需信息“拉”（pull）出来。

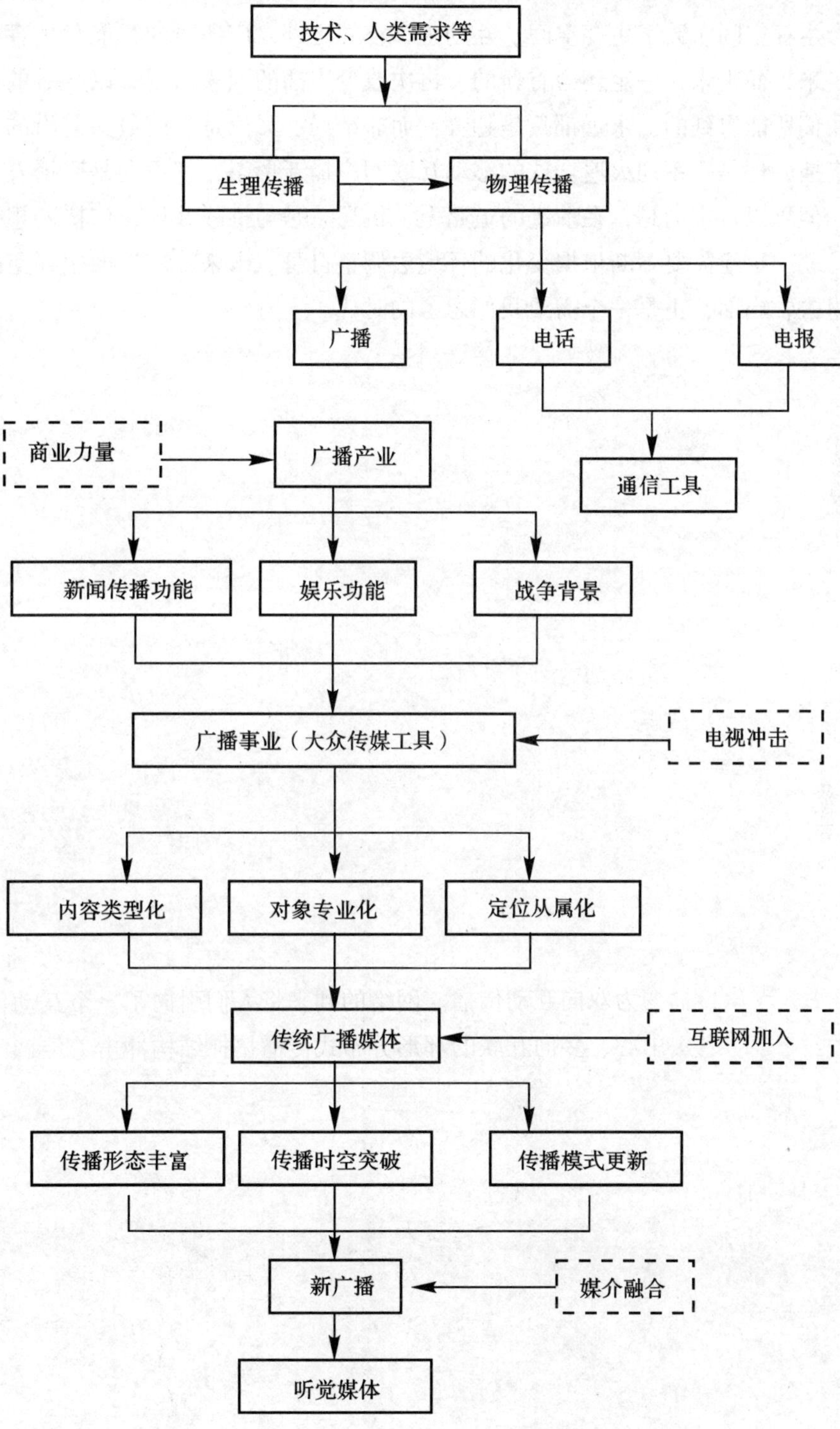

图 2-7　广播媒体生存空间嬗变简图

从20世纪20年代至今，从诞生时开创生存空间到与报业大战中生存空间的确立与稳固，从电视冲击下生存空间的迁移再到互联网浪潮中生存空间的重塑，广播在近百年的发展历程中不断经历着生存空间的嬗变。技术的发展不会停止，在融合生存空间、数字生存空间、互动生存空间之外，广播新的智能化生存空间正在走来，而未来，一定还会有新的、再次改变广播的因素出现。以发展的眼光看，我们所能看到的，永远都只是趋势，而非结局；无论是当前最为前沿的数字音频广播，还是一系列火遍全球的移动互联网广播新形态，都不会是广播发展的终点。但可以肯定的是，在前进的道路上，机遇总是与挑战并存，广播若想持续发展，就一定还需要不断依据变化的环境去调整自身。未来，广播的生存空间应往哪里去？当前，正是一个需要我们思考的时代。

第三章　广播媒体的现实生存空间审视

回顾广播的生存史可以发现，尽管受到社会环境、媒介环境、受众需求、技术变革以及其他相关因素的影响，广播的生存空间始终在不断调整，但它之所以能够一直在调整中发展到今天，却绝不仅仅是因为它在每一次生存空间变化的转折点上都恰好抓住了转向、改革的机遇，更重要的还要归功于它自身所独有的一些“不可替代性”，赋予了它足以应对各种变局的包容度和张力。正是这些“不可替代性”，构成了广播的原生性生存空间，即它基于自身条件和对环境的适应性在媒介生态系统中确立的地位，这便是广播的生态位。要想在当前复杂的媒介环境中探寻出广播调整生存空间的策略，仅仅在其生存空间的演变史中寻找经验是远远不够的，而是还需要结合这些历史演变，对广播的生态位进行考察、分析，以对它当前的生存空间有全面的把握和了解。

第一节　媒介生存空间研究的逻辑起点——媒介生态位

根据种群特征的差异，媒介生态系统种群可以分为传者种群、信息种群、符号种群、媒介种群、营销种群、受众种群等。报纸、广播、电视等无疑都隶属于媒介种群。不同的媒介种群，经过相互作用，会形成两种主要的种群关系：第一，正相互作用，包括偏利共生、原始协作和互利共生；第二，负相互作用，包括捕食、寄生、偏害以及竞争关系等。其中，互利共生和竞争关系是影响媒介种群各自生存空间的关键。而对这些关系的形成、变化起决定作用的，便是媒介的生态位。

一、生态学视阈下的媒介竞争：生态位竞争

“生态位”是生态学家为进一步解释和阐明生物界的竞争现象和竞争机制所

发展出的一个概念，指某种生物利用食物、空间等一系列资源的综合状况，以及由此与其他物种产生的相互关系。生态位实际上蕴含了某一个体或种群生存所需的各种条件和环境要素，描述了物种在生态群落和生态系统中的功能和地位，体现出物种在完成其正常生活周期时对环境的综合适应性。换言之，生态位是一个个体或种群生存条件的集合体，或者说，是生物单位对环境适应性的总和。

围绕"生态位"，还有一系列相关的概念和理论，它们共同构成了"生态位"研究的理论范式。

"生态位理论"（the theory of the niche）又称"利基理论""区位理论"，是理论生态学和应用生态学的基础理论。这一理论由揭示出生态个体、种群和物种生存与竞争普遍规律的生态位概念发展而来，自 20 世纪 80 年代便被引入人文社科领域，作为研究人类社会系统的一个分析工具。当前，生态位理论不仅作为生态学中的重要基础性理论得到普遍应用，还被广泛应用于政治、经济、农业、工业、城市规划、建筑设计等领域，催生了产业生态位、发展生态位、城市生态位等一系列新的专用名词，形成了强有力的理论分析和实践工具。[①]

（一）生态位宽度（niche breadth）

生态位宽度又称生态位广度或生态位大小，它是为准确测度生物个体或种群生态位大小所发展出的概念，指被一个有机单位所利用的各种不同资源的总和。换言之，生态位宽度是在环境的现有资源谱（resource spectrum）中，个体或种群能利用多少（包括种类、数量和均匀度）的一个指标。[②] 它揭示出各个种群在群落中的优势地位以及彼此间的关系，在某种程度上反映了生物对生态环境的适应程度。

一般而言，在可利用资源少的情况下，捕食者往往形成杂食性和广食性，生态位宽度就会增加，促进生态位的泛化（generalization）；而在可利用资源丰富的情况下，有机单位的选择性大，劣质资源将被放弃，形成选择性的采食和狭窄的生态位宽度，促进生态位的特化（specialization）。泛化和特化是一个竞争主体在面对不同的资源环境状况时所进行的不同策略选择。以媒体为例，当一个媒体面对着较为丰富的广告和受众资源时，可能会选择专业化、个性化的竞争策略，而反之，则会选择多样化的竞争策略。应当看到，基于生态位宽度选择的泛化和特化两种策略各有利弊。通常来说，泛化策略容易与竞争对手产生生态位重叠，使处于竞争劣势的物种面临被优势物种排斥的风险，而这对个体的生存极为不利；特化策略所依赖的资源类型和数量相对较少，这就提高了个体对环境的依赖度，

---

① 彭海，程子卿．生态位理论的意义及应用［J］．黑龙江科技信息，2009（35）：133—330。

② 张明新．媒体竞争分析：架构、方法与实证——一种生态位理论范式的研究［M］．武汉：华中科技大学出版社，2011：35。

也容易危及其生存。

（二）生态位重叠（niche overlap）

生态位重叠考量的是两个或两个以上物种在其生态位或者说在其与生态因子联系上的相似性。它指两个及以上不同物种共同利用生态位空间的现象，这是生态位理论的中心问题之一，它涉及资源分享的数量，关系到两个物种的生态要求可以相似到多大程度而仍能共存，或相互竞争的物种究竟有多么相似还能稳定地共同生活在一起。[①] 生态位的重叠既是生物种群之间竞争的起因，更是竞争强度的指标。它衡量的是两个种群对某种或某几种资源竞争的激烈程度，想要降低种群间的竞争，就要尽量降低不同种群之间的生态位重叠度。

从竞争的后果来看，如果竞争者对竞争对手生态位空间的夺取是部分而不是全部，就是“竞争替代”或“竞争置换”（competitive displacement），否则，就是“竞争排斥”（competitive exclusion）。通常情况下，种群之间的竞争是由生态位重叠造成的，但反之，不同种群之间的生态位重叠并不必然会导致竞争。如果可利用的资源十分充足，那么不同种群完全可以在生态位重叠的情况下依旧保持相安无事、和谐相处。

当两种媒介单位或传播种群共同占有一个生态位或利用同一资源时，一般会因生态位重叠而出现竞争结果[②]，如图 3-1 所示：

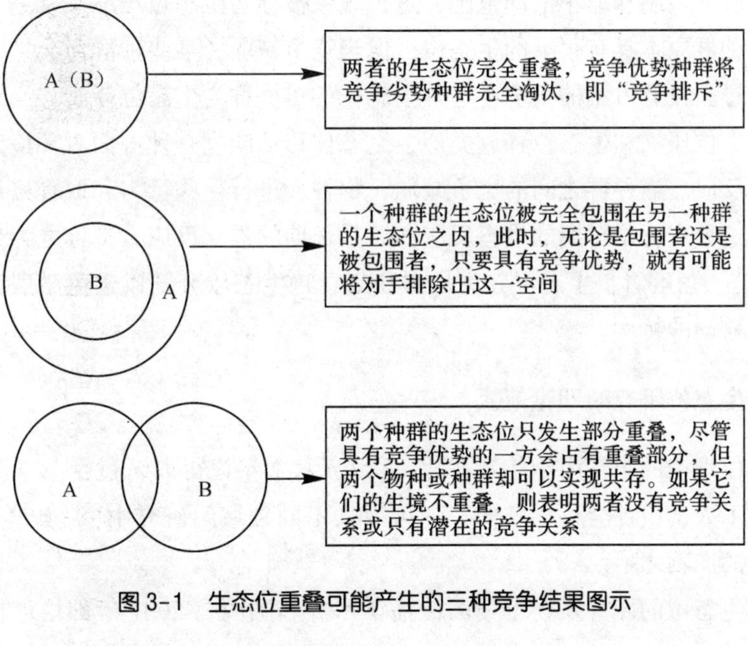

图 3-1　生态位重叠可能产生的三种竞争结果图示

① 彭海，程子卿．生态位理论的意义及应用［J］．黑龙江科技信息，2009（35）：133—330。

② 参考邵培仁．媒介生态学：媒介作为绿色生态的研究［M］．北京：中国传媒大学出版社，2008：73。

（三）生态位分离（niche differentiation or separation）

生态位重叠度很好地测度了物种之间的竞争程度，为指导物种的生态位调整提供了参考。然而人们很快发现，由于忽略了资源状态在资源利用谱中的位置，导致重叠定值有可能会随着资源状态的数目变化而变化，鉴于此，一些学者又提出了“生态位分离”的概念。生态位分离考量的是两个物种在资源序列上利用资源的分离程度，May 将其定义为“资源谱上相邻竞争者所偏爱位置之间的距离”。① 生态位分离是环境胁迫或竞争的结果。

如果将生态位分离视为一个动态过程，那么分离发生的过程最有可能源于生物单位之间，尤其是同一或相近种群中个体之间生态位的重叠。也就是说，生态位高度重叠所产生的最极端结局是“竞争排斥”现象，而生态位分离，即生物个体或种群对竞争的回避则是生态位重叠最为常见的结局。②

（四）生态位压缩（niche compression）、生态位释放（niche release）和生态位移动（niche shift）

由前文可知，生态位宽度表示某物种或种群对资源和环境的利用情况。个体或种群既可以拥有泛化生态位，也可以拥有特化生态位。当一个群落中的种群具有很宽的生态位即泛化生态位时，如果出现其他种群侵入并与之发生竞争，原有种群便会被迫限制和缩小活动范围，这种现象被称为生态位压缩。反之，若一个群落中的种群原本具有很窄的生态位，但当竞争减弱，某些种群便会扩大利用资源，进入过去没有占用的生境，这种生态位的扩展称为生态位释放。

与生态位压缩和生态位释放类似，生态位移动同样是种群面对环境变化的一种调节性反应。当种群之间的竞争减弱，物种会进行一些行为和取食格局上的变化，不管这种变化是短期的生态反应，还是长期的进化反应，都称之为生态位移动。③ 从这一角度看，生态位分离是物种刻意将生态位分开以避免激烈竞争的一种生态位移动的特例。

二、媒介生态位研究的理论范式

生态位理论的丰富内涵使其在 20 世纪五六十年代得以越过生态学的学科边界，开始了人文、社会科学转向，它被引入不同领域的研究中，“媒体生态位”就是其中的产物之一。

媒体生态位的研究发轫于美国传播学术界。国内自 2001 年邵培仁首先提出

---

① 宋丁全．生态位［J］．金陵科技学院学报，2006（3）：1—4。

② 张明新．媒体竞争分析：架构、方法与实证——一种生态位理论范式的研究［M］．武汉：华中科技大学出版社，2011：144。

③ 尚玉昌，蔡晓明．普通生态学［M］．北京：北京大学出版社，1992：295。

“媒介生态位”概念，又有樊昌志、刘伯贤、卢文浩等不同学者从不同角度做出后续阐述。尽管他们对“媒介生态位”的理解各有侧重，但基本达成了一个共识：所谓媒介生态位，是指某种媒体利用其生存环境中的一系列资源的综合状况，以及由此与其他媒体产生的相互关系。

（一）媒介的生态位资源

媒介生态位描述的是某一媒体或媒介种群所需要的各种生存条件，或者说是媒体在完成其正常运行，从而进一步保证自身生存与发展时所表现出来的环境综合适应性。媒体之间的相互竞争其实就是对于生态位的争夺，而各媒体对于生态位的争夺实际上即是对有限资源的争夺。因为一个种群所需摄取的资源往往是多种多样的，“生态位”概念本身也就涵盖着多个资源维度（resource dimensions）。

不同学者对生态位资源的理解有所不同。邵培仁将时间、空间、功能、营养看作媒体所必需的环境资源，认为受众资源与广告资源是当代新闻媒介的基础营养生态位。

约翰·W. 迪米克（John W. Dimmick）、爱伦·B. 艾尔巴兰（Alan B. Albarran）、李秀珠等学者将邵培仁的“基础生态位”进一步细分为不同的资源维度，包括广告费用、受众的时间和金钱投入、受众满足的获得与评价，并在研究中总结出了一种媒体生态位各资源维度的研究架构。迪米克认为，对竞争格局中的媒体，存在六种异常关键的环境资源[①]，包括满足的获得（gratification obtain）、满足机会（gratification opportunities）、消费者的金钱花费（consumer spending）、广告支出（advertising spending）和媒体内容（media content）。

为便于论述的展开和使研究框架更为清晰简洁，本书沿用邵培仁的观点，将媒体的生态位分为时间生态位、空间生态位、营养生态位、功能生态位四种，同时在具体的分析中适当加入迪米克等人对具体资源的细分，以使内容更加全面。具体如图 3-2 所示：

需要指出的是，这四种生态位资源并不是孤立、单一的，而是存在着相互联系。例如，媒体的受众需求可能决定了媒体的内容，而内容也会反过来影响受众需求的满足状况，而这又会决定媒体的受众资源，进而影响广告资源的获取。

（二）媒介的生态位选择与构建

媒介生态位是每种媒介生存与发展的依托，与其他媒体之间的竞争和对媒介生态位的选择体现着媒体对环境的适应性。同生物物种类似，媒介经过“自然选择”形成了各自特定的形态、功能、独特性和优势，继而通过对环境的适应、对

---

① 转引自张明新. 媒体竞争分析：架构、方法与实证——一种生态位理论范式的研究［M］. 武汉：华中科技大学出版社，2011：55。

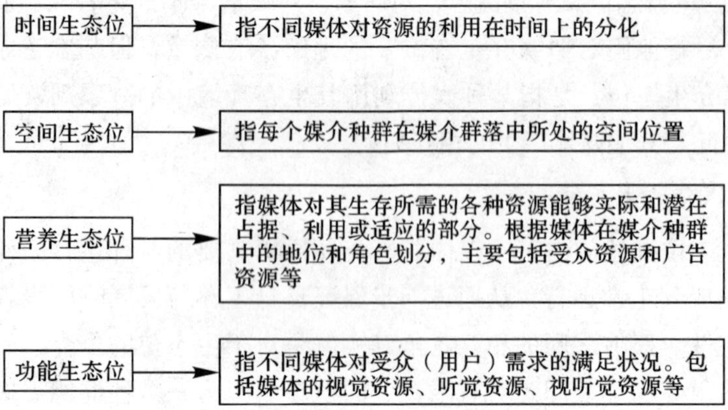

图 3-2　本书沿用的媒介生态位资源框架

用户需求的满足来确定适于自身生存与发展的优势生态位。“生态位构建”的观点就表达了物种主动选择生态位的现象，它反映了物种与变化着的环境的协同进化，也可以看作物种对环境变化的回应和反馈。媒体的生态位构建过程便是它基于自身对环境的适应性而主动发掘自身竞争优势从而求得生存与发展的过程。

生态位构建是建立在物种的“生态位竞争优势”基础之上的。生态位竞争度量的是两个种群对环境资源利用的优劣势地位，是对生态位宽度和生态位重叠度的有力补充，在明确了环境提供给生物种群的资源数量、满足的相似性和竞争现状的前提下，又进一步区分出了竞争双方的优劣，从而为生态位构建提供依据。

对于媒体而言，生态位的选择与构建是与其他媒体展开竞争的关键一步。只有明确自己的生态位，才能立足于生态位求得生存与发展。

（三）媒介的生态位竞争策略

各媒介种群的生态位并不是恒定不变的，而是在动态中发展的。一方面，随着生态资源的变更以及科学技术的推进，媒介生态位始终处于不断变化之中；另一方面，当媒介形态发生变化而引起新旧媒介之间的竞争时，新旧媒体的生态位也会发生变迁以适应变化的环境。在媒介资源的激烈竞争中，明智的媒介会根据时间、空间、受众、广告以及媒介种群的特点，及时采取各种策略进行生态位的调整，以避免两败俱伤。

生态位调整策略的原则是降低媒介竞争的强度，保持媒介种群的多样性，使各媒介种群的生态效应都能充分发挥，生态因子能充分激活，同时将竞争和环境改变所带来的生态风险减轻到最低限度，形成良性互动、平衡有序、共生共荣的媒介生态系统格局。邵培仁基于媒介生态平衡和绿色生态原则提出了实践中媒介种群一般最常采用的四种生态位竞争策略——生态位分离、生态位细分、生态位整合和生态位创造。

第二节 广播媒体的生态位及其生存空间

在生态系统中，自然界的每一物种都占据着一定的位置，这种“生态位”现象也同样适用于媒介竞争系统，不同媒介种群在各自的生态位中发挥着各自的功能，共同构成了一个完整的媒介生态系统。

一、媒介生态系统中的媒体生态位

（一）广播媒体的生态位

1. 时空生态位

传统意义上的广播媒介以声音为传播形式，以电波为传播载体，依靠调频或调幅的方式传递音频信息，经由音频制作处理、信号传输和发射等阶段，通过半导体收音机接收还原为广播节目。整个过程以时间为主要存在维度，具有转瞬即逝的特点。由此可以得出，传统广播占据的是时间中以声音传播为主的频率空间生态位。以此类推，手机广播占据的是时间中以音频为主要形式的无线互联网空间生态位，网络广播及播客占据的是时间中的有线互联网空间生态位。

2. 营养生态位

从广播的受众构成来看，国内外因国情差异和社会环境的不同，受众特性有所不同。就我国而言，传统广播对老年群体、民工群体、驾车群体、视障人士群体有着广泛的影响力。这些群体或因娱乐匮乏，或因情感困扰，或因接触方便，均对广播产生了强烈的收听欲望。因此，传统广播占据的是情感、便捷等因素主导的受众生态位。

从广播的广告构成来看，我国广播广告主要有专题广告、活动广告、赞助广告、段位广告、套播广告等形式，内容上也从过去的医药广告为主逐渐转型为横跨地产、金融、汽车、教育、电子商务等在内的“高涉入度”产品广告。近年来随着各种新媒体平台的崛起，广播广告趋向于创意生产、精细化制作、精准投放。总体而言，无论国内还是国外，广播广告的诉求对象主要是地区性听众。

由此可以判断，广播的营养生态位以区域化为主要特征，以本地受众为主要传播目标。

3. 功能生态位

从广播的历史来看，广播在诞生不久后即被用作战争宣传，政治功能是早期广播的主要功能。除此之外，早期电台产生的另一诱因——出售铁矿石收音机，还使广播从诞生之初就带有强烈的商业色彩，这在今天也仍然存在。

从大众传播角度来看，广播的功能日益丰富。首先，在新闻广播获得蓬勃发展之后，娱乐休闲成为引导广播发展的时代潮流；其次，普及科学知识也是广播的一项重要功能，这一点在国外的教育广播和我国的对农广播中表现尤为突出；再次，随着类型化广播的出现，广播媒体更加重视服务功能，为听众开展交友聚会、组团旅游活动，提供气象、出行、交通、洗车、购物等日常信息，如今更多的广播电台开始致力于向服务型媒体转变。此外，广播节目采编简单易行，这成为"非常时期"广播的一大优势，特别是灾难来临时，这一优势更为明显。

（二）其他媒介种群的生态位

1. 报纸的生态位

从时空生态位上看，报纸媒体以新闻报道为主要传播形式，以深度报道见长，可以刊登平面广告信息。在媒介生态系统中，它处在短周期的空间生态位上，占据的是版面空间生态位，主要以文字、图片为传播形式，以纸张为载体，通过印刷出版，生产周期较短，通常以天或周为单位，可以反复阅读，有效到达率较高。

除此之外，报纸还占据着一定的资源位，即营养生态位，包括信息资源、市场资源、渠道资源、受众和广告资源等。

2. 电视的生态位

电视是典型的时间媒介，属于历时性的线性传播，借助有声语言、音乐、音响等作用于人的听觉器官。在媒介生态系统中，电视占据着以频道为载体的空间生态位，通过文字和画面诉诸受众的视觉感官。电视诞生后，迅速跻身于当今世界主流新闻媒介之列，与广播相比，它的最大优势在于声画兼备。目前，观众的收视行为已经养成，电视成为当代家庭最主要的娱乐形式之一，又被称为"家用媒体"。

除了提供新闻资讯和日常信息，电视还兼具科教、文化、娱乐等多种功能。与报纸不同，电视天生就是娱乐的。尼尔·波兹曼（Neil Postman）以"娱乐至死"来形容电视所产生的影响，认为电视产生之后一切公众话语都日渐以娱乐的方式出现，并成为一种文化精神。

3. 网络媒体的生态位

网络生态空间堪称地球之外的人类第二生存空间。在媒介生态系统中，各种生态位都有网络的一席之地。而且它凭借超时空传播、内容丰富、传播迅速、交互性强等诸多优势，挤占了报纸、广播、电视、图书、期刊的部分生态位。网络凭借电子邮件、万维网、新闻组、文件传送、远程登录五种主要功能成为当之无愧的“全媒体”，开启了媒介融合的序幕，并催生出“新媒体”“传统媒体”这样具有划时代意义的新名词。无论从受众规模还是从受众质量角度来看，其发展都已达到了空前的高度。

4. 手机媒体的生态位

在媒介生态系统中，手机媒体同网络媒体一样，兼占着时间、空间、营养、功能四大生态位。基于移动互联网平台开展业务，手机兼具“移动”和“互联”两大优势，兼备位置和时间上的高度灵活性。这一方面使人们通过手机获取信息的时间模糊了广播、电视的早间、午间、晚间等时段界限，转而变为“24 小时皆为‘黄金时间’”，使其时间生态位大大拓宽；另一方面也使人们通过手机获取信息的地点跨越了家庭、单位、公共场所、路途中等，形成“移动性接收”，使其空间生态位大大拓宽。

5. 其他媒体的生态位

在数字化浪潮的冲击下，除网络和手机外，还存在互动电视、楼宇电视、移动电视、户外新媒体等新型媒介种群，这些新型媒体大都同时占据着时间生态位和空间生态位，是网络和传统媒体结合的翻版，受众和广告资源比较分散。广播与这些新型媒体的生态位几乎没有重叠，与之融合的可能性也就相对较小。

二、生态位竞争下的广播媒体生存空间——基于与其他媒介种群的生态位对比

一个健全、健康、完善的生态系统必定是物种多样而丰富的。同样，不同媒介种群各具特色、共同生存也是媒介生态系统稳定和健全的重要标志，只有能够容纳不同媒介种群的媒介生态系统才具有生机与活力。

（一）广播与报纸的生态位对比

1. 广播的生态位优势

第一，时效性。报纸占据的是固定的版面空间生态位，这决定了它无法像占据时间生态位、顺应时间流动的电子媒介那样展示事件原生态，因此报纸时效上呈天然弱势。[①] 广播是典型的时间媒介，借助于无线电，可以在短时间内穿越高山深壑，把信息传递到地球的每一个角落；此外，广播节目制作简单，收听方便，省去了报纸的编辑、排版、印刷、发行等环节，信息采编和接收更为省时便捷。

第二，覆盖面。一方面，广播采用电波传送信息，可以不受空间的限制，人

① 严怡宁. 报纸媒体生态位及其新闻竞争力刍议［J］. 金陵科技学院学报（社会科学版），2005（2）：68—71。

们无论身处城市还是乡村，陆地还是空中，也无论天气、交通、自然条件如何，都可以听到广播，传播范围较广；另一方面，广播的“门槛”相对较低，听众不受年龄、文化、职业的限制，只要拥有简单的收听工具，都可以随时随地收听广播节目，受众层次较为多样。而与此相比，报纸的覆盖范围就窄得多，对受众的文化水平、受教育程度也要求较高，视障人士或文化层次较低的群体均很难成为报纸的阅读对象。

第三，传真性。报纸上的信息——无论是文字符号还是图片——均是静止的，无法带给观众如广播一样直观的感受，加之其信息编码与解码过程相对复杂，对新闻事件的信息还原能力也相对较弱，缺乏逼真效果。广播靠声音进行传播，诉诸人的听觉感官，能带给人无限的想象空间。古人云：“余音绕梁，三日不绝。”通过语言、音乐和音响的配合，比报纸更容易实现情绪表达、气氛渲染，从而使信息传递的效果更加明显、听众印象更为深刻，更好地完成传达与说服功能。

第四，伴随性。技术的进步使广播的接收终端越来越向小型化、轻便化发展，在移动状态下仍能保证节目的正常收听。而且，人们在收听广播的同时，还可以进行阅读、锻炼、驾车等活动，舒心动情的伴随收听还有助于提高从事其他活动的效率。而报纸阅读要求读者大脑思维活跃，精神高度集中。此外，报纸阅读对环境要求较高，如在移动、黑暗等条件下，阅读行为无法发生。

2. 广播的生态位劣势

第一，选择性差。一些西方学者把报纸、杂志等印刷媒介称为“选择性媒介”，而把广播、电视等电子媒介称为“闯入型媒介”，就是因为广播容易受干扰，在同一时间内无法任意选择收听内容，也无法调节收听速度。而报纸、杂志等印刷媒介的所有内容均以版面空间呈现，读者可以随意选择自己感兴趣的内容阅读，在阅读时还可以随时跳跃，更易形成迅速、有效的信息聚焦。

第二，深度性差。报纸依靠文字符号传递信息，文字的理性和逻辑力量使其可以透过信息表象，纵向上挖掘新闻事件的来龙去脉，横向上关注新闻事件的相关背景、人物，报道它们之间的相互联系和影响，满足受众对深度报道的需要。在分析性、解析性较强的报道以及以理性认识为主的重要讲话、论述文章、数字资料和有较大时空跨度的事件中，报纸空间生态位的凝固性和可携带性使受众对深层信息的反复咀嚼成为可能，有助于读者理解复杂的信息。这是线性传播、过耳不留的广播媒介所望尘莫及的。①

---

① 严怡宁. 报纸媒体生态位及其新闻竞争力刍议［J］. 金陵科技学院学报（社会科学版），2005（2）：68—71。

3. 广播与报纸的关系构成

报纸以深度见长，广播凭速度制胜。生态位的错位使广播与报纸之间的竞争相对较少。相反，它们的合作更为频繁。受众群体的交叉为广播与报纸生态位的整合提供了基础性资源，一些报纸就联合广播设置互动专栏，同时，报纸还可以利用广播听众不受学历水平、知识层次限制的特点，通过广播节目的二次加工拓展受众群，扩大发行量；借广播的移动收听优势实现信息的多样化传达。而广播也可以借助报纸的深度报道之长，设置读报时间。早期的广播就出现过类似报纸摘要的节目，每天为听众选取一定的报纸内容进行阅读。直到现在，中央人民广播电台中国之声仍有一档《新闻和报纸摘要》节目，成为华夏大地上最响亮的早间新闻播报节目。

（二）广播与电视的生态位对比

1. 广播的生态位优势

第一，时效性。与电视相比，广播的发射技术、采编流程、设备要求都要简单得多，在同等条件下，制作一套完整的电视节目包含了前期的采集、构思、拍摄、录制和后期的剪辑、合成等众多琐碎的环节，而制作广播节目所消耗的时间成本、经济成本都小得多。这也给广播带来了另外一个好处——灵活性，任何正在播出的节目都可以被随时打断，插播突发新闻。这使得广播在面对重大突发事件时比电视更为从容。

第二，移动伴随性。一方面，广播的接收工具小巧轻便，收听行为不受时间、地点的限制。而电视受制于体积和重量，只有在特定场合才能收看；另一方面，广播只作用于人的听觉器官，并不影响眼、手、口等器官的正常活动，人们可以边听广播边从事其他活动，即便在移动状态下也可以正常收听。而电视的收视要求则高得多，不仅要求在室内固定场所收看，还要求观众全神贯注，不能“一心二用”。

第三，私密性。电视适合家庭成员集体观看，而广播既能集体收听也可以个人单独收听。一些平日不宜外泄的私密话题，如感情困扰、健康忧虑等都成为电台夜间节目火爆的强劲动力，这也是广播被称为“情感媒介”的重要原因。

第四，服务性。与电视相比，广播的服务功能更为突出。频率细分之后，各大频率更是进一步强调电台的服务功能。出行信息、天气信息、娱乐信息、交通信息占据了各大电台的主要时段，经营成熟的电台还广泛开展交友祝福、听众见面、组团旅游以及汽车维修等服务。而电视服务则仅限于购物和天气等信息的发布，相关功能还有待更进一步开发。

2. 广播的生态位劣势

第一，直观性差。在功能生态位上，广播提供给受众的是听觉资源，而电视提供给受众的是视听觉资源；广播仅靠声音传递信息，传播过程缺乏视觉认知，直观性相对较差，冲击力和感染力相对较弱，电视图文并茂、视听合一，人们不仅能亲耳听到且能亲眼见到，如临其境，也正是因此，电视的产生很容易便将大量原来的广播听众迅速吸引到家人集体观看的情境中。

第二，娱乐性弱。电视天生就是娱乐的，从十几年前的《超级女声》到近年来大热的《中国好声音》《爸爸去哪儿》《中国有嘻哈》等，高收视率背后隐藏的是巨大的娱乐需求，在充分满足大众的好奇、窥探、娱乐心理之后，电视当之无愧的媒介霸主地位愈发牢固。而相比之下，广播的娱乐功能仅体现在音乐、休闲频率的开播上，与电视相去甚远。

3. 广播与电视的关系构成

广播与电视具有相近的生态位，这使得二者之间的合作更为便捷，在我国，人们习惯于将其放在一起称为“广电”，且进行共同管理；全球最大的广播电视公司 BBC 从创建早期就是一家广播、电视“双媒体”机构。广播不仅可以和电视联合设置节目，开展节目主持人互串，也可以将电视剧、电视评书、电视新闻节目、电视娱乐节目等许多形式“借”来为己所用。总体而言，在电视面前，缺少画面是广播的一大缺憾，但这也为广播蒙上了一层神秘色彩，使其更容易调动听众的情感认知。越来越多的人认为，这只是受众感受的差异，“只能听、不能看”既是广播最大的劣势，也是广播最大的优势，关键看如何利用。

（三）广播与新媒体的生态位对比

如果说电视的诞生抢占了广播的“风头”、自始便是广播的“天敌”，那么新媒体与广播的关系则要微妙得多，尽管它让广播的处境更为艰难和尴尬，但它带给广播的除了竞争，还有合作；除了规避，还有借鉴，它不会让广播“下地狱”，反而会将其“置之死地而后生”，在涅槃后迎来新生。

1. 广播与网络媒体的生态位对比

网络媒体占据着四种生态位：非线性即时播放以及搜索、随选播放、延时点播等功能使其占据了更广阔的时间生态位；多平台（网络电视、手机电视、IP 电视、移动传媒等）、跨空间（室内、户外）实时在线观看和海量的信息容纳能力使其空间生态位得到进一步拓展；在功能生态位上，它可以提供报纸、广播、电视三者任何一个甚至三者总和的视听觉资源，信息资源更加丰富；在营养生态位上，无论是资金、受众还是广告、品牌，网络媒体也都具有较大的发展空间。

2. 广播与手机媒体的生态位对比

手机媒体与广播的媒介生态位相差甚远。广播的收听习惯更为传统，而手机的传播诉求则更为现代和新颖；广播的功能相对单一，而手机的功能相对多样；

手机媒体使用者以年轻群体为主，具备时尚、个性、民主特质；而广播听众则相对多元、分散，涵盖了各类社会群体。这种差异使广播与手机媒体的生态位竞争相对缓和。相反，二者融合的产物——手机广播、移动电台所具备的超强自主选择性、互动性使广播焕发出新的活力。

3. 广播媒体的生态位优劣势

新媒体大量涌入，跨越了传统媒体的形态壁垒和行政边界，不仅加剧了媒体间的市场竞争，而且使受众接触到越来越多的信息，使他们对信息传播过程的参与要求日益强烈，也提高了他们在信息传播过程中的参与能力。在新媒体面前，传统广播的一些固有劣势更加明显：

第一，互动性不强。新媒体不仅突破了传统媒体的话语壁垒，使“把关人”的能力大大削弱，“去中心化”的传播方式带来了传受双方身份的转换，也使信息的搜索、筛选、复制和保存变得更加容易，受众以何种标准、通过何种途径、如何选择和过滤信息完全取决于自己的偏好，主动性大大提高。而相比之下，传统广播的互动与新媒体以受众为中心的交互式互动传播相去甚远。

第二，传播手段单一。目前，新媒体已经走向了多媒体融合的阶段，声音、画面、文字、视频、游戏等多种手段并用，而广播仅靠声音传递信息，单位时间内传递的信息量较小，具象性较差。

第三，传播内容单调。新媒体的信息海量，内容丰富多彩、五花八门，其超链接功能还会带来无限相关信息，而广播节目的形式主要有新闻类、音乐类、服务类等几种，内容单一，与新媒体相比缺乏吸引力。

4. 广播与新媒体的关系构成

广播与新媒体的关系可以简单地概括为：融合大于竞争。一方面，新媒体对广播的冲击相当明显：后者的出现在一定程度上挤占了广播的生态位，相当一部分广播听众转向新媒体；另一方面，新媒体更符合媒介发展的历史潮流，它的出现也是广播发展的机遇。无论是收听终端的数字化还是更高层次的媒介融合，广播都是与新媒体融合程度最高的传统媒介。

第三节　广播媒体生存空间的守护
——生态位竞争的策略选择

抛开政治、经济、文化、社会等其他生态因子不谈，媒介的生态位优劣势是制约一种媒介生存与发展的重要因素，它标识了媒体对媒介生态系统中生态位的有效占据，将媒体的最大环境范围限定在一个“框”中，这个“框”便决定了媒体的生存空间。

对一种媒体而言，守护生存空间的过程也就是生态位选择和调整的过程。这需牢记三个层层递进的原则：其一，以维护媒介生态系统的动态平衡和正常运行、尊重其运行法则和规律为最基本、最重要的前提；其二，立足于自身实际，努力探寻最具优势同时也最具可能性的发展空间；其三，在保障上述两条原则的基础上，尽量做到与其他媒介种群和谐相处、共生共荣。

一、生态位分离培育独有性生存空间

媒介生态始终处于动态的运动与发展过程中，不同生物在同一生存环境中共存的前提是生态位分化。当面对竞争，与其与对手厮杀，不如竞争个体立足于自身实际，放弃原先比较优势不甚明显的潜在生存和发展区，进行生态位分化，从而实现稳定的共存。这就需要媒介在巩固自身核心生态位的基础上，利用生态位优势从对手的薄弱生态位中寻找机会，汲取其他媒介种群生态位的营养，实现生态位的优势分离。

广播所具有的制作简单、传播迅速、私密性强、伴随性好、听众忠诚度高等优势有很强的排他性，是与其他媒介竞争的“王牌”。

（一）时空生态位的分离

1. 对占有的资源进行时间分化

各媒介种群在抢占属于自己的生态位时，均占据着一定的资源，正是这种占有资源的重合导致了媒介种群之间的生态位重叠。因此，进行生态位分离的有效手段之一就是对媒介占有同种资源的时间进行分化。例如，5：00—6：00 的极早时段，多数报纸的售卖点还没有开门，电视也少有人使用，而边听广播边进行晨练的老年人居多，这段时间是广播占有资源的有利时机；6：00—8：00 的早间时段，各种媒体对资源的占有可能势均力敌，相对较难区分：居家人群边吃饭边打开电视看早间新闻，步行或者乘坐公共交通工具的上班族买几份报纸在途中阅读，行驶在路上的私家车主或上班族、的士司机则会打开车载收音机收听新闻、路况和天气信息；接下来的整个昼间时段，直到夜间 21：00，一般电视和网络的使用人群相对较多；21：00 之后的整个午夜，使用广播的人群又多了起来，很多人边聆听着广播传递的情感故事边进入梦乡。

广播要采取时间生态位分离的策略，就必须对各时间段不同媒介种群的资源占有情况进行深入调研与分析，以寻找其他媒介种群占有资源相对薄弱的时间区位段进入，实现生态位的优势分离。

2. 优先抢占时间的空缺位

现在几乎所有媒体都有了所谓的“24 小时”报道，全天的时间位几乎已被占满，因此，仅仅对占有的资源进行时间分化已远远不够，广播还必须立足自身优势，抢先占据其他媒介种群无法进入的时间空缺位，与对手展开竞争。

信息传播强调时效，尤其是在多媒体竞争的今天，速度更成为人们对媒介的一大要求。谁的传播速度快，谁就占据了信息传播的制高点。广播应立足自身在这方面的优势做足文章。

针对广播的特点，突发灾害性事件可以作为其抢占时间空缺位的重点。尤其是具有突发性、多变性、多方关联性等特点的突发性自然灾害事件，广播以声音符号（音乐、语言、音响）传播信息，具有时效性强、持久性强、互动性强、渗透性强等传播优势，恰好可以有效应对。

广播传播迅速、覆盖面广，是灾害前期唯一可以及时、有效直达受众的媒体。灾害发生后，由于传输介质损毁或是发行渠道断裂，通信设施遭到破坏，大范围交通中断、停电，报纸无法送达，电视光缆中断，网络无电使用，手机没有信号，几乎所有媒体都处于瘫痪状态，灾区成为一座“孤岛”，政府与民众、个人与个人、部门与部门之间无法取得沟通，而此时，灾区的人们急需了解灾情和安全地点安置情况，灾区外的人们普遍关注受灾情况和救援情况，广播无缝覆盖、传输过程简单、接收便利，对于制作和收听终端的要求不高，不受时空限制，传播无远弗届，可以方便及时地向社会各界传递这些信息，发布救助知识，帮助救援人员快速知晓灾民位置、引导受灾群众在科学指导下展开自救，契合了灾害条件下大众对于信息传播的需求，是当之无愧的“应急媒体”。

以上是广播在时间生态位分离上的相关策略，至于空间生态位，报纸占据的是纸张，电视占据的是频道，网络占据的是有线互联网，手机占据的是无线互联网，广播与它们均不构成巨大的竞争，而主要竞争对手还是来自于同业内部的种间个体，广播规避同种竞争的主要手段即频率专业化，此处从略。

（二）营养生态位的分离

受众资源和广告资源是媒体营养生态位中最为基础的两个方面，也是各媒介种群之间争夺最为激烈的两种资源。广播的营养生态位分离策略，自然也应从这两个主要方面入手。

广告与受众紧密相连，二者相互依赖。媒体在吸引广告商时，应注意把握自身特性，根据受众群体的特点，有的放矢地进行选择，而不是与其他媒体一起一窝蜂地抢占所谓“大牌”广告商。对此有学者提出广播可以利用的三种特殊广告资源（指除常规广告和专题广告资源以外的广播广告可开发利用的资源，包括报时、天气等特色广告，节目赞助广告，活动广告资源，等等）①：资讯服务类广告资源；节目（栏目）广告资源；活动广告资源。这为广播吸引广告资源提

① 张兆东．如何利用广播的特殊广告资源［J］．记者摇篮，2009（5）：63。

供了有益思路。此外，低成本、区域化也是广播选择广告资源的可行方案之一。

除了广告资源，广播进行营养生态位分离的更重要一环是受众资源的分离。根据广播的生态位优势，其受众资源的分离可以通过以下四个方面来实现。

1. 面向老年群体

从广播的发展历程来看，它属于伴老年人成长的媒介，老年群体对广播具有较强的情感依赖，也有着较高的收听忠诚度。此外，老年群体大多生活比较清闲，内心寂寞，缺乏交流，收听广播也就成为他们打发闲暇时间的生活习惯。对于他们而言，广播是最便捷的平民化媒体。当然，除情感上的原因，广播面向老年群体，还有着诸多基础和优势。

首先，社会和行业呼唤老年广播。老龄化是世界上很多国家都正在面临的社会问题。我国是世界上老年人口最多的国家，人口老龄化趋势日益明显。而老年群体是广播的固定收听群体，老年节目也是高收听率节目。有分析称，“到2020年，全国老年人口将达到2.48亿；到2050年，将超过4亿人，老龄化水平达到30%以上”①。不断增大的老年群体为老年广播的发展奠定了基础，也提供了长久发展的原动力。此外，在相当长的一段时间内，网络、手机等新媒体仍将是追求时尚的青年一代获取信息的主要方式，而囿于老年人生理（如视力退化）、精力和知识结构的局限，不费力、不耗神、操作简单、小巧轻便的广播仍会是他们接收信息的重要渠道之一，广播有责任也有能力顺应社会和行业发展的需求大力发展老年广播。

其次，老年听众具有巨大的发展潜力。社会经济的发展、物质生活水平的提高、精神文化生活的丰富都使得老年人的社会价值观念较过去发生了变化，颐养天年的理念使他们对生活品质的追求不断提高，对于身体健康、养生保健等方面的信息有着天然需求，这就拓宽了这部分市场的投资空间。与此对应，儿女晚辈用在老人身上的消费支出比例越来越大，“银发产业”已成“朝阳产业”。开办老年广播可以指导老年群体理性、合理消费，塑造专业、负责任的媒体形象，形成良好的社会互动关系和经济效益。

最后，老年人已形成相对固定的收听广播的时段和习惯。根据他们的兴趣和生活节奏制作特定的广播节目具有很强的可行性和易操作性。

在社会老龄化问题较为严重的日本，早在1989年，日本放送协会（NHK）便对这一社会结构变化做出积极回应，开播了专门面向老年听众的广播节目《广播深夜便》，该节目周一至周五均选取了其他商业广播以年轻人为目标听众的23：20到次日5：00时段播出，同时在频率理念、主持风格、话题选择、音乐选

---

① 马少军．重建广播健康和谐的媒介生态［J］．中国广播电视学刊，2009（2）：84—85。

曲等方面也都注意围绕老年人的受众定位进行设置，现在该节目已发展成为日本老年广播的旗舰节目，颇受日本老年听众喜爱。我国的广播媒体有充分的资源和空间，而当前针对老年市场的广播品牌化节目并不多，各媒体对老年群体的认识、关注、挖掘也并不深入，《广播深夜便》的成功值得参考、借鉴。

2. 面向特殊群体

这里的“特殊群体”与通常意义上的社会弱势群体并不完全相同，它包含两个层面：第一层面，视障人士群体，生理上的局限决定了他们对媒介的选择范围非常小，广播是一种纯声音媒介，恰好可以满足他们的需求；第二层面，包括民工群体、学生群体、蓝领群体等，他们平日劳作、学习生活单调，娱乐活动匮乏，而广播收听便捷、成本低廉，正好迎合了他们的心理需求。

除了既有的特殊群体受众，还有一些其他受众资源也值得挖掘。这方面，BBC 的做法可以给予我们一些启示。BBC 向来十分重视教育，甚至将自己的受众群体依据所需的教育内容进行宏观划分，开设了面向非英语国家公民学习英语的 BBC Learning English 频道、面向本国成人学习的 BBC Learning 频道以及面向青少年学习的 BBC Schools 频道。其中，BBC Schools 针对的就是适龄青少年、家长、教师群体，不仅包括 Bitesize 在线课程资源系统、Learning Zone Broadband 视频资源库，还专门开设了 BBC School Radio 在线广播（如图 3-3 所示）。该平台紧紧围绕小学课程提供灵活、便捷的学习资源，提供各类完整的、互动的、随时可用的、能够激励和鼓舞学生的会话主题，既可通过收音机实时收听，也可在线点播收听。此外，BBC Radio 4 也在特定时段每天播出学校节目预告指南，涵盖中小学课程的相关科目，每次播出大约 10—15 分钟，以学年的形式在春、夏、秋三季播出。① 无论在哪个国家，中小学受教育的适龄青少年都是一个非常庞大的群体，而 BBC 打通自己的各个平台为该群体提供内容和服务，可谓既打造了自身品牌，履行了公共媒体的责任，又有效拓宽了自己各个平台的受众群，提升了影响力。

2016 年 12 月，我国中央人民广播电台也与国家语言文字工作委员会正式签署合作备忘录，合作开展“中小学语文示范诵读库”建设，由中央台优秀播音员主持人将中小学语文教材课文（共 8 套教材、3000 余篇课文）用标准的普通话进行示范朗读，除了提供给中小学师生教学使用外，还将制作成适合电台、网络、手机等多媒体使用的音频资源库，供全球汉语爱好者学习、欣赏使用。中国之声微信公众号推出《那些年，我们一起读过的课文》栏目。这不仅是文化传承的有益探索，也是广播媒体提升自身价值、彰显社会责任的双赢之举。

---

① 刘智明，吴亚婕. 从 BBC Schools 网络教育频道建设看我国中小学课程资源库发展思路——对英国中小学网络课程资源建设的探讨［J］. 现代远距离教育，2011（1）：53—56。

图 3-3　BBC School Radio 主页

3. 面向移动群体

无论在欧美发达国家还是在我国，广播的伴随性都在不同时期找到了与汽车产业蓬勃发展的完美契合，交通频率在世界各国无一例外均大获成功。随着汽车的增多，开车人数逐渐增多，路面交通越来越拥堵，加上人们生活节奏加快，上下班等车、出差在路上的时间增多，他们需要娱乐工具打发路途中的无聊，缓解内心的压力和烦躁。这时候，无论读报、看视频还是上网，都不如听广播来得方便，广播成为大部分司机群体在开车过程中的首选媒介。这为广播的生态位分离创造了另一机会——做交通人的广播。

一方面，移动人群具有巨大的信息需求。而所谓的交通广播，它所要提供的信息范围其实非常广：从交通的广义概念上说，交通信息不仅包括公路信息，还包括航班信息、航运信息、铁路信息、地铁信息甚至邮电通信、气象信息等，在公路中，又可以细分为城市公路信息和高速公路信息，如果按照交通工具划分，还可以细分为公共交通信息和个人交通信息，等等；对那些切实处于移动状态中的人群，路况信息、道路施工信息等是其最为迫切获知的交通信息；对于普遍意义上的有车一族、驾车群体或对车感兴趣的人来说，与车相关的汽修信息、汽配信息、二手车信息等车市服务性信息也极为重要。庞大的潜在信息资源为交通广播的发展奠定了基础。

另一方面，交通广播的节目设置以交通信息为骨架，既有正点、半点滚动播出，又有与汽车、交通相关的版块节目，遇到紧急情况还能随时插播，具有即时性、连续性、地域性、行业性等特点，方便听众选择的同时，也便于培育听众的收听习惯、培养收听忠诚度。这不仅为奔波劳碌的现代都市人获取时事政治及社会、经济新闻提供了便利，也为他们提供了流动状态下随意性娱乐的最便捷方式。

当前，交通广播逐渐走向成熟，不再局限于为驾车人群提供信息，为移动人群定制服务和展开互动的“大交通”概念已被提出，而技术的飞速发展也使得广播布局车联网迫在眉睫，面向移动群体的广播依然有很大的市场空间亟待挖掘。

4. 面向本土群体

从广播的技术实现手段上看，通过占有频段实现区域覆盖的传播方式使其具有明显的区位特性；从世界广播的发展历史来看，立足于本地受众提供综合性信息服务是曾于激烈竞争中挽救广播于危局的明智之举；而从我国的国情和现实发展来看，依据中央省市县的行政区划“四级办广播”“四级办电视”是我国广电业素来的历史传统。所有这些，都决定了本土化是传统广播必然的发展方向。

当前是一个信息爆炸的时代，在海量信息面前受众本来就难以选择，而对于自身周遭事物的相关信息和自身所在地的社会生活状况，人们却具有某种程度上的刚性需求。聚焦于本土、强化广播的地域特色不仅可以帮助受众选择与其最具贴近性的信息，也能有效将广播传播的“一对多”变为“一对一”，是广播媒体生态位分离过程中应该抓住的重心。面向本土群体，不仅要求广播节目的内容要“生于本土”“长于本土”、就地取材，还要求广播从业人员在制作节目时充分考虑本地听众的文化心理、信息需求和信息接收习惯。从广播节目类型来看，交通信息类、民生服务类节目更适于本土化。目前，我国各地基本都已经有了品牌化的本土广播节目，如上海的《直通 990》、深圳的先锋 898《民心桥》等。

（三）功能生态位的分离

媒体的功能生态位主要依托于其能为受众提供的基础性资源。对广播来说，听觉资源就是这种基础性资源。广播听觉传播的本质特性决定了它与其他媒介种群实现功能生态位分离的主要方向：向服务功能转移。从我国当前的国情和社会需求来看，具体可以包含两个方面。

1. 做情感、故事广播

快节奏的现代社会，人们生活忙碌、内心孤独，渴望与外界交流，渴望心灵对话，却又缺乏合适的倾诉对象，广播语言具有很强的具象性和感染力，作为一种声音媒介，它独特的“意境美”可以促使人们发挥想象力，激发情感认同。这种个性化特征可以帮助广播打造出众多其他媒体无法取代的节目类型，如情感类广播、故事广播、广播评书以及当前火热的读诗类广播节目等等。这些节目普遍关注人的生存和心理状态，致力于为听众提供心理疏导或情绪发泄平台，增进情感交流，打造与听众进行心灵交流的公共空间，充分彰显了广播的人文关怀。

在这方面，广播拥有庞大的听众群体和发展空间。随着时代的进步和广播的发展，情感类广播更为成熟，出现了类型化、宽泛化和升级化的趋势。所谓类型化，是指广播节目的情感定位越来越清晰，淡化节目形式、突出情感氛围；宽泛化是指广播媒介虽不以情感立台，但整个节目编排和设计中都突出情感色彩。比较典型的案例是交通台在为广大司机提供交通信息服务的同时，也在强力营造一种亲切友好的氛围；而升级化是指情感广播已经由单一的节目上升为整个频率定位，成为频率细分时代的发展方向之一。

目前，深夜“陪睡电台”正成为新的流量入口。无论是网易云音乐备受追捧的“声优数羊”系列，还是粉丝数 1100 万+、阅读量篇篇 10 万+、点赞量常常 7 万+的公众号之王“夜听”，抑或青音创办的情感热线平台“绵羊热线”，瞄准的都是深夜市场。2015 年《全球睡眠报告》显示，中国人每天上床睡觉的时间为 00∶32。2014 年《中国睡眠指数报告》也指出，近六成国人不愿早睡，夜晚成为不少年轻人难得的休闲放松时段，且不愿它太快流逝。晚睡、熬夜已成为国人的生活“新常态”。在此背景下，广播情感、故事类节目面临更多的品牌挖掘潜力。

2. 做科技、对农广播

长久以来，广播就被视为传递科学文化的重要载体，它宣传方式灵活、参与性强，具有新闻、专题、访谈、文艺等多样的节目形式，能够深入浅出地向听众传递科技政策和信息，其传播速度和延展广度上的优势决定了它既可以充分调动驻站记者，获取科技第一手资料，又可以组织贴近百姓生活的科技宣传活动，不仅克服了科技节目枯燥的缺陷，使之变得通俗易懂、生动形象，增强了受众的可感性，也为百姓提供了一个与科技专家、经验人士交流的机会和平台。在广播诞生早期，科普节目是最受听众喜爱的节目类型之一。特别是在农村地区，曾经的“大喇叭”和有线广播是农民接受种田育苗知识、学习科学文化的重要途径。

随着时代的发展，广播的科普功能逐渐被弱化。但这并不意味着广播科普节目已经丧失了生存空间。相反，新农村建设为对农科普节目的发展提供了契机。广电总局实施了致力于提高农民文化素质、丰富农民业余生活的广播电视村村通工程、西新工程和农村电影放映工程，“广播电视是我国农民了解党的政策路线、学习知识、掌握信息最现实、最有效的方式”①。在此背景下，农村广播成为助力农村经济发展和农业发展、为广大农民提供实用信息的重要力量。

全国共有9亿农民，从20世纪50年代开始建设农村有线广播，农村就曾是广播的主打市场，过去农村的政策上传下达，农民的科技知识普及、信息获取、生活娱乐等都主要依靠广播。然而，20世纪90年代后，电视和无线广播的迅猛发展造成了农村有线广播的衰落，互联网兴起后，这块市场更是几近被放弃。当前，无论电视还是互联网等新媒体，大都聚焦于都市时尚、追求潮流的年轻群体，广播在农村市场仍有着天然的优势：农民对于涉农科技信息和知识具有强烈需求，他们居住分散，文化程度偏低，与其他媒体相比，广播如果能稳稳占据这一市场，对农科普广播将大有所为。

首先，“由于经济发展进程不一，现代信息媒体在农民手中拥有、使用率低，价位、操作技术要求高，信号‘盲区’面积广，地方小区域针对性缺乏等因素，致使其优势不能在农村完全发挥，造成部分地区信息闭塞不畅，而农村广播则可作为现代信息传媒的一种必要的、有益的补充”②。处于信息闭塞地区的农民苦于不了解致富行情、找不到致富信息，特别是大多数青壮年都外出打工，对农广播在对农民进行宣传教育、向农民快速传递最新信息、介绍前沿农科技术、提高农民素质方面将大有裨益。

其次，广播属于大众化的媒体，具有平民性、移动传播、渗透性好、定向性强等优势，它不仅构成简便，成本低廉，只要“一根广播线、数只喇叭”，且听众接受信息也简单，无须掌握专门的操作技术，可边劳作边收听。对农广播报道农村最新动态、揭示农村热点难点、解答农民困惑疑虑、记录农民百味生活，不失为一种最便利、最廉价、最有效的信息获取工具。

最后，建设社会主义新农村是党中央全面建设小康社会的重大决策之一，广播关注农村、关心农民，是在履行“喉舌”媒体的社会责任，具有良好的政策环境支持。同时，农民是一个庞大的群体，随着新农村建设的不断推进，农村的通信网络覆盖不断加快，对农广播的受众市场潜力巨大。

目前，已有部分优秀的对农科普节目，但总体而言，我国对农科普广播的品质还有待进一步提升。若想稳稳占据这一市场，就要求对农广播在日后的宣传中

① 广播影视三大工程“并驾齐推”新农村文化建设——访广电总局新闻发言人朱虹［EB/OL］．中央政府门户网站，2006-06-18。

② 顾盛杉．新农村新广播新优势［EB/OL］，http：//www.cnr.cn/zggbb/lt/200803/t20080327_504747386.html。

努力做到全方位、多侧面地开展科技兴农报道，及时向农民展示科技成果、提供科技信息，还应该贴近农民生活，搞好政策、法律、科技、健康以及农业气象、市场信息等诸多方面的服务，突出服务性、实用性，全心全意为广大农民提供最好的科技信息，树立全局性的“大农业”眼光，只有确立服务意识，才能被农民认可，提高广播的可信度、亲和力。

3. 做应急广播①

与世界范围内的交通广播、老年广播和我国极具特色的对农广播一样，应急广播是能够让广播媒体尽情驰骋的另一片广阔天地。作为突发事件中的“轻骑兵”，广播的及时性、渗透性一直是其区别于其他传统媒体甚至新媒体的显著优势。无论是战争年代借以传递军情的秘密电台、用于瓦解敌军战斗力的对敌广播，还是和平时期突发灾害事件中赖以传递灾情、辅助救援的应急电台，在广播由内容型媒体向服务型媒体转变的过程中，应急广播都是一块绝不可失守的阵地。

2013 年 12 月，我国便揭牌成立了中央人民广播电台国家应急广播中心（China National Emergency Broadcasting，CNEB），此后国家应急广播体系的建设一直备受关注。2014 年 4 月，央广国家应急广播中心与高速公路广播联合推出应急专栏《国家应急广播高速加油站》。到 2015 年，我国应急广播已开始探索起新媒体化生存的路径，国家应急广播体系建设提上议事日程，国家应急广播社区网，国家应急广播官方微博、微信公众号及移动客户端相继设立。6 月，央广还分别与西藏局、河北局、江苏局就共同开展应急广播体系建设达成一致并签署合作框架协议，推进三地应急广播体系建设，实现国家、省、市、县应急广播信息联动。2017 年，国家新闻出版广电总局正式下发《新闻出版广播影视“十三五”发展规划》（公开版），将应急广播建设列为新闻出版广播影视重大公共服务项目之一。与此同时，陕西、长沙、北京、潍坊、上海等地的应急广播频率也宣告成立。

综上来看，广播媒体在实行与其他媒介种群的生态位分离策略时，具有很大的选择空间。其实，媒介生态系统也有自己的“红绿黄灯原则”，无论往哪个方向发展，只要广播媒体能够确定自己的优势区域，即“绿灯区”，就可以在这个区域内任意驰骋；对于那些有少量重叠、跨范围的“黄灯区”，要谨慎对待，稍加限制和调整；而对于那些不能或很难体现自己优势、生态位重叠度又大的“红灯区”，则应坚决放弃。

---

① 此处部分内容选自本书前期成果：田园，官承波. 2014 年广播媒体生态概观［J］. 中国广播，2015（2）：5—9。

二、生态位细分构建多样化生存空间

在媒介生态系统中，物种面临的竞争是多方面的，既有来自其他媒介种群的种间竞争，也有来自种群内部的种内竞争。格乌司竞争排斥法则的反向实验表明，虽然同一媒介种群的生态位基本相似，生存于其中的媒介个体生态位互有交叉，但媒介种群内部的个体生态位差别仍相当明显，这就为媒介种群的生态位细分策略提供了理论依据。如果说生态位分离针对的是种间竞争，那么生态位细分则主要针对种内竞争。

广播媒体的生态位细分是指广播在现有的媒介生境下，以原始生态位为基础，以专业化、类型化为方向，以细分受众为目标的二次划分活动。这对广播媒介的发展具有重要意义，被称为广播的二次创业。通过对生态资源和媒介优势的充分利用，生态位细分使生态位的重叠率和闲置率都保持在较低水平，规避了同质化竞争的风险，避免了媒介生态资源的浪费，也有助于保持媒介种群的生态位平衡。

（一）广播媒体生态位细分的策略

1. 传播对象化

根据受众细分化理论，广播传播的对象化已是大势所趋。随着媒介选择的增多，受众需求也日益呈现出多层次化趋势，与此同时，受众的选择也更加个性化、自主化，而在新媒体技术的影响下，互动传播、立体传播也成为融媒体时代信息传播的题中之义。广播传播的对象化即在上述变化的基础上，立足听众本位，紧扣节目这个中心，综合调用各种技术和艺术手段，使频道专业化、栏目个性化、节目精品化，具有具体对象性地发展广播节目。①

传播的对象化实际上是一种对受众需求的细分。广播传播对象化必须建立在科学的听众调研基础之上，设置畅通的听众反馈渠道，立足受众需求调整节目编排。这样一来，传播的对象非常明确，一段时间后，每个节目都会形成稳定的受众群体，传播的有效率会大大提高。

2. 内容特色化

好的内容是电台吸引听众注意力的法宝，也是增强受众选择稳定性的关键。对广播实施生态位细分策略的目的之一就是通过专业内容的设置来吸引目标听众，而内容好坏的一大标准即内容是否具有特色。所谓特色，即不易被模仿和复制的、独一无二的东西。广播专业化的一大本质为节目特色化。有特色的节目才能受到目标听众的欢迎，高品质的专业频率应该拥有吸引听众耳朵的特色节目，

---

① 成红珍，李汉如．广播频道专业化的思考［J］．新闻前哨，2007（1）：54—55。

其中既包括特色化的节目内容、节目设置，也包括特色化的节目风格、节目定位。

节目的特色化与频率的特色化也是互为前提的。要想实现节目的特色化，首先，总台之下的各频率都应在频率定位、目标听众、节目设置、内容风格等方面进行明显的区分，这可以减少频率之间的冲突，避免频率资源的浪费和内耗；其次，风格化、个性化是特色化取胜的关键，各频率应拥有属于自己的品牌栏目，这样才能将整个频率的“特色”带动起来；最后，落到节目层面，各节目的设置应该从自身所在频率的特色和定位出发，多维度、多视角、多侧面展开，以达到“整体复合化、局部单纯化”① 的效果。此外，节目内容也要更专业，主持风格更有特色，推介词、节目包装更独特，从而形成一套自身独有的识别体系，增强听众对节目的辨识度。

3. 功能服务化

频率细分的主要目的是吸引听众。因此，广播进行专业化的所有努力都要围绕为观众提供满意的服务这一核心来进行。专业化广播的出现使广播的经营理念由教化型向服务型转变，广播听众也由“信息接收者”向“信息消费者”转变。向服务型媒体转型，一切以听众为核心、一切服务于听众已成为分众化时代广播不容回避的选择。具体地说，融媒体时代的广播功能服务化可以体现在两方面。

一方面，为听众提供综合信息服务。人们依赖于各式各样的信息去获得对外部世界的认知，从而指导自己的生活，小到天气预报、交通路况等日常信息的索引、介绍，大到政策信息、市场信息、行业信息等生活资讯的集纳、整合，为听众提供各类综合性信息，既是广播媒体服务听众的首要任务，也是其履行媒体义务的根本。

另一方面，为用户提供生活集成服务。融媒体时代，广播的服务对象得到拓展，从传统平台上的广播节目听众延伸到各类新媒体平台上的广播服务用户，借助于这些新平台，智能化之后的广播除了可以提供依托于节目本身的社群服务、活动服务、互动体验服务等，甚至可以为用户提供银行业务办理、证件办理、求医挂号、水电燃气费用缴纳、车位搜索等日常事务服务，无限拓展服务链条。

广播的服务功能是广播赖以生存和发展的基础。增强广播的服务功能，需要不断调整节目内容，精心设置栏目，更深入地触及社会、家庭、个人生产和生活的各个方面，将服务功能向社会生活的多角度细化和延伸，及时获取听众需求，为听众提供个性化十足的贴心服务。另外，还要设立反馈机制，从“满足听众需求”到“为听众创造需求”。

① 郝旭，杨洋. 广播频率定位要特色化［J］. 记者摇篮，2004（1）：61。

（二）广播媒体生态位细分的反思

按照细分程度的不同，广播的生态位细分大致可以分为大众传播、分众传播、适位传播和精准传播四个阶段。尽管分众化使广播的传播内容从以新闻为主的“大综合”过渡到了兼顾各独立分类内容的“小专业”，实现了广播传播观念的第一次裂变，使广播种群内部个体电台的生态位发生了初次分离，但它还只是广播频率细分的初级阶段，仍不能充分满足深层细分听众的需求。由此，广播的适位传播被提上议程。“适位受众”即我们通常所说的“小众”，它使专业广播的细分程度从分众传播时代的“频率专业化”过渡到适位传播时代的“栏目对象化”，在细分的程度上更深入了一个层次。具体表现在两个方面①：第一是针对“适位受众”不同的“口味”，进一步在频率内进行差异化设计。例如，目标受众可能都是喜欢体育的，但有人钟情球类，有人喜欢田径类，有人热爱体操类；目标受众都喜欢棋类，但有人喜欢五子棋，有人喜欢围棋，有人痴迷象棋，等等。在适位受众观下，这些分众下的小众也都可各取所需，实现口味精调、微调；第二是寻求个性化、风格化和规范化经营。包括：节目内容上的个性化，提高节目的箭靶精确率；栏目风格上的特色化，提高栏目的识别率；频率、时段、栏目上的规范化，提高受众主动的、有选择性的收听比率，增强节目传播的到位率和有效率。

适位传播的下一个阶段是精准传播，它针对的不再是分众传播时的分众，也不再是适位传播时的小众，而是更加具有对象性的“一对一受众”。从形态上来说，精准传播由频率专业化、栏目对象化上升为主持人专家化。在精准传播观念下，受众可以根据自己的兴趣和喜好自主定制节目内容，并享受媒体提供的增值服务。“一对一受众”一般被认为是广播电视依托宽带网技术和数字化技术形成的交互式新媒体的传播对象，它是电子媒体传播的最高境界。就广播而言，它是在完成了分众传播、适位传播以后的第三次受众细分。②

当前，我国的广播频率细分程度还处于初级的分众传播阶段，远未达到真正的专业化水平，细分频率主要集中在新闻、文艺、音乐、交通、科教等领域，缺少二次划分的过程。而电台专业化发达的国家，仅音乐频率的细分种类就有70余种，美国甚至还出现了许多很少见的类型，如谈话台、社区台、体育台、农垦台等。当然，抓住分众、小众并不意味着要放弃大众，而是由全面竞争转向差异化竞争、培植竞争比较优势的需要。细分可以帮助广播将自己的听众群体从过去单纯的中老年群体、视障人士群体等向更具社会行动能力、消费能力和话语权的人群转移，从而逐步抢占传播的高端市场。

---

① 李云朝．对广播“三分”与“三化”的思考［J］．现代传播，2012（2）：146—147。

② 李云朝．对广播“三分”与“三化”的思考［J］．现代传播，2012（2）：146—147。

第四节 守护广播媒体生存空间之本——非视觉化生存

在与其他媒介种群的生存竞争中，生态位优势可以为媒体争取到更多的潜在生存空间，而通常来说，媒体的生态位优势越多，它在面对变化时进行生存空间调整的可选择路径也就越多。不过，在媒体生存空间建构和调整的过程中，有一个因素比生态位优势还要重要，那就是该媒体的核心生态位，它既是打造媒体核心竞争力的关键，也是媒体的生存空间之本。对于广播媒体来说，这个核心生态位便是听觉生态位，以及在此基础上的听觉传播（或称非视觉传播）。

一、听觉——人类接收信息的天然需求

（一）口头传播文化的现代回归

媒介形态的变化发展伴随着人类传播活动的变化发展，而人类传播活动的发展又与人类社会的发展相依相伴。人类的传播历程经过了口头传播、文字传播、印刷传播、电子传播、数字传播五个前后相继的阶段。其中，口头传播是最早的传播方式。在动物之间，甚至人类脱离动物性之前，同类之间的呼朋引伴、信息传递都要依靠声音；“文字诞生前，说话、演讲、歌谣、街谈巷议等是早期人类社会语言传播的主要形态，我国的《诗经》《左氏春秋》中都有相应记载。在西方早期社会的语言传播中，希腊人最大的快乐是徜徉于街头互问‘有什么新闻’，希腊的市场是人民聚谈的主要场所，罗马的公共场所和浴室也是人们聚集交换意见和消息的场所”①。

口头传播的开始是以语言的产生为标志的。自语言产生到文字发明的漫长历史时期，人类的传播活动主要依靠口头进行。直至今天，口语仍是人类传播中最为基础和重要的传播手段。② 弗里德里克·威廉斯（Frederick Williams）在其《传播革命》中曾绘制过一个传播史表盘（如图 3-4 所示），形象而直观地表现了口头传播在人类整个传播历程中所占据的巨大比重以及技术更新的加速度趋势。

如果我们将广播与语言单独从图中抽离，会发现，从媒介变迁的角度看，广播在时钟上的刻度值与语言非常接近，它似乎的确在走向某种回归，这不是简单的巧合，而是有着重要的依据。

---

① 孟伟．广播听觉传播本质解读［J］．现代传播，2004（3）：63—66。

② 官承波．传播学纲要［M］．北京：中国广播电视出版社，2007：49。

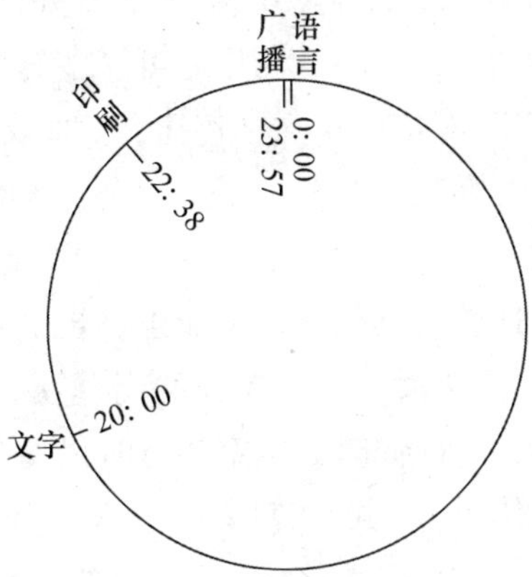

图 3-4 传播史表盘①

首先，从信息的传受方式来看，无论口头传播还是广播，调动的都是“口”“耳”两个感觉器官，在一说一听中达到信息传递的目的。也就是说，它们都属于“口耳相传”的语言形式，由此广播理所当然是口语文化的分支。诉诸听觉的有声语言是广播传播的讯息符号系统，也是最关键的讯息要素。② 与口头传播类似，广播的传播诉诸听觉，广播语言自然也是一种适合听觉感知、为听觉服务的话语类型，口语化是广播语言的最大特点。这与口头传播中的情状是相同的。

其次，从调动的感觉器官来看，口头传播和广播都是包含了视觉、触觉、味觉、嗅觉等人体各种感官感受在内的感官艺术。当然，这并不是说二者本身让人们看到、摸到或闻到了什么，而是说它们通过对声音元素的出色表现和运用，使人们能够在收听过程中结合自己的体会和合理想象在头脑中塑造一个神奇的多维空间，也就是人们常说的“声”临其境。

最后，从信息接收者的角度来看，口头传播和广播的信息接收者都具有“众”的特点。无论是西方的苏格拉底在布拉格广场上发表演说、与人辩论问题，还是我国的男女老少围坐在一台收音机前共同收听一档广播节目，听的艺术欣赏从来都是广泛和深入的。它无所谓时间、地域，也无所谓人的受教育程度、知识水平，只要拥有一对健康的耳朵，就可以接收来自听觉传播的信息。

由此，从传播的本质来看，广播的确是对口头传播的某种回归，在整个人类传播史中，它的出现与存在是一种必然。

麦克卢汉曾将传播媒介的演变划分为“部落时代”“脱部落时代”和“重新部落（地球村）时代”三个阶段。其中，部落时代对应的是口语传播，人们之间的交流方式以“面对面”交流为主，因此这是一个听觉偏向的时代，在这个

① 李彬．全球新闻传播史［M］．北京：清华大学出版社，2009.9。
② 毕一鸣．论口语文化中的广播语言［J］．中国广播，2010（12）：83—85。

时代中，耳朵的作用要远远大于眼睛，但听觉器官并没有从其他感官中分离出来，而是为达到更好的传播效果，综合调用尽可能多的感官共同作用，服务于人们的交流；[①]“脱部落时代”对应的是文字传播，此时文字及印刷技术相继出现，眼睛的作用被逐渐强化，开始大过耳朵，糟糕的是，人类的视觉也同时被从其他感官中分离出来，甚至在一定程度上取代了听觉，听觉空间开始向视觉空间转换，后者占据绝对的主导地位，其他感官功能也不再受到重视；“重新部落（地球村）时代”对应的是电子传播，电子媒介的出现使人的感官得到延伸，视觉空间开始向听觉空间回归，与此同时，文字传播时代视觉空间下的单向传播再次恢复到听觉空间下的双向传播，“同时克服了时间与空间的掣肘，使人们在借助媒介的情况下重新享受‘面对面’的交流”[②]。脱部落时代中人们只动用单一某种器官进行信息接收的情况得到逆转，转向全息化、立体化的，人们似乎又重新返回到了听觉空间的时代，“非视觉世界蕴含着丰富的前文字时代的生命力，广播是一种深刻而古老的力量，是连接最悠远的岁月和早已忘却的经验的纽带”[③]。

（二）听觉传播的受众需求

在当今世界上所有可称之为“媒体”的媒介丛林中——包括传统媒体和新媒体——广播是唯一的非视觉媒体。声音是广播的本质特性，也是其不同于其他媒体信息的个性表现。广播的非视觉特性不仅使其长期作为一种背景媒介出现，既适应动态，又适应静态，而且具有便携、传播简单快速、覆盖范围广等诸多优势。“有学者认为，广播是幻想者的乐园，精神世界的天使，是一种迷人的媒介，一种离不开想象力的媒介，它的根本魅力永远在于此。”[④]

1. 听觉传播顺应了人类的感官需求

现代实验美学证实，人类知识总量的80%以上是依靠视觉获得的[⑤]，由此不难推知，还有另外20%，必然要依靠听觉和其他感官获得。最有智慧的媒介，是能够在自身的充分调动下使人们达到各种感官的平衡，而不是过分强调某一种感官而使其他感官退化。在这一点上，广播无疑是做得最好的。它是一种“通感”的智慧媒介，尤其在激发人脑的想象力、拓展人的思维空间方面，具有不可替代的巨大作用。

从表面上看，人们通过广播听到的仅仅是声音，但其实，在从播到听这一简单的过程中，人们接收到的却远非声音信号那么简单。著名语言学家徐世荣曾说

---

① 参考韩志方．麦克卢汉的听觉与视觉空间理论探究［J］．青年记者，2008（23）：25—26。

② 韩志方．麦克卢汉的听觉与视觉空间理论探究［J］．青年记者，2008（23）：25—26。

③ 徐畅．广播媒体有声语言形象与受众听觉心理探析［J］．青海社会科学，2007（2）：182—184。

④ 汤海京．非视觉媒体的新生力量［EB/OL］，http：//www.chinavalue.net/Biz/Article/2008-9-9/134372_2.html。

⑤ 梁一儒，户晓辉，宫承波．中国人审美心理研究［M］．济南：山东人民出版社，2002：81。

过："有声语言要比书面语言丰富得多。"① 唐代经学家孔颖达也曾说："声音感动于人，令人心想其形状如此。"② 人们听到声音时，首先要进行感知，然后加以识别，进而产生感官上的生理反应；紧接着，人们会结合自己的切身体会，展开合理的联想和想象，甚至在头脑中勾画图景；最后，人们会将听到的声音进行思维上的梳理，形成自己独到的认识和理解。也就是说，声音的根本作用是付诸人的感觉系统，人们凭感觉去感知声音，而不是凭逻辑去思考声音。③ 受制于信息介质——听觉形象的模糊性，它所传递的信息是含蓄的，这就需要人在接收这一信息时依靠各种感受之间的互通和经验的联想在头脑中构造虚拟的视觉形象。这些形象在记忆和感知中被创造、被复制，是完全属于我们的主观世界的，因此可以"随心所欲地被人补充、移植、加工和修饰。声音，正因为它的模糊性，才给人提供了一个后制作场所"④。也正因如此，同样的声音材料经过不同人的感知可以设计出无以计数的可能和结果。由于不同听众所具有的审美意识、价值观和切身经历不同，在听到同种声音时也会产生不同的认识，广播的魅力就在于它使人们的各种感官相互沟通与转换，使它们相互联系、交互和共同起作用，不仅听到声音，而且能产生视觉联想、心理联想、情感联想，构造出一个生动形象的多维空间，并造就出"一千个作者，一千个哈姆雷特"的个体独特性和广阔主观空间。

2. 听觉传播顺应了人类的情感需求

当互联网出现以后，许多人问：互联网带来的最大变革是什么？有人说是信息爆炸，有人说是传播速度，还有人说是生活方式。笔者认为，以上都不是，互联网带来的最大变革其实是互动。"一个时代的传播方式取决于一定的接受方式，一个时代有一个时代的接受方式。当今社会的接受方式主要表现为交流式、协商式和互动式。"⑤ 广播电台每天为听众播出各类节目，新闻节目有时会邀请特定嘉宾走进直播间与听众直接交流；音乐节目通过互动点播，播放听众喜爱的歌曲；故事节目通过听众投票，预测最可能的结局；医疗节目通过听众提问，答疑解惑；情感节目通过聊天沟通，为听众扫去心头的阴霾和疑惑。借助广播，听众与广播主持人、与其他听众交流感受，讨论话题，愉悦身心，诉说烦恼，既达到了沟通情感、宣泄自我的目的，又不必担心有人会认识自己。从过去的短信、热线电话到今天借助于 Facebook、Twitter、微博、微信等新媒体平台实现的各种互动，广播听众的参与度和与传播者的互动性日益深入，甚至还出现了允许听众自

---

① 郝丽萍．浅谈广播语言的想象魅力［J］．中国广播，2007（5）：36—38。
② 转引自郝丽萍．浅谈广播语言的想象魅力［J］．中国广播，2007（5）：36—38。
③ 周七月．广播声音的创造性功能研究［J］．中华文化论坛，2008（1）：153—157。
④ 周七月．广播声音的创造性功能研究［J］．中华文化论坛，2008（1）：153—157。
⑤ 蔡凯如．呼唤听觉——广播传播论［J］．新闻前哨，1994（2）：35—36。

己做主播的用户自制内容平台。与此相比，尽管电视声画并茂，视听兼备，但若抛开借助社交媒体实现的线上互动不谈，仅就传统平台而言，其互动性的深入程度仍然不够，除了偶尔能邀请极少观众与主持人进行直接交流，根本无法像广播那样广泛地邀请各种来宾进入直播间，与电台主持人和听众同步交流信息。

实际上，作为电视和广播的受众，我们每个人都会或多或少有这样一种体会：当看电视时，看着画面中电视主持人微笑的脸，听着他们面对摄像机说出诸如“观众朋友们，大家好”的话时，觉得自己只是庞大礼堂中众多电视观众中的一分子，主持人的话是对包括自己在内的所有人说的；而当听广播时，听着收音机中广播主持人娓娓道来的声音，听着他们说出诸如“感谢您准时守候在收音机前”的话时，觉得自己就是这个节目唯一的听众，主持人好像在同自己做一对一的交流。这是两种媒体给受众带来的不同感受。由此，我们很容易理解为什么当年罗斯福总统的“炉边谈话”会让无数美国听众信服，甚至间接拯救了危机中的美国。

3. 听觉传播顺应了人脑的注意力需求

很多人提到广播，往往谈及其伴随性、移动性特点，看到了它可以充当“背景媒介”、边听边从事其他活动的优势，却鲜有人能够从广播的听觉传播特点出发分析这种优势形成的深层原因，并站在与此相对的立场上对广播接收上的专注性做深入探讨。

事实并不难理解，人们之所以能够在收听广播时兼为他事而互不影响，是因为人类听觉具有自动收听声音的功能，声音可以在不知不觉中自动进入人的听觉器官而被传送到大脑。广播体操、歌伴舞等都印证了这一道理。这也是广播对收听条件有着较低要求的原因之一。然而，人们很少注意到，广播的听觉传播特点也在另外的层面上决定了人类在接收广播信息上的专注性。“从传播学的角度来看，广播的听觉优势是人类听觉功能在广播传播过程中的体现。……根据学者的研究，人类虽有视觉和听觉两条通道，但大脑只有一个，感觉器官只有一条通道进入大脑。视觉听觉接收到的信息，只能分别先后进入大脑，不能同时传入大脑。视听结合的接收效果，不可能达到视与听分别取得的效果相加之和。在实际生活中我们往往会有这种体会：专心致志地听广播，听的效果比看电视好。”①人在收听广播时，注意力往往高度集中，听觉区开始兴奋，而语言区等其他区域则处于抑制状态，对于广播中传出的一切声音信息，人们只能完全凭借听觉来感受，视觉不再发挥作用，因此人们对此时获取信息的唯一途径——声音——的注意力是非常高的。哈佛大学行为科学家的研究数据指出：“人与人在面对面沟通时，给他人的观感好坏，有38%决定于说话的语气语调；而在使用电话沟通时，

① 蔡凯如．呼唤听觉——广播传播论［J］．新闻前哨，1994（2）：35—36。

语调及语气便占 75%以上。”①

这一点值得欣慰：广播在接收方式上的非专注性与其在听觉上不受图像干扰的专注性并不是矛盾的，而是共同形成了广播听觉传播的优势。

4. 听觉传播顺应了受众的人本化需求

当今社会是一个“人本位”的社会，处处都在提倡“以人为本”“人性化”“人文关怀”，作为人们获取信息重要工具的大众传媒自然也不能例外。自从有了“绿色食品”“绿色蔬菜”“绿色 GDP”等一系列“绿色”词汇，“绿色媒体”也一度跃入人们的视野，广播很荣幸担此头衔。原因就在于：广播是唯一的听觉媒体。

从人类开启了信息传播的历史至今，听觉和视觉就一直是传递和接收信息的两大主要感官系统。不可否认的是，两者都是十分有效的信息传播和接收途径，但由于视觉信息更加直观、生动，尤其是电视诞生后声画并茂的显著优势，视觉手段一直得到更为广泛的应用：最早的大众传播工具报纸是纯视觉媒体，刊登于其上的静态图文信息均需用眼睛浏览、阅读；电视（包括后来的数字电视、户外彩屏、楼宇电视）提供动态的声画信息，是视听结合的媒体；网络则堪称整合了多种传播手段、提供各类形态信息的“集大成者”，但无论是浏览网页、点击网络视频还是使用互联网的各项其他功能，仍要以“看”为主。这为广播提供了机会：从传媒竞争的角度看，当今盛行于大众传媒舞台上的各类新旧媒体争夺的都是人们的“眼球”，而在注意力成为稀缺资源的时代，这种竞争也会更加激烈；从受众信息接收的角度看，尽管视觉信息有其不可磨灭的优势，但海量的信息、荧屏的辐射、低级视觉信息的泛滥，都会使眼睛疲劳，对人的身心健康造成极大伤害，人们的眼球已不堪重负，迫切需要回归到一个“生态休闲”的时代。在这样的背景下，广播作为纯粹的听觉媒体，无疑可以担负起解放眼球的重任，其声音魅力也更显弥足珍贵。对于广播来说，充分发挥“非视觉媒体”的独特优势，咬紧“耳根”，避开对大众“眼球”的争夺战，不仅是其大胆逆潮而动、拓展自身生存空间的关键，也是其立足“绿色媒体”重任、实现自身文化品位和社会价值的源泉所在。

（三）受众需求下的广播生存空间

听觉传播顺应了人们的多种需求，其重要程度甚至要远远大于我们对它的估计。广播发展至今，对于其生存空间的探究不一而足，但多是立足媒介自身的总结与寻找，很少有以受众为中心的深入挖掘。本书在第一章第三节中专门探讨了基于人类需求和选择的媒介生存空间，便是希望打破这一传统做法，从一个全新

① 徐畅．广播媒体有声语言形象与受众听觉心理探析［J］．青海社会科学，2007（2）：182—184。

的立场——受众的立场上重新认识广播，探寻广播的生存空间。在此，我们需借助一个始于20世纪40年代的大众传播理论——使用与满足理论。

在“使用与满足”研究的视野中，受众成员是有着特定“需求”的个人，他们的传媒接触活动是基于特定的需求动机来“使用”媒介，从而使这些需求得到“满足”的过程。[①] 该理论认为，受者具有能动性，他们是基于自身的心理或社会需求，在多种多样的动机支配下接触大众媒介的。20世纪60年代后，许多学者对此作了进一步的深入研究，总结出受众使用媒介的种种具体需求和通过媒介获得“满足”的几大类型，卡茨、竹内郁郎、多诺休和波姆格林还从各自的研究角度出发归纳出了使用与满足过程的基本模式，大意都是将受众从媒介中获得满足的过程进行概括。在此我们沿用卡茨的经典模式[②]予以说明。卡茨将媒介接触行为概括为一个“社会因素+心理因素—媒介期待—媒介接触—需求满足”的因果连锁过程：（1）起源于社会和心理的（2）需求（3）产生期望（4）这些期望指向大众媒介及其他信息来源，由此而引向（5）不同的媒介接触（或参与其他活动），从而导致（6）需要的满足以及（7）其他的后果，也许大多是无意获得的结果。如果将受众使用广播的情况套入该模式，不难发现，无论是人们的感官需求、情感需求还是注意力需求、人本化需求都是客观存在的，它们既有来自人内心的原因也有来自社会的原因，这些需求有些是潜在的，如感官需求、注意力需求，有些却是实际存在并促使人产生期望的，如情感需求、人本化需求，于是人们开始进行广泛的媒介接触，以寻求能够满足这些需求的大众媒介。最终，广播满足了人们的期望，使这些需求获得满足。至此，我们可以非常肯定地得出结论：无论采用何种载体传递信息，信息的接收主体都是人，只要人类的听觉器官不会衰退，就永远具有通过听觉来获取信息的需求，为满足这种需求，受众就会有主动使用广播的可能性和积极性。从人类信息接收需求的角度看，广播是有其必须存在的理由的——它使人类的需求获得了满足，而这种满足是其他媒介很难或不能实现的。

二、非视觉传播打造广播媒体核心竞争力

前文中我们探讨了广播守护生存空间之本——听觉传播，或亦可称“非视觉传播”。在与其他媒介种群进行对比时，广播表现出的诸多生态位优势事实上都是基于这个根本，其重要性不言而喻。也正是基于此，广播才在多年的发展中累积形成了自己的核心竞争力。

广播媒体的核心竞争力是指“广播媒体在长期经营中积累而成的，能够比其

---

① 官承波．传播学纲要［M］．北京：中国广播电视出版社，2007：180。

② 官承波．传播学纲要［M］．北京：中国广播电视出版社，2007：182。

他媒体更有效地向受众提供产品或服务，并获得盈利和持续发展的能力。广播媒体核心竞争力看不见摸不着，根植于广播媒体的组织文化和价值观中，深深地印上了自身的特殊组成、特殊经历的烙印”①，是其他任何媒介形式都不能替代的。具体来说，广播媒体的核心竞争力表现在以下几个方面。

（一）艺术影响力——听觉形象打造独特媒介审美空间

广播媒介具有运用听觉美感来塑造想象空间的能力，听众对于听觉形象的主观感知塑造了独特的广播媒介审美空间，使广播具备了其他大众媒介难以企及的艺术影响力。

广播依靠“纯声音传播”，其听觉美感可以营造出丰富的想象空间，这是广播媒体艺术影响力的一大来源。声音具有很强的形象塑造力，广播的三大声音符码——音乐、语言和音响相互配合，相互衬托，虽不具备视像传播功能，却为受众展现出一个立体、流动、多彩的听觉世界，打开了一扇自由体验的大门。听众在用耳朵聆听的同时，还能用自己天马行空的想象力去感受声音背后所传达的信息。德国早期电影理论家爱因汉姆曾说：“声音产生了一个实际空间的幻觉，而画面实际上没有这个深度。”② 如果说各类视觉媒体和视听媒体争夺的是人们的注意力资源，那么可以说广播聚焦的则是人们的想象力资源。在当下的“读图时代”，充斥于人们周围的大多都是视觉信息，一方面，想象力资源是一种稀有资源，这使得广播的声音信息于无形中得到增值；与此同时，与难以抓取、相对分散、竞争激烈的注意力资源相比，想象力资源又是一种可以无穷无尽、源源不断获得的可持续资源。无论是在深具感染力的广播剧中，还是在“听妈妈讲故事”和情感类、读诗类节目中，声音作为一种艺术品都可以帮助广播超越一种媒体工具而无限拓展其影响力。

广播声音符号的超时空传播特性也为其艺术影响力的打造奠定了基础。麦克卢汉说：“我们可以从一个非常广泛的范围内听到任何一个方向、任何距离以外传来的声音……而眼睛却是有限的、定向的，在任何时刻都被局限在远远小于听觉世界的一半的范围以内。耳朵是包罗万象的，对无限范围内产生的任何声音都始终是敏感的……声音的基本特征是……它充满空间。”③ 眼睛有时会处于关闭状态，而耳朵却始终是打开的，它不仅能够连续无间断地接收来自任何方向的声音，还能辨别这些声音的位置、远近、强弱等特性。这种“立体”接收为广播的声音创作提供了广阔的空间，也使广播媒体因此具备了无穷的感染力和生

① 丁钊．构建广播媒体核心竞争力的探讨［J］．中国广播电视学刊，2008（4）：17—18。

② 徐畅．广播媒体有声语言形象与受众听觉心理探析［J］．青海社会科学，2007（2）：182—184。

③ 张凤铸．扬声音之优势，增强广播的感染力．广播的创新与发展［M］．北京：北京广播学院出版社，2004：59。

命力。

(二) 情感汇聚力——主观感知性打通受众私密空间

在广播发展早期，收音机还是普通人获取外界信息最重要的来源，“聚众集体收听”是最常见的广播收听形式。后来，电视逐渐取代广播成为家用媒体、“大众”媒体，同时随着收音机的小型化和各类其他终端的出现，广播逐渐发展为对象化媒体、个人媒体。专业台和类型台兴起后，故事广播、情感广播、谈话广播等广播频率和栏目进一步将广播的私密属性体现得淋漓尽致：无论是读者来信、短信互动还是直播间连线，都无须与媒体、与其他听众面对面，人们可以让收音机适应自己的环境；同时，对于广播中的声音，也只需依托于自身的生活经验、经历和价值观、理解力进行主观感知，此时视觉形象的缺失反而带来一大优势——“不见其人，只闻其声”的交流方式具有较小的压迫感和较高的自由度，利于情感类等私密话题的展开，也使广播成为一个良好的倾诉和倾听伴侣。麦克卢汉认为，广播具有深刻介入的力量。“收音机的域下深处饱和着部落号角和悠远鼓声那种响亮的回声。它是广播这种媒介的性质本身的特征，广播有力量将心灵和社会变成合二为一的共鸣箱。”①

(三) 行动驱动力——声音渗透性扩大舆论调集和动员空间

在回顾广播的生存空间演变史时，在其发展不同阶段，我们几乎都可以看到它作为一种强大舆论工具的功能：宗教文化活动中的传经布道，政治活动中的政见宣传（如美国总统竞选通过广播演说、罗斯福通过广播安抚民众、苏联领导人通过广播宣传革命等），战争中的“广播心理战”（如以希特勒、戈培尔为代表的法西斯势力通过广播蛊惑人心、鼓动战争，丘吉尔通过演说传递战斗到底的信念，戴高乐借助广播粉碎兵变，斯大林通过广播鼓舞士气，等等），和平年代用于对外传播的国际广播……广播声音传播的强大渗透性、深入基层的群众性、听声如面的亲切感、引人入胜的感染力都使其在调集公众舆论、影响公众思想、激发公众情感等方面具有其他媒介所无法比拟的影响力。

尼尔森公司曾提出一个成功营销和媒体战略的秘密武器——“3Rs”，即Reach（触达），Resonance（共鸣）和Reaction（行动）。也就是说，有效的营销和广告要触达你的目标受众，影响他们的思想，并最终影响他们的购买行为。广播恰与这“3Rs”实现了完美契合：声音的无边界传播和耳朵的开放性接收保证了声音的触达，声音的形象塑造力和联想激发力很容易使听众产生共鸣，而当触达和共鸣环节完成，广播对人的行动的凝聚力可谓就完成了三分之二。在这方面，恐怕没有比1938年差点毁掉美国的那出广播剧《火星人入侵地球》更能予

① 孟伟．广播听觉传播本质解读［J］．现代传播，2004（3）：63—66。

以说明的案例了——仅仅是通过对声音的精心编排、制作，逼真地模仿新闻，像模像样的播音方式，就让600万名听众信以为真，即使广播在开头、第40分钟和结尾时都声明这是虚构的，还是在那个特殊的年代引起了全美人民的恐慌，其中不可忽视的，便是广播声音的威力。而且，这样的威力不仅可以作用于人的个性，使人有一种接收的私密感，更可以聚合人的社会性，以一种社会动员的方式促成群体性的现实行动。

（四）文化传承力——媒介底蕴延续受众使用的惯性空间

声音，是时间在穿行
声音，是脚步在迁徙
声音，是一个记忆，到另一个记忆
声音，是一个人，到一个时代
声音，从未停止，不断新生

上面这段话是中央人民广播电台2016年战略资源推介会视频《破茧》中的一段配文，可以说，它借助于时间、空间、个人和集体记忆、时代、未来等意象将广播的媒介文化做了极为精要的概括，而所有这些，都浓缩在了一个共同的落脚点——声音上。在某种程度上，通过声音获取信息，这个简单的逻辑便是广播百年来构筑起的一种文化。

人类传播史同时也是一部媒介文明史、媒介文化史，媒介作为一种文化聚合、记录、传播的工具，同时也受到文化的熏陶、影响，形成特定的媒介文化，媒介和文化相互交织、连接又同构。正如口语传播塑造了口头文化，印刷传播塑造了印刷文化，网络传播塑造了网络文化，广播在百年的发展中也形成了自己的广播媒体文化。任何文化都有其传承力，尽管媒介技术在不断变革更新，媒介形态也在不断变化更迭，但任何一种已经形成并被人们所接受和适应的文化绝不会轻易消失，反而会延续、渗透为一种独一无二的文化个性，一方面使旧媒介仍能得以保留，另一方面也对新媒介施加影响。例如，人们已经习惯了阅读纸质书籍，尽管使用智能手机、iPad、Kindle等电子设备同样也可以达到阅读的目的，甚至更为轻简便携，人们却仍会怀念触摸纸张的感觉和实体书散发的墨香，而同时，即便使用电子设备阅读，也会极力将屏幕背景设计为与纸张相仿的样子。与此类似，广播媒体也有一套自己独有的媒介文化，独特的声音传播、口语化的表达方式、古老的收音机，甚至是调频时发出的“嗞嗞”声，都是构成这套文化不可或缺的元素，这也解释了为什么明明是新媒体的豆瓣电台、咕咕收音机却要将外观设计成收音机的样子，大多数网络电台的图标都设计了收音机标志性的麦克风和天线，一些电台甚至在主界面上安放了过去收音机用来调频的圆形旋钮。

除此以外，在信息获取方面，广播的权威性和公信力，以及它曾在人们晨练途中、午后休闲、夏日乘凉、睡前放松等众多生活场景中积累的使用惯性，也会形成一种可传承的文化力量，在听众中间产生广泛而深刻的影响。

（五）灵活应变力——移动伴随性拓展与新媒体结合的发展空间

每当提及广播，移动伴随性都是人们很容易就想到的优势特性。从听众信息接收的角度看，这种移动伴随性带来的好处毋庸置疑：首先，解放了听众的时间，收听广播无须投入复杂的脑力和心理活动，可以边收听边兼为其他事，实现分心收听、“一心二用”；其次，解放了听众的空间，无论是收看电视还是使用电脑上网，都须人与机器建立绝对的连接，开着电视机在屋内走动，便无法获取完整的视像信息，一旦离开电脑，浏览网页的行为就要宣告终止，而不管是要做家务、下楼取快递还是要健身、洗澡，只要你想，广播都可以实现信息的流动接收。

在媒介融合时代，广播简单的技术构成和移动伴随的信息传播、接收方式也让它在与各类新媒体平台融合时具备了更强的适应性和灵活应变力。其一，它对听众时间的解放恰好迎合了当前注意力资源稀缺的媒介现实和人们信息接收的碎片化趋势；其二，它对听众空间的解放也很好地契合了现代人繁忙、快速的生活节奏和经常处于移动状态的事实。更为关键的是，无论移动还是伴随，都是移动互联网和小型智能终端（包括未来的可穿戴式设备）极为重要的题中之义。

第四章　媒介融合环境下广播媒体的生存空间拓展

“物竞天择、优胜劣汰”是自然界的永恒法则。但历数人类传播史上出现的媒介种群，文字传播并未让口语传播绝迹，广播电视也没有将报纸置于死地，而当前的融媒体传播则似乎更趋向于将几种前序的传播与后继的网络互动传播进行一个大融合。在媒介种群之间，生物法则并不完全适用，通过一些手段进行平衡和协调，它们之间的互动共进是完全可以实现的。不同媒介种群、同一媒介种群内的不同媒介之间协调运作、相互促进、共同发展，是一个和谐媒介生态的标志，这就为广播媒体生存空间的多维度拓展提供了理论依据。

在第一章中，本书构建了媒体生存空间的框架模式；第二章则回顾了历史上广播媒体生存空间的演变和发展；第三章又立足于广播媒体，放眼整个媒介生态系统，在比较视野下探究了守护广播媒体既有生存空间的策略。然而，站在理论的制高点上，回顾历史，剖析自我，为的都是更好地创造未来。这中间，还有一个环节不可或缺，那便是：面对现实。

就当前的中国而言，“媒介融合”可谓最重要、最具涵盖力、最能反映媒介发展趋势的“现实”。它甚至可以称得上是人类在经历“铅与火”“光与电”“数与网”之后传媒发展的又一次浪潮，终将深刻搅动、改变整个媒介生态格局。在这样的现实下，广播当然面临更多挑战，但同时，也正是这样的现实，将带给广播难得的机遇。广播的既有生存空间存亡相系、必守无失，但在守护好这块生存空间的前提下，探索媒介融合环境下未来生存空间的拓展，同样具有重要意义。

第一节　聚焦“非视觉”——拓展声音景观中的物理空间[①]

从电子技术的历史沿革来看，在广播之前，人们已经发明了可以传送电码信

---

① 本节部分内容选自本书前期成果：田园．媒介融合环境下广播媒体的非视觉空间拓展［J］．当代传播，2015（6）：81—83。

息的无线电报和可以传送话音信息的无线电话。广播的诞生，或多或少源于人们对“无线电也可以传送音乐且被多人同时接收”的技术可行性想象。就广播自身的进化发展而言，从费森登第一次通过无线电广播向听众传送圣诞祝福，到李·德福雷斯特发明三极真空电子管使电波传输的声音更加放大、接收更加方便，再到之后超短波段用于无线电广播、调频技术发明、立体声广播出现、数字压缩和卫星传播技术兴起，广播的成熟完善本质上都有一条主线贯穿始终，即声音质量的不断提高、声音传输距离的不断扩大以及声音接收体验的不断改进。

然而应当引起警惕的是，当新媒体以不可阻挡之势打乱了既有媒介生态格局后，广播在通过自身的移动化、伴随性等优势探寻与新媒体融合机遇的道路上，有时却难免迷失于“读图时代”的眼球争夺战中，只关注具体的融合模式和形态，甚至盲目追求如互联网一样“可听、可看、可玩”的全能技艺，尽力弥补自身“无影像”的不足，而忽略了声音这一安身立命之本。事实上，“融合”并不意味着就要失去自我，在所有媒介种群中，广播是唯一的“非视觉”媒体，其声音优势不但不应在媒介融合的裹挟下消失，反而完全能够从各个层面得到延伸。声音生态学（Acoustic Ecology）中一直强调一种“声音景观”（Soundscape）的概念，它强调个体和社会对声音环境的感知和理解，广播媒体的物理空间，恰可以在这种声音景观中通过聚焦“非视觉”的方式得到拓展。

一、拓展声音符码中的信息空间

回望人类传播史，在文字、声音、图像这三大符号介质中，声音是最早担负起人类信息传播任务的。这在许多方面均可找到依据：胎儿在母体中，耳朵要先于眼睛发育，并在子宫内感受到母亲的心跳和声音；生物进化过程中，生物体获取食物、逃避灾难、联络同伴，依靠的也是声音；自语言产生到文字发明以前，诸如说话、聚谈、演讲、歌谣、街谈巷议等的口语传播是早期人类社会最为基础和重要的传播方式。可以说，听觉是人类五官官能中最早被发掘、最具实践能动性的存在。

而听觉之所有会有这样的魅力，皆来源于声音符码所具备的一对相反相成的特质——简单性与丰富性。

声音符码的简单性源于人类听觉对声音信息的自动收听功能，对此前文中已有述及，人耳对外界声音的感受是立体、连续和无限的。相较于“读报纸”“看电视”，“听广播”显得更为直接、简单，当报纸、电视纷纷将新媒体所具备的富符号介质纳入自身的传输体系中时，广播以声音为唯一传播介质的特性却“可以成为在融合媒体时代下一种个性化的存在……作为一种专注于声音这一介质的传播载体，其信息传播与其他媒介相比更加具备一种内向的凝聚力，避免了文字与图像融合传播时可能存在的解码分歧乃至核心意义的消解”①。

声音符码的丰富性一方面表现在声音存在形式的多样性，说话、吟诵、歌咏、哭泣、呐喊等都属于声音形式的范畴。音乐广播、相声广播、曲艺广播、外语广播、故事广播等已经成为广播面向特定人群传播的定制化声音符码，而如有声读物、脱口秀以及各类广播剧等的更多音频形式还亟待开发。数字化时代带来了海量信息，媒介融合也让媒介的内容生产变得更为灵活，这使得发掘多种多样的声音素材作为原料构建广播媒体的音频库更具现实可行性。另一方面，声音符码的丰富性也表现在声音经人类听觉接收后对大脑刺激所产生的通感效果。人们“听”声音，却又不仅仅在“听”，而是同时完成了一个“听—感知—识别—感官反应—联想和想象—构筑图景—思维梳理—形成自我认识和理解”的过程。听觉形象的模糊性、声音信息的含蓄性均需人在接收时依靠各种感受之间的互通和经验的联想在头脑中构造虚拟的视觉形象。在媒介融合时代，这种收听的主动性、个性化恰好可以为广播所深入开发，在已进入深度体验与互动期的信息消费时代吸附用户。

二、拓展声音价值中的认知空间

媒介技术变革和媒介形态更迭在推动人类传播活动进步的同时，也在推动着整个人类文明的进化发展，每一种传播方式都以自身独特的传播符号和传播规律形塑着社会景观和人类行为，这便是传播文化。相较于印刷媒介时代注重深度的文字传播文化以及新媒体时代推崇碎片化、快餐化的消费文化，广播的声音传播所带给人们的认知与行为方式是独特的，而广播若想在媒介融合时代拓展自己的生存空间，就首先要对其声音中的独特认知价值做进一步挖掘。

首先，广播的声音传播是依赖于语言的。相对于偏向为人们带来视觉满足的影像传播，广播的有声语言传播不仅能够描述信息，还能为人们提供思考的空间。在文字出现以前的“口耳相传”时代，智慧、文化的存储、传承无法使用文字记载，只能依靠头脑记忆，而通过创造音韵以便于记忆的歌谣、民间传说、说书人故事等便成了文化保存的最重要方式。因为有了“外挂”的辅助记忆设备，通过文字获取的信息可能会被轻易遗忘，而通过声音获取的信息却更容易被记住。前文中提到的麦克卢汉所谓的重新部落时代的听觉空间（acoustic space），强调的正是以广播的声音传播为代表的浸入式、全息化融入的传递与接收信息的模式，这与当前新媒体时代人们浏览网页、划动手机屏幕的信息接收模式形成了两种截然不同的体验。

① 欧阳宏生，朱婧雯．环境互动与声音编码：认知诉求下广播传播的二元分析［J］．中国广播，2014（11）：28—32。

其次，广播的非视觉化特征所引发的联想与想象更容易刺激人们创造性思考和个性化认知空间的打造。如前文所述，广播不以文字、图像等任何有形符号为传播介质，而声音可以让处于不同年龄层次以及拥有不同知识背景、人生经验、性格特征的听众完全自由地在自我头脑中构筑起个性化景象，进行没有符号干扰的理智思考和自然联想，这更加有助于理性精神的构建。“仅从这一点上看，广播甚至是比文字报道更需要思考质量的媒介，被称为‘是一种刺激智力思考的媒介’。”①

最后，广播注重心灵沟通的人文意识有助于个体当下的身份和生存感确认。相较于画面，声音具有更好的介入性，而耳朵又具有强烈的主观感知性，听广播能够为我们营造一种与广播主持人的“一对一”交流感，而看电视却不会带给我们这样的感受。在这种情况下，广播媒体所提供的内容的重要性反而退居其次，相反，它通过一种“节奏”的提供，“使独立的个人通过媒介的参照，体会到时间的流动……这种参与感是潜在和隐含的，无须主动地发表意见，而是收听了就意味着参与了的一种社会公共活动，社会确认感也就得到了实现”②。

由此可见，坚守非视觉传播的广播实则是一种有助于培育社会理性精神和人文精神的媒体，而这也正是当前社会所普遍欠缺的。如何借助新的技术手段和平台工具更好地发挥出这部分价值，是广播媒体在媒介融合时代拓展自身生存空间所面临的重要任务。

三、拓展声音传播中的美学空间

保罗·莱文森曾提出著名的“玩具—镜子—艺术”观点，用以描述媒介自身的演进。他认为，任何媒介技术的初生阶段都是以玩具的形式出现，人们因其好玩而非其所传达的内容喜欢它们，此时，内容是被技术压制的；当人们习惯了新技术，好奇心和娱乐心理得到充分满足，才开始注意起媒介传达的内容，像镜子中的影像一样用其来复制现实生活，此时玩具才转向镜子；而镜子若想完成向艺术的质变，则“不但要能够复制现实，还要能够以富有想象力的方式重组现实，想象力是艺术的本质特性”③。

从这一角度看，并非所有媒介都能完成从玩具到镜子，再到艺术的转化，尽管目前新媒体的发展如火如荼，但充其量也只是“镜子”，还远未达到“艺术”的层面。然而广播则不然，“从以放唱片为主的‘广播式娱乐’到带着耳朵去剧

---

① 姚争．“后广播时代”的简媒体艺术——新兴媒介竞合下的广播［J］．现代传播（中国传媒大学学报），2014（1）：77—80。

② 孟伟．新媒体时代社会理性精神的重建——以广播声音传播为例［J］．现代传播（中国传媒大学学报），2011（8）：117—120。

③ 陈功．保罗·莱文森的媒介演进线路图谱［J］．当代传播，2012（2）：27—38。

场的‘空中剧场’，最后发展成独具魅力的广播剧和富有中国特色的电影录音剪辑”①，它早已通过与音乐、戏曲等艺术的融通发展为一种独特的艺术形式。可以说，在这一发展转化过程中，其声音优势起到了至关重要的作用。在媒介融合时代，更富生命力的技术和更具互动性的平台赋予了广播声音要素更多的选项，而若想更好地实现“融合”，进一步拓展广播的“非视觉”空间，对听觉美学的关注一定是必不可少的。

一方面，从生产美学的角度看，由于声音是由物体振动引发空气运动而产生的，因此声音具有空间特性。1968 年，加拿大作曲家谢弗（R. Murray Schafer）提出了“声音景观”的概念，指的是“一种强调个体或社会感知和理解方式的声音环境”②，其思想来源之一便是麦克卢汉对现代文明过于重视视觉元素而对所有感官重建的呼吁。此后，有关声音景观的研究逐渐增多，其中，美学思想的运用便是其一，即强调声音美对人们的意义。有学者认为，声音的空间特性包含了空间感和环境感两个方面，并总结出将美学思想融入声音空间构建的三个层次③：第一层次，还原真实，体现声音真实之美，即所谓“闻声见景，听声见形”；第二层次，提炼典型，以点概面针对某一地域或者某一场景最有特点的声音进行探索，并用这种典型性的声音进行空间场景的塑造；第三层次，创造超时空，用声音创造一个不存在的空间。声音是广播媒体的灵魂所在，究竟还有哪些手段可以更好地建构声音空间，传播怎样的声音才能营造出美的声音景观，是广播在新时期需要深刻思考的课题，而听觉美学这块未知领地的开掘也将是广播媒体在媒介融合时代的重大机遇。

另一方面，从接受美学的角度看，由于存在方式不同，相较于视觉，听觉是一种时间的艺术，这决定了二者不同的审美作用。“人们在视觉感知中感受的是客观的有距离感的事物，而听觉感知则没有和审美对象的距离，听觉常常是被动的毫无保留的全盘接受。”④ 正是由于人们听觉感知强烈的主观性、私密性、自由性以及多元性，听觉感受中才蕴藏了独特的审美价值。有趣的是，新媒体的深度互动精神带来的恰恰是美的生产者和消费者边界的消失，他们之于美感体验的参与是共同的、彼此相连的，“这样的审美不是静观和沉思，也不是单向性的，而是多元的和动态的，是无边的和开放的，生产和消费存在于一种流变的动态关系之中。似乎可以这样说，‘审美’更多的是在‘感受美’，美感产生于感受的

---

① 姚争．“后广播时代”的简媒体艺术——新兴媒介竞合下的广播［J］．现代传播（中国传媒大学学报），2014（1）：77—80。

② 孟子厚，安翔，丁雪．声景生态的史料方法与北京的声音［M］．北京：中国传媒大学出版社，2011：3。

③ 彭碧萍．声音的空间构建美学［J］．传播与制作，2012（3）。

④ 邹琳．听觉审美：文艺美学的关注方向［J］．北方论丛，2009（1）：16—18。

经验而非审视当中”[①]。这正与广播的听觉美有异曲同工之妙，也是广播在媒介融合之路上不应错过的亮点。

四、拓展声音变迁中的文化空间

声音的接收依赖于听觉，因此，声音的空间特性也便决定了听觉的空间特性。由于耳朵是开放的、发散的，因此麦克卢汉眼中的听觉空间是有机的、流动的，并通过电子媒介的放大、加工、复制、扩散与现代文化空间相互交融，这也成为我们对听觉进行文化解读的绝佳注脚。当代法国史学家阿兰·科尔班（Alain Corbin）通过研究表明：“历史性与社会性不是游离于听觉本体之外的外壳，而是听觉变迁的内在原因，因为听觉本身就是不断被文化所建构的，包括声音意义的赋予、倾听的方式、声音的内容和听觉的主体。”[②]

人类传播的历史表明，是时代和社会的变迁造就了信息，而大众对于信息的需求激发了传播活动，技术的进步推动了传播活动和传播媒介的进化发展，反过来，传播活动和传播媒介又在潜移默化中塑造了一个时代中人们的行为方式、社会文化和精神世界。德国哲学家沃尔夫冈·韦尔施（Wolfgang Welsch）提出可以从两个方面[③]来定义听觉文化：一方面是我们要把听觉作为文化调整的媒介，确确实实要把它当作一个新文化中的主导意义；另一方面则是我们限制在现存的文化内部，来改善听觉的条件，后者对于一个事实上剥夺听觉权利、听觉衰退的文明来说，同样是至关重要的。由此可见，所谓听觉文化，不仅包含了声音本身，而且关注了声音与社会、声音与人的关系。

在现代听觉空间的变迁中，广播所扮演的角色无疑是举足轻重的。诞生之初，它更多作为一种通信工具而存在，声音可以不受天气影响、不受时间限制地实现长距离通信；战争来临，广播声音传播的快捷性、声音号召的感染力、听觉接收的浸入感等优势又分别在重要信息传递、战时动员演说及类似“炉边谈话”的传播活动中得以充分发挥；当真正的广播业建立起来，报纸开始与其展开“对战”时，广播又凭借其与新闻报道规律不谋而合的天然优势在新闻报道领域大放异彩；电视诞生后，广播则在其冲击之下开发出更多娱乐功能，并将声音从客厅转移到车厢。广播的整个发展史，便是一直在尝试采用不同的听觉手段实现现代社会的“重新部落化”。如今，媒介融合为广播带来了更多的声音接收终端，现代人对听觉空间的需求更加私密化且更具流动性，“现代社会的听觉空间变成了越来越复杂的交互式结构，它一方面一如既往地服务于个体所需要的自我身份塑

① 刘自力．新媒体带来的美学思考［J］．文史哲，2004（5）：13—19。

② 王敦．流动在文化空间里的听觉［J］：历史性和社会性．文艺美学，2011（5）：14—21。

③ 沃尔夫冈·韦尔施．重构美学［M］．陆扬，张岩冰，译．上海：上海译文出版社，2002：211—212。

造辨识，另一方面不断以虚拟的和实际的方式重塑听觉社区，使个体经历着比传统听觉社区更复杂的选择和更多重的身份”①。在广播与新媒体、与数字技术融合的背景下，听众在以一种怎样的方式和心态收听广播？声音符号应如何予以更好地解读和阐释？当代文化语境中的声音与社会、声音与人以及听与被听是怎样的一种关系？这些都将值得广播媒体深入探索。

新技术总是为人们带来惊喜，然而并非所有与新技术的嫁接都能带来生命力，无论对广播媒体还是对其他任何媒体来说，能够保证其长久生存下去的关键还在于人，即是否满足了人的需求。“只听不看是一个普遍存在的、自然的、‘前科技’的人类传播模式，然而只看不听则不然……广播存活下来并且在某些方面甚至超过了它的竞争对手，正是由于它从最开始就满足、接近、涉及一个基本的人类传播模式。”② 声音之于广播，是一个本质性的存在，只要有人类的听觉需求在，广播就会永远存在下去，而媒介融合时代广播媒体若想拓展自身生存空间，自然也应当以声音这一本质为起点。

第二节　强化“新组合”——重整融合共进中的资源系统

尽管电视的诞生曾给广播带来毁灭性冲击，但熬过这一危机之后，广播依然和电视一起站在了主流大众传播媒介的行列。然而，新媒体的兴起却很快使广播不得不带上“传统媒体”的标签。事实上，媒介融合时代不仅是一个被人定义的时代，也是一个需要重新自我定义的时代。媒介融合给广播带来的生存空间拓展，首先就体现在它为广播重新开发、重组、整合自身的媒体资源提供了机会。

一、重新开发内容资源

“内容为王”一直是被包括报纸、广播、电视在内的传统媒体奉为圭臬的媒介运行法则，尽管最近几年在“渠道制胜”“终端制胜”的新媒体世界中稍显暗淡，但仍不失为广播诞生至今所积累下来的最为重要的核心资源，为其生存与发展提供着后劲。尤其是在版权问题日益受到重视的当下，广播成熟的专业团队所生产出的权威性、专业化内容就更显弥足珍贵，这部分资源如果能在媒体融合时代有效加以利用，将对广播的生存空间拓展意义重大。

（一）内容资源的定位与选择

内容资源的定位与选择，即为听众提供什么样的内容。传统广播所提供的内

---

① 王敦．流动在文化空间里的听觉：历史性和社会性［J］．文艺美学，2011（5）：14—21。

② 保罗·莱文森．软边缘：信息革命的历史与未来［M］．熊澄宇等，译．北京：清华大学出版社，2002：98—99。

容已经涵盖了新闻、音乐、娱乐、教育、故事、交通等方方面面，那么媒介融合还为广播的内容选择带来了怎样的机会呢？

首先，从内容资源的类型上看。就来源而言，目前音频市场上主要存在以下几种音频内容类型：第一，用户生产内容（User Generated Content，UGC），这类内容依靠用户自行生产上传到平台，生产简便易行，门槛也相对较低，只需一台电脑或一个有录音功能的手机便可实现，在增强与用户互动、提高用户黏性的同时还可以规避版权问题，但缺点是音频质量堪忧，且用户难以维系；第二，专业生产内容（Professionally-generated Content，PGC；或称 Professionally-produced Content，PPC），他们是 UGC 中的一个分支，既属于平台用户，但又非普通用户，而是具有专业背景，生产相对专业的内容上传到平台，这类内容多专注于垂直领域，有效克服了 UGC 的音频质量不高问题，是当前各平台所期望实现的理想模式，不过愿意免费提供 PGC 内容的专业用户较少，而若想留住这部分用户就必须购买版权，这样就提高了实现成本；第三，职业生产内容（Occupationally-generated Content，OGC），他们同样具有专业背景，但与 PGC 出于兴趣和自愿的智力贡献不同，他们以贡献内容为职业，且要领取薪酬，目前多为各平台自身投入资金，自制或引入高品质的原创内容，在 UGC 难以依赖，PGC 又难以形成规模的情况下，OGC 成为当前许多平台拉动流量的一种方式。近年来，渠道对内容的塑造力更强，内容业背后的生产关系也更为复杂，形形色色的内容资源类型（见表 4-1）都或多或少影响着音频内容的生产。

表 4-1　部分新型内容资源类型一览①

内容资源类型	含　义	特　点
DGC（Data Generated Content），数据生产内容	通过人群信息的采集匹配平台自由数据库，以生成用户所需内容	强调对数据的采集与加工，除了热点挖掘，行业发展白皮书、信息图表、交互式呈现等都是高度应用领域
MGC（Machine-generated Content），机器生产内容	写作机器人	机器人通过识别数据产出稿件
IGC（Intelligence Generated Content），智能化内容生产	围绕“智能编辑部”（Smart Newsroom）展开的内容业务，以智能化技术为基石，以人机协作为特征，以提升内容生产与传播效率为目标	能够包含写稿机器人这一生产环节，强调整个内容生产流程与组织结构的灵活高效

① 腾讯传媒．内容业核心逻辑正在迁移？层出不穷的“XGC”如何改变潮水的方向［EB/OL］．全媒派微信公众号，2017-4-24。

续表

内容资源类型	含　义	特　点
CGC（Consumer Generated Content），消费者生产内容	一切具有消费评价或再创作性质的内容，如电商网站的商品评论、电影社区里的影评和问答、社交媒体上的餐厅吐槽……	用户评价信息集成；社交平台扩散；消费者主体叙事；倾听意见反馈；与消费者对话
BGC（Brand Generated Content），品牌生产内容	企业为主体的内容生产	在强烈的价值认同感中完成消费行为的自我满足
KGC（Key Opinion Leader Generated Content），意见领袖生产内容	以某领域的头部用户或意见领袖（KOL）为主体的内容生产	常用于二次元、游戏等产业，包括高品质的翻唱、同人、cosplay等原创内容，而这些头部UP主们（KOL）则被称为“大触”
TGC（Team-generated Content），协同式跨团队内容生产	指分布式协作，强调跨地域跨时空的内容协同生产	其协作模式中蕴含着社区协作和知识众包的力量。个体拥有的知识经验能够借助社交媒体、网络社区等平台进行传承和积累

不过，对于传统广播电台来说，尽管之前还没有这样一种名称，但OGC确实是其与生俱来的内容资源类型：广播新闻工作者在各自的职能部门各司其职，从事广播新闻的采编播工作，将内容呈现给广大听众，这实际就是一种OGC的形式。后来，媒介融合加速了平台多样化和受众需求多元化的趋势，一些自媒体音频分享平台凭借新鲜一时的UGC“噱头”迅速兴起，如荔枝FM最初主打的就是“人人都是播客”的理念，这让部分传统广播不甘落后，也开始注意吸收少量UGC内容，但总体而言，UGC仍是自媒体音频平台的天下。

不过，UGC自始至终都存在着版权隐忧。2015年，先是音频市场的几大领先企业喜马拉雅FM、考拉FM、蜻蜓FM、荔枝FM掀起版权大战，接着是国家版权局下发《关于责令网络音乐服务商停止未经授权传播音乐作品的通知》，明确自当年7月起启动规范网络音乐版权专项整治行动。至此，在原先发展势头令传统广播艳羡的音频自媒体领域，潜伏已久的版权问题到了不得不过问的时候。在此背景下，蜻蜓FM、喜马拉雅FM相继宣布其内容的PUGC战略，邀请传统电台主持人、专业声音玩家以及自媒体关键意见领袖（Key Opinion Leader，KOL）专门为其在线制作内容，打造基于PUGC的互联网“声态圈”。

从上述分析中可以看出，在众多内容资源类型中，既能共享高质量内容又无须平台为此支付报酬的PGC显然是最受欢迎却又最为稀缺的一种资源，由此，争夺更多的PGC就成为音频领域竞争的焦点。然而从本质上说，作为PGC和UGC合体的PUGC战略其实与它的两个“前身”并无根本不同，从UGC向PGC

转型更像是音频自媒体的一个美好愿景。这样的情形正为传统广播创造了机会，当音频自媒体都在忙着沿“以 OGC 聚拢大量用户→在用户中培养更多 PGC→PUGC”的漫长路线前行时，传统广播实则已经具备了实现 PUGC 最重要的基础：众多品牌节目多年经营积累下的庞大听众群；大批优秀、专业的主持人。也就是说，UGC 诚然是互动性相较新媒体稍差的传统广播值得借鉴的模式，但除此之外，鼓励明星主持人或知名节目主持人在传统广播的新媒体平台之上以个人名义生产自制内容，也不失为一条能扬己之长的路径选择，因此这也成为传统广播拓展内容资源的着力点之一。上海广电的阿基米德走的就是一条基于 PGC 的音频社群之路，蜻蜓 FM 上的合作系列节目青音、海阳现场秀、大铭脱口秀、李峙的不老歌等都是这类模式的代表，这部分内容资源若能为传统广播自己所用，无疑将吸引更多听众，对广播将听众转化为粉丝、构建新的商业模式也具有重要价值。

其次，从内容资源的范围和层次上看。除了日常新闻、娱乐、教育等信息的提供，一方面，传统广播也可以广泛挖掘一些当前在音频自媒体上广受欢迎的内容，如广播脱口秀、有声小说、新型广播剧、诗歌、公开课等。此外，广播剧也是一个有很大潜力可挖的音频市场。2014 年，美国芝加哥电台广播节目《美国生活》（*This American Life*）旗下的罪案类广播剧《系列剧》（*Serial*）在第一季播出时就创造出单集下载量超百万的纪录，同时在 iTunes 中也有着惊人的下载量和在线收听量，仅靠粉丝捐助就获得了可观的收入；2015 年，该剧将要续播的消息一出，便即刻引发美国社交媒体上的“狂欢”，甚至各大媒体也加入报道，广播剧已然成为人们争相“追捧”的时尚娱乐消费品。这种火热的场面与广播剧在我国的冷清形成了鲜明对比。诚然，这与美国播客产业发达、受众基础良好不无关系，但就《系列剧》本身而言，其“剧”式叙事与真实新闻调查内核的结合、让人欲罢不能的悬疑设置、剧中对各类声音元素的熟稔运用等都是值得我们学习和思考的地方。在英国，广播剧得以搭上人工智能的快车。2017 年 11 月，BBC 播出了其自称“首个交互式广播剧”——《检查室》（*The Inspection Chamber*），这是一部适用于亚马逊 Alexa 设备的试验性体验广播剧。这部科幻喜剧由 BBC 的研发部门（BBC Research and Development）和英国声音科技公司 Rosina Sound 合作推出，通过与智能音箱互动，用户可以在剧中扮演一个角色，与故事中的人物直接对话，同时，故事中也会向用户提出一系列问题，用户的答案会对下一个情节产生直接影响，并最终决定故事的走向。BBC 还设计出一套软件，可以让故事在不同的设备上同时播放。① 而回望我国，其实并不乏故事资源和声音

① BBC 做了一个可以互动的广播剧，主要表现在对话上［EB/OL］，http：//www.qdaily.com/articles/44952.html，2017-09-08。

资源，缺的只是对题材的敏锐挖掘和对素材的精心制作，国外广播剧的成功也提醒我们：只要立足于我国国情，去研究、制作、挖掘一些适合本土受众、具有吸引力的广播剧，同样可以将这块市场做强做大。比如，2017年，中央人民广播电台中国之声创新性地以“录音报道+历史广播剧”的形式推出的新闻广播剧《遇见海昏侯》，首次引入广播剧作为新闻报道的一部分，大获好评，获得2017亚广联创新节目奖。

图4-1　系列新闻广播剧《遇见海昏侯》第一回海报

另一方面，还可以打造一些从上至下的音频内容体系。如目前已经在做的国家应急广播、中国高速公路交通广播等。2013年，中央人民广播电台国家应急广播中心揭牌，我国的国家应急广播建设从此启动，在媒体融合发展的推动下，还专门设立了国家应急广播社区网、国家应急广播官方微博、微信公众号及移动客户端。而中国顶级交通广播的打造也有与“智慧交通建设”相结合的便利性，继2012年中国高速公路交通广播正式开播后，2015年6月29日，央广传媒发展总公司又与国高网路宇信息技术有限公司签约，组建了中国高速公路交通广播运营公司，未来高速公路交通广播前景可观。像上述这种全国性的服务型音频体系内容搭建均是对广播来说非常重要而新媒体又很难提供的。

目前，另一个重要体系是音频资源库体系，2015年，中央人民广播电台10家频率联合推出《致我们正在消逝的文化印记》，以“广播纪录片”的形式挖掘、寻访中华大地上那些正在消逝的声音遗产、声音文化。这种内容具有强大的后备资源库，有源源不断的素材可挖、可做，借助新技术实现文化遗产的数字化，再借助新媒体平台将这些数字化的文化遗产传播出去，不仅具有文化价值，也具有社会意义。本书前文中提到的“中小学语文示范诵读库”以及中央人民广播电台的“全民有声阅读工程”等声音精品工程，均是这类音频资源库体系的范例。

（二）内容资源的生产

内容资源的生产主要包括两个方面，即如何生产内容和生产什么样的内容。

媒介融合为广播内容生产带来的变革首先是内容生产方式的变革。最早，广播的生产是“前店后厂”的作坊式生产，后来，逐渐发展为工厂化生产。工厂化生产的内部，又包含了两种具体生产方式的演化：其一，并联式生产，即依内容划分节目组，各节目组相互独立，生产自己的内容，不同节目组之间不发生关联；其二，串联式生产，即依生产流程划分部门，各部门负责自己流程之内的工作，进行流水线式的分工生产。这两种生产方式各有利弊，然而，它们却都不再能满足媒介融合时代的节目生产需求。

2007 年，面对新的媒介生态环境，世界上最大的广播电视播出机构 BBC 开始重新组合自身的广播、电视、网络三大部门，创建了一个融媒体新闻生产中心，其中的多媒体新闻编辑部（Mutimedia Newsroom）堪称新闻生产流程再造的一个范本（如图 4-2、图 4-3）。

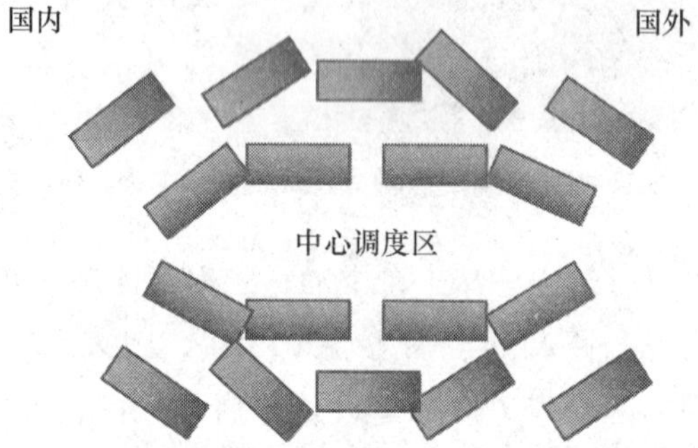

图 4-2　BBC Mutimedia Newsroom 简图

图 4-3　BBC Mutimedia Newsroom 实体图

如图 4-2 所示，新的多媒体新闻编辑部以中心调度区为核心，是辐射式的，左半边是国内新闻区，右半边是国际新闻区，内容生产上从选题、制作到合成与播出均奉行一种“融媒体思维”：新闻选题首先被制作成要闻清单登录台内网络平台供各媒体、栏目和语种平台选用，各部门通过主编筛选、编前会讨论等环节进行综合调度，被选中的选题以新闻素材的形式进入多媒体融合数据库，这个数据库中的新闻素材经进一步的新闻价值选择、技术质量选择等几级分拣后又进入不同媒体各自的新闻素材库，进行统一初编和加工后进入精编素材库，供不同媒体各取所需，最后合成播出。这种新的内容生产方式缓解了过去因各部门和媒体平台各自为战而造成的大量内耗和重复做工，而统一制作班底和新闻素材的循环利用也大大提高了生产效率，降低了生产成本。

生产方式确定了，接下来就是要考虑生产什么样的内容。综合受众的接收习惯和广播的输出终端，媒介融合时代广播所生产的内容应当是符合以下特征的：第一，碎片化（或称快餐化，即能在短时间吸引注意力）；第二，可听性强（即需求指向明确，满足实用性、趣味性、贴近性或某一个性化需求）；第三，互动性（内容本身包含互动性元素或获取内容的过程具有互动性体验）；第四，差异化（与其他媒介种群或种群内部的其他媒体对同一内容的呈现形成区隔）。

（三）内容资源的编排/呈现

在诞生之后的相当长一段时间内，广播一直是按时段编排所有综合性节目内容的。频率类型化和专业化之后，广播的节目编排开始有了以内容为导向的划分，但各频率内部的编排仍大致上以“黄金时段”与“非黄金时段”的分化为主。然而在媒介融合的环境下，这种大而化之的内容编排方式却面临着诸多可以创新和改变的机会。

首先，是传统广播平台上对所谓“黄金时段”与“非黄金时段”概念的重排、细排。据我国 2016 年的统计资料显示，广播全天主要有两个收听高峰——早高峰和傍晚高峰，分别在 08：30 左右和 18：30 左右，12：00 左右也形成了一个小高峰。但是除了早高峰较为明显以外，其他两个高峰与白天其他时段的收听率没有拉开明显的差距，除了晚上收视高峰（21：00 以后是收视高峰，广播的听众相对较少）以外，其他时段已经没有很明显的收听低谷，可见，广播听众的收听时间日趋碎片化，呈不固定趋势。[①] 过去，广播主要将自己的注意力用来开发“黄金时段”，集中力量去编排黄金时段的内容资源，反而忽略了非黄金时段的重要价值。而事实上，在听众需求日益个性化、多元化的当下，“非黄金时段”也具备其不可忽视的价值。针对这样的情况，前中央人民广播电台广告经营中心主任周伟提出分别针对两种时段的“混搭型编排”，即黄金时段播出满足所

① 黄学平．2017 年中国广播收听市场年鉴［M］．北京：中国传媒大学出版社，2017：15—16。

有人一类需求的类型化节目，非黄金时段播出满足一类人所有需求的对象化节目，同时注意自制节目与外购节目的混搭、本地或独有内容与共性内容的混搭。国外许多广播电台都巧妙利用不同时段的受众特点进行节目编排。日本的知名老年广播节目《广播深夜便》就是将传统意义上人们所认为的“非黄金时段”利用起来创造了价值。英国 BBC Radio 4 的节目编排素来具有很强的时间意识，在此选取该频率一天的节目时间表为例予以说明（见表 4-2）。

表 4-2　BBC 广播四台节目单（BBC Radio 4 Schedule）（2016 年 2 月 29 日星期一）

凌晨（EARLY）	
00：00	“午夜新闻”（Midnight News）：新闻类节目，BBC Radio 4 的最新国内国际新闻
00：15	“思想纵横”（Thinking Allowed）：文化类节目
00：45	“上周日钟声”（Bells on Sunday）：来自德文郡塔维斯托克 St. Eustachius 教堂的钟声
00：48	“航运预报”（Shipping Forcast）：新闻类节目，最新航运信息预报
01：00	“BBC 全球服务节目精选”（Selection of BBC World Service Programmes）：新闻类节目，BBC Radio 4 连接 BBC 全球服务
05：20	“航运预报”（Shipping Forcast）：新闻类节目，最新航运信息预报
05：30	“简明新闻”（News Briefing）：新闻类节目，BBC Radio 4 的新闻
05：43	“每日祈祷”（Prayer for the Day）：宗教类节目，每日祈祷和沉思
05：45	“今日农业”（Farming Today）：新闻类节目，关于食品、农业和农村的最新消息
05：56	“天气”（Weather）：针对农业的最新天气预报
05：58	“今日推特”（Tweet of the Day）
早间（MORNING）	
06：00	“今日”（Today）：新闻类节目，早间新闻，包括体育台、天气、今日思想
09：00	“一周之史/启动周”（Start the Week）：文化类节目
09：45	“一周书目”（Book of the Week）：文化类节目
10：00	“女性时间”（Woman's Hour）：生活类节目，探讨女性话题，提供女性的视角看世界
10：45	“15 分钟剧”（15 Minutes Drama）：文化类节目
11：00	《怪兽惊魂》（*The Untold*）：文艺类节目，短剧
11：30	《多特》（*Dot*）：文艺类节目，短剧
下午（AFTERNOON）	
12：00	“新闻摘要”（News Summary）：新闻类节目，BBC Radio 4 的最新国内国际新闻
12：04	“失落的博物馆藏品”（Museum of Lost Object）：文化类节目
12：15	“你和你身边”（You and Yours）：新闻类节目，消费者新闻和相关讨论
12：57	“天气”（Weather）：最新天气预报
13：00	“看世界”（World at One）：新闻类节目，新闻和最近事件的严肃分析

续表

下午（AFTERNOON）	
13：45	“化身：50大伟大人物中的印度”（Incarnations：India in 50 Lives）：文化类节目，通过50名非凡人物讲述印度的历史
14：00	“弓箭手”（The Archers）：文化类节目
14：15	“戏剧”（Drama）：文艺类节目
15：00	“英国大脑”（Brain of British）：文化类节目，历史悠久的大众知识测验
15：30	“食品计划”（Food Programme）：文化类节目
16：00	“出埃及记”（The Art Exodus）：文化类节目
16：30	“难以置信”（Beyond Belief）：宗教讨论节目
17：00	“下午新闻”（PM）：新闻类节目，访谈，新闻背景和分析
晚间（EVENING）	
18：00	“6点新闻”（Six O'Clock News）：新闻类节目，BBC Radio 4的最新国内国际新闻
18：30	《等一下》（*Just a Minute*）：文艺类节目，短剧
19：00	“弓箭手”（The Archers）：文化类节目
19：15	“前线”（Front Row）：文艺类节目，艺术新闻、访谈和回顾
19：45	“15分钟剧”（15 Minutes Drama）：文艺类节目
20：00	“欧洲：我家门口的陌生人”Europe：Strangers on My Doorstep）：新闻类节目
20：30	“分析”（Analysis）：新闻类节目
21：00	《癌症探测》（*Cancer Moonshot*）：文艺类节目，短剧
21：30	“一周之史/启动周”（Start the Week）：文化类节目
21：58	“天气”（Weather）：天气信息
22：00	“今夜时间”（The World Tonight）：新闻类节目，全球视角的深度报道和分析
22：45	“睡前阅读”（Book at Bedtime）：文化类节目
23：00	“‘口’里的世界”（Word of Mouth）：文化类节目
23：30	“今日议会”（Today in Parliament）：新闻类节目
夜间（LATE）	
00：00	“午夜新闻”（Midnight News）：新闻类节目，BBC Radio 4的最新国内国际新闻
00：30	“一周书目”（Book of the Week）：文化类节目
00：48	“航运预报”（Shipping Forcast）：新闻类节目，最新航运信息预报
01：00	“BBC全球服务节目精选”（Selection of BBC World Service Programmes）：新闻类节目，BBC Radio 4连接BBC全球服务
05：20	“航运预报”（Shipping Forcast）：新闻类节目，最新航运信息预报
05：30	“简明新闻”（News Briefing）：BBC Radio 4的新闻
05：43	“每日祈祷”（Prayer for the Day）：宗教类节目，每日祈祷和沉思
05：45	“今日农业”（Farming Today）：新闻类节目，关于食品、农业和农村的最新消息
05：58	“今日推特”（Tweet of the Day）

从表4-2可以看出，BBC广播四台（BBC Radio 4）具有鲜明的“时间版面”意识，06：00—11：30为早间版块，12：00—17：00为下午版块，18：00—23：30为晚间版块，00：00—05：58为夜间版块，每个版块均由不同类型和特色的新闻类节目和文化、文艺类节目穿插组成，节目与节目之间的时间划分非常细致，甚至具体到两分钟，同时各大时段版块内部的节目设置也尽量照顾到该时段听众群的生活规律和收听习惯，整个编排显得层次分明，也便于具有不同人口学特征的听众群根据自己的喜好有针对性地收听，形成与广播电台的“约会意识”，增强收听忠诚度。BBC Radio 4的时间版面划分启示我们要对听众的收听习惯和生活表进行更加细致地挖掘，以确保巧妙、合理、贴心地进行节目编排。目前，许多国外电台已开始尝试应用多节目表，例如日本广播多采用一周三到四张节目表的编排模式，分别是工作日周一到周四一张节目表，周五一张节目表，周六、周日分别有一张节目表。① 有学者甚至根据相关调查提出，由于周五下午人们工作生活特征开始转变，因此可以考虑将周五下午的节目独立出来进行有针对性的特色优化编排。对诸如此类特色化时间段的挖掘，正是未来广播电台创新内容编排的重要突破口。

其次，是以微信为代表的社交媒体平台上的“语音+文字”式编排。即时通信应用微信的红火及其强大用户聚合能力使得入驻微信、开通公众订阅号成为传统广播新媒体化的重要方式。借助微信公众号，传统广播信息推送的时效性、有效触达率都得到进一步提升，同时，在微信平台上与听众见面的信息可以更加轻松、活泼，通过微信的关键词自动回复等功能，还能与听众开展更加个性化、智能化的互动活动，甚至探索出一些充分调动听众主动性的节目。就目前来看，尽管总体而言微信为传统广播提供了包括文字、图片、视频、超链接等多种手段在内的富媒体信息传播形式（包括小程序），以进行节目预告、精品推荐、栏目导读、传统节目的捆绑式宣传等，但除了纯文字信息外，主要的节目编排方式仍以“语音+文字”为主，即开头部分嵌入语音模块，下面紧接着语音内容的文字版，如图4-4所示“中央广电总台中国之声”的微信公众号。

在这种编排方式中，用户点击嵌入的音频模块，便会听到相应的音频节目，同时也可以在页面下方浏览到与音频内容相同的文字版，如果用户需要边收听边使用微信的社交功能，也可以方便地回到微信主页面；如果用户喜欢该音频内容，可以通过页面右上角的“…”按钮将该内容发送给微信好友或分享至微信朋友圈。这种编排方式的优点是形成了一个在社交平台上随播随听随看的“收听—分享”闭环，如果节目足够精彩或足够吸引人，那么用户自己就会在社交平台上完成节目的二次甚至多次传播。但若从用户体验的角度来看，仍有尚待探索

① 张彩. 2015年广播节目形态观察与思考［J］. 中国广播. 2016（2）：27—31。

图 4-4 “中央广电总台中国之声”微信公众号“语音+文字”的节目编排

之处：第一，微信的语音功能与广播的声音传播具有如此高的契合度，只用“语音+文字”的方式呈现节目过于简单，应有一些更具创意的形式被挖掘出来；第二，目前微信尚不能支持同时选听多条音频，即正在播放的音频条有且只能显示一个，而不能像通常的播放列表那样收听一个时暂停另一个，如果用户已经选择了一条广播音频内容开始播放，而后刷朋友圈时刚好忍不住点击播放了一首自己喜欢的歌曲，那么上一个音频条便会自动消失而被新点击的歌曲替换，如果听完歌曲后想要继续听上一条音频，不仅要回到公众号的推送版面，而且整段音频内容也要重新开始播放，且没有进度条可以选择；第三，“语音+文字”的形式只适用于公众号自己的推送版面之内，如跳转出当前播放内容版面，相应的文字则无法显示。

再次，是移动音频平台上的“地域式”“主题式”“场景式”编排等。积极开发移动音频客户端、将传统内容同时呈现于用户的手机 App，是当前许多资金雄厚、实力较强的广播电台在面对媒介融合挑战时选择的必然路径。但是，移动端上的内容究竟应以怎样的方式呈现才能实现最好的用户触达效果、优化用户的使用体验、培养用户的使用忠诚度，却是非常值得研究的。国外的移动音频平台在内容编排上多比较简单，美国国家公共广播电台（National Public Radio, NPR）的客户端 NPR One 聚焦于听，主页面只有“LISTEN”（如图 4-5）和“EXPLORE”（如图 4-6）两大功能模块，前者播放传统广播节目，后者则推送一些特色化音频内容。BBC 广播公司的 BBC Sounds 更是以传统电台为核心，主界面上设有一个频率转盘（如图 4-7），听众根据需求选听各台节目，下方是各类播客节目。点击右下角“Search”，会出现各类音乐（包括蓝调、古典、经典流行 & 摇滚、乡村等）和音频（艺术、文化 & 媒体、有声书、少儿、喜剧等）检索页面（如图 4-8）。

与国外相比，我国传统广播的移动音频客户端则显得“花哨”了许多。各电台在保留自己传统广播不同频率节目的同时，也在想方设法增设一些其他类型的音频内容吸引用户，单是音频内容的编排方式就五花八门。北京人民广播电台的“听听 FM”主页面分为“发现”“听书”“广播”“我的”四个功能区（如图 4-9），主界面呈现特别推荐的本台广播节目，在特别设置的“分类”功能模块中，按照广播电台、电台节目、精品专辑、更多精彩将各类音频节目进行了大致归类。国内广播界交口称赞的上海东方广播公司“阿基米德”客户端经过数次改版，最终主页面保留了“推荐”“电台”两个功能模块（如图 4-10），前者提供

图 4-5　NPR One“LISTEN”模块

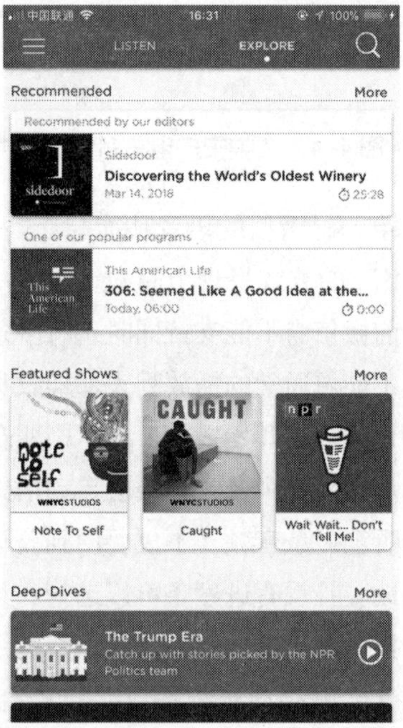

图 4-6　NPR One“EXPLORE”模块

图 4-7 BBC Sounds 主界面

图 4-8 BBC Sounds “Search” 界面

互联网属性更强的音频内容，后者则主要提供本地和中央的传统电台节目，节目除按频率列示外，还提供了包括音乐、新闻、出行、财经、服务、体育、听书等在内的“节目分类”模块。(注：以上内容观察截止时间为 2019 年 12 月，部分 App 后续可能有更新。)

可以看到，无论国外还是国内，各类移动音频平台都在努力占据听众的收听空间，试图以近乎全覆盖的多样态音频内容留住用户，然而一度被业界追捧的“场景”在实际应用之中似乎被忽视：广播在当前的屏幕竞争中，与其拿自己相对较弱的“纯听”短板去占据用户的注意力和时间，不如仔细研究用户的收听状态和收听意愿（如表 4-3），以此为依据拿自己的伴随和“分心收听”优势去占据用户视觉消费受阻的“场景”，并在这些特定“场景”下为用户提供他们最需要的服务。有学者认为，广播已经迎来了“场景时代”，“场景是指某一用户所处的特定时间、地点、场合和情景的集合，而场景化的服务，是指通过各种技术手段去分析用户，收集和洞察用户需求，在特定场景中通过多种技术手段为用户提供个性化、全方位、立体式的‘适时体验’……抢占少数‘非屏幕场景’，如移动场景（其中包括驾驶和步行时刻）、运动场景（这一场景越来越被人所重视，且具有明显的商业远景)、视觉休息场景（引起视觉疲劳是屏幕场景的最大问题）等，有可能成为广播媒体的机会所在”①。

图 4-9 “听听 FM”的内容编排

图 4-10 “阿基米德”的内容编排

表 4-3 广播听众的常见收听状态和收听意愿梳理

收听状态	动态收听	车载收听	在驾驶状态下的车载收听
		其他移动状态收听	在公共交通工具或其他行进、流动状态中的手持收听
	静态收听	在固定空间、稳定状态下的收听	多数情况下的室内收听
收听意愿	主动收听	长时间完整持续收听	作为主要或背景音频收听，可能有选择性，也可能无选择性
		短时间部分间断收听	
		参与性收听	作为主要音频有选择性地收听
	被动收听	随意收听	有意打开收音机，但只是作为背景音频无选择性地收听
		无意收听	通过外在的收听工具无意收听，如车上乘客、商业网点的顾客

① 张婷．广播新机遇“场景时代”[EB/OL]．赛立信媒介研究微信公众号，2015-3-31。

当然，除了上述几种内容资源的编排方式，借助一些新的技术手段，诸如微信 H5 传播等内容呈现方式也日渐常态化，它通过趣味性、参与性、互动性更强的方式为用户带来沉浸式的视听接收体验。2017 年“两会”报道中，中央人民广播电台中国之声新媒体团队将严肃的时政新闻传播场景融入 H5 的交互场景，模拟个人在朋友圈点赞分享的生活场景，自主编程推出《央广主播朋友圈里都有啥?》《@你 央广主播王小艺的朋友圈又更新啦》等系列场景视频 H5，用户点击链接即可进入全屏、全景、浸入式的模拟朋友圈场景，主播王小艺“站”在朋友圈右下角，通过滑动、点击配合口播，解读一条条与“两会”相关的朋友圈信息。该产品于 3 月 2 日 18 点通过“中国之声”微信公众号正式上线，将视频媒体的抠像技术与微信朋友圈相结合，同时集合广播的声音特点、图文视频的可视特点、虚拟现实的场景特点，融入用户的实时评论，获得广泛传播，发出当天“中国之声”微信公众号的粉丝数便增加 3 倍之多，首期 H5 推出后点击量就超 100 万。① 2018 年“两会”期间，《王小艺跑“两会”，一切听你的!》接续推出，用户只需用自拍手势选择“想去”的地方，就能“指挥”王小艺带你跑两会，且每个场景下又会有 N 种选择，这一创意依然取得了不俗的传播效果。

图 4-11 2017 年两会 H5
《央广主播王小艺把朋友圈公开啦》

图 4-12 2018 年两会 H5
《王小艺跑“两会”，一切听你的!》

① 场景视频的 H5 创新 以央广两会 H5“王小艺的朋友圈”为例［EB/OL］，http://media.people.com.cn/n1/2017/0321/c120837-29157982.html，2017-03-21。

二、重点开发平台资源

在媒介融合时代，对于传统广播来说，打造优质的新媒体平台既是实现战略转型和品牌化的一种手段，也是在新旧媒体竞争中突围的关键。在英国，当年BBC面临新媒体变局时，采取的应对措施之一便是转变理念的同时先后打造出BBC在线（BBC Online）、BBC移动（BBC Mobile）、BBC互动电视等一系列平台。今天，BBC的数字媒体发展计划仍在继续，其中就包括新一代iPlayer、BBC商店（BBC Store）、开放思想（Open Minds）等平台的搭建。在美国，“声媒体”的平台化现象已经司空见惯，不但有超10亿订户的苹果Podcasts平台，5by5 Radio、Mule Radio等播客网络，还有Castro、Instacast、Pocket Casts、Overcast等知名播客客户端。① 在我国，正如上文所述，诸如上海东方广播、北京人民广播电台这类传统广播媒体机构，也是借助于像阿基米德、听听FM这样的移动音频平台才得以在新媒体时代仍然保存了原有的听众群，甚至吸引到新的听众群，在竞争中崭露头角。可见，平台资源的开发势在必行。

不过，究竟如何开发、开发什么样的平台以及想要借助平台达到怎样的效果（当前我们看到的许多活跃于市场上的新媒体平台实际上是在亏本运营，但确实聚合了大量用户）却需慎重考量。目前，就承接载体上来看，广播电台能够考虑的有：网络平台，车载平台，同时适应手机、iPad等智能终端的移动平台，可穿戴设备，等等。就我国当前的发展阶段而言，移动平台是重点，有以下两种思路可供参考。

其一是偏重于内容供给的音频平台开发，以中央广播电视总台原央广的“建平台”和“进平台”战略为例。其将自身的平台建设分为两个层面：一是“建平台”，即自有平台的建设和打造，主要是“央广新闻”客户端和“中国广播”客户端（2020年3月，在原有“中国广播”客户端基础上升级改造的“云听”客户端上线），前者吸纳公民新闻元素，向用户提供海量新闻阅读和主播用户互动，后者整合本台和全国音频节目资源，将优秀节目产品化；二是“进平台”，即进驻已有平台，重点是打造自己的新媒体矩阵（如微博、微信等）。

从全国范围看，当前各传统广播电台已经在音频平台的开发尤其是“进平台”方面逐渐走向成熟。甚至不仅广播媒体，一些其他媒介种群也开始试图借助“声音”来拉近与受众的距离。2015年6月，新华网新版首页上线的同时，新华社同步推出一批新形态产品，其中就包括“新华广播”（如图4-13）。“新华广播”传承历史时期的延安新华广播电台，以网站的改版为契机，打造了图、文、

① “声媒体”时代将全面开启，你的耳朵有福啦［EB/OL］，http：//www.vccoo.com/v/e13ed6?source=rss，2015-04-18。

音视频一体化的全媒体空间。

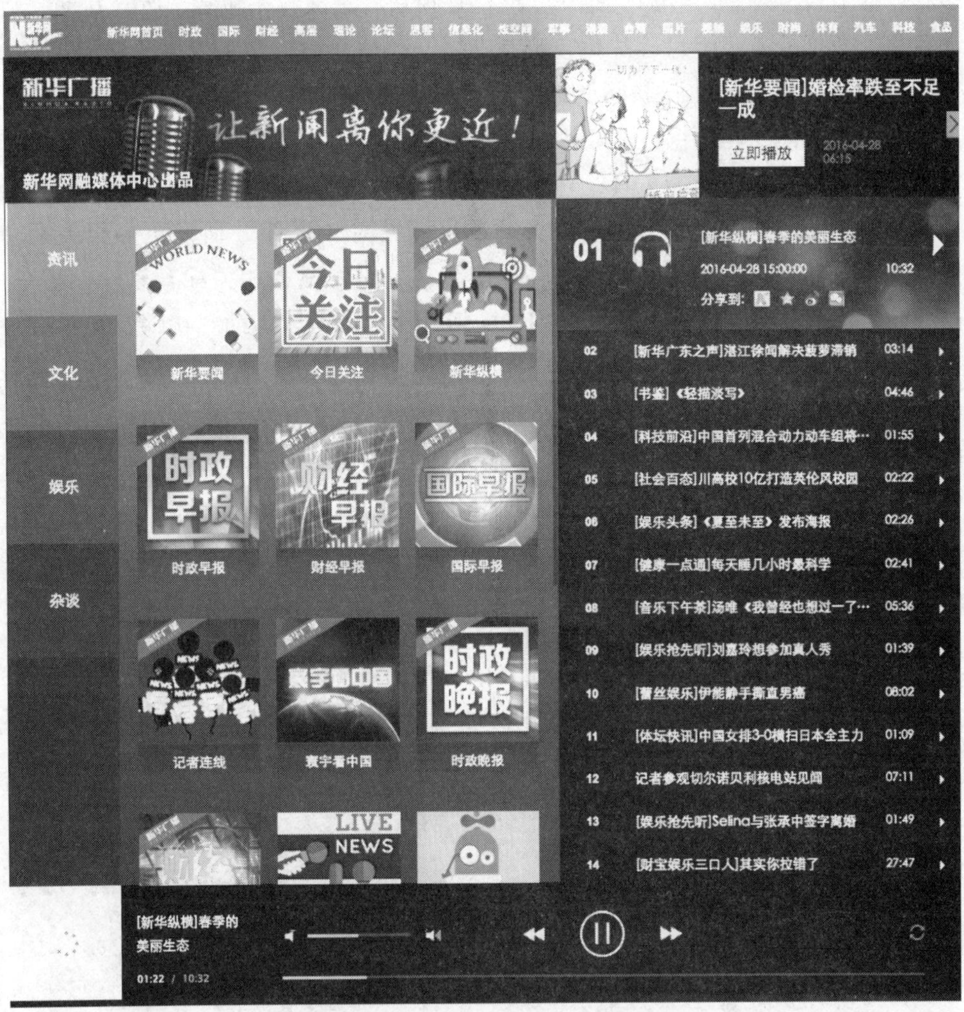

图 4-13 “新华广播”网站首页

其二是偏重于服务供给的产品平台开发，以深圳广电的“优伴”手环为例。尽管“内容产品化”的呼声在传统媒体界已响彻多年，但真正能够将其落到实处、打造出新媒体化个性产品的传统广播机构还比较少，深圳广电的“优伴”手环可以说是一个不可多得的范例。2014 年，深圳广播电影电视集团推出其移动互联网穿戴式产品“优伴”手环，定位于“最适合中国人习惯和需求的健康监测手环”，使用者只需戴上手环，并同时在智能手机上下载配套的“优伴”App，即可全方位监控包括睡眠状况、膳食状况、运动状况等在内的各项静态数据，还能通过云后台交互获得对自己健康习惯的实时分析和专业指导。“优伴”App 是一款可与手环硬件实现数据同步的软件，主界面上是有关健康数据监测的功能模块（如图 4-14），在触摸屏上“右拉”则会显示一个实时广播模块（如

图 4-15)，可以收听正在播出的交通频率、私家车广播、先锋 898 等深圳广电的多套广播节目。据悉，今后“这个实时广播模块将集成频率包装、听众互动、活动召集、数据分析、节目碎片化、定制点播、产品营销、购买支付等功能，‘优伴’将成为广播在移动互联网上独立的、多功能的应用平台”①。作为一个传统媒体的跨界载体，“优伴”其实充当了一个将广播听众转化为产品用户、又将产品用户转化为广播听众的工具，它所搭建的是三个相互联系的开放式生态圈：第一，硬件生态圈，除了手环，各生产商还可以针对“优伴”研发更多相关配套产品；第二，软件生态圈，围绕手环等产品，可研发更多相关配套软件；第三，服务商生态圈，包括媒体和商家在内，任何合作方都可以借助“优伴” App 有一个自己的专属页面。未来，依托于广播的各项优势，打造一个包括传统电台节目收听、移动端音频供给、个人应用、本地化服务、社交分享与社群活动、线下体验等在内的“生活形态圈”，可能是广播深度触达听众的最终方向，而诸如“优伴”这种开放式平台的搭建不失为一种很好的突破口和尝试。

图 4-14 “优伴”主界面

图 4-15 “优伴”右拉后的实时广播模块

如今，除了上述两种平台，也有一些音频方面的创新型平台被开发出来。目

① 深圳广电“优伴”智能手环亮相文博会［EB/OL］，http://finance.jrj.com.cn/tech/2014/05/19105817238749.shtml，2014-05-19。

前，类似 Twitter、Facebook、Instagram、微博这类社交媒体应用都是通过短文字、图片、链接或短视频“刷”新鲜事的方式吸引用户，而相比之下，音频这种特殊形式好像不容易被以类似方式“浏览”。然而，这并不能说明短音频就没有被分享的价值。为解决这一问题，纽约公共广播电台（New York Public Radio，WNYC）打造了一款新工具 Audiogram，它的主界面操作简便，主要是为用户提供自由录制音频的功能（如图 4-16），录制结束后，用户可以将录制好的音频文件保存下来，还能以视频化的形式将其分享到 Facebook 或 Instagram（如图 4-17），播放时会出现可视化声波。借助这种方式，WNYC 摘取了其广播节目《克里斯蒂追踪》（*The Christie Tracker*）中一段主持人朗读的有关共和党辩论的搞笑段子放在 Twitter 上推送，受到人们的广泛欢迎。这对我们不失为一种很好的启示：传统广播电台的音频资源非常丰富，一些在正式节目中被剪掉或不适合播出的内容，或者其他针对社会内容的音频，都可以采用这种方式在社交媒体上与用户分享，从而拓展电台本身的受众群。2015 年 2 月，WNYC 还推出短视频分享应用 Anchor（如图 4-18），类似于 Facebook、Twitter、微博，Anchor 上的内容大多都是用户自制短音频，可分享、点赞、评论，而评论也是音频形式，这种新鲜的方式对用户惯了图文和视频的用户来说颇具吸引力。

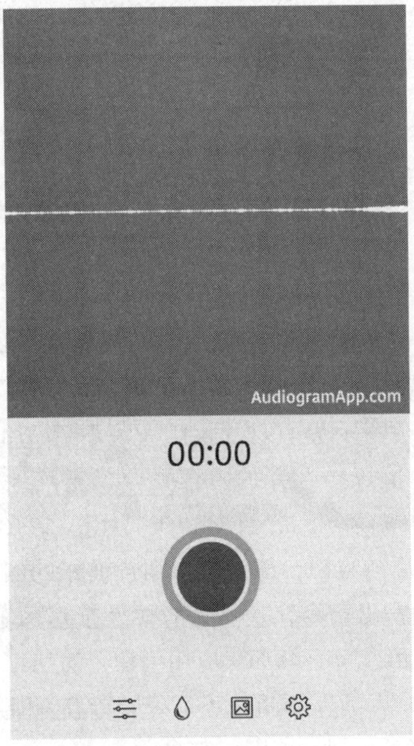

图 4-16　Audiogram 主界面

图 4-17　Audiogram 分享界面

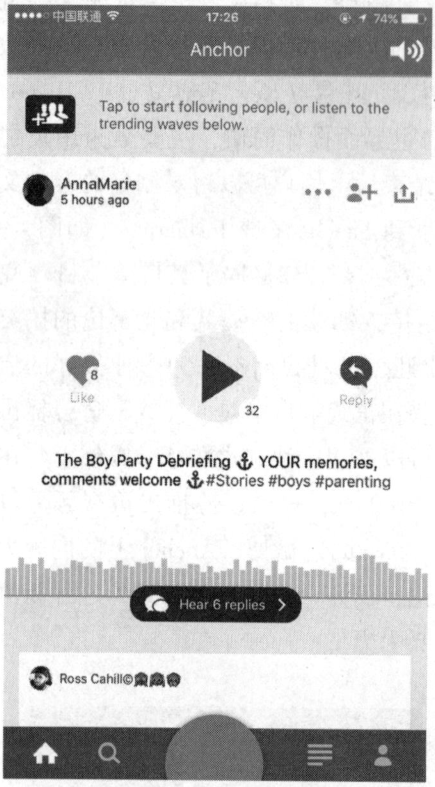

图 4-18　Anchor 主界面

图 4-19　“吐鸦”主要功能展示

在我国，与 Anchor 类似的平台是湖南台于 2014 年 12 月初推出的音画互动社交应用“吐鸦”，类似于“语音吐槽版的 Instagram”。用户在该平台上传图片的同时可以用声音标注说明，语音也会自动转化为文字，浏览该图的人可通过音频方式进行评论，以丑萌小图标显示，点击即可收听，并且小图标还能按照评论者的意愿摆放到图片的任意位置，对原图进行二次修改涂鸦①（如图 4-19）。该平台的潜力是：声音元素可以无限丰富，而语音吐槽图标也可以根据用户喜好不断添加。

除了音频平台，新闻客户端也是不少广播媒体选择的内容平台“主阵地”。2016 年 2 月，大西洋月刊旗下的数字新闻网站 Quartz 推出同名 iOS 应用。它采用了当时罕见的互动式阅读功能，呈现聊天对话的界面，待用户根据预设好的回复（如“Next”“anything else”或其他 emoji）发出指令，才有针对性地推送内容，新闻来源不限于 Quartz 网站（见图 4-20）。2017 年，Quartz 应用增加了对 AR 功能的支持（见图 4-21）。尽管针对这种“对话体”新闻的正反声音皆有，但这

① 张雨忻．声音和画面的结合能有多大想象力？“吐鸦”想做的不仅是“语音吐槽版 instagram”［EB/OL］，http：//36kr.com/p/217952.html，2014-12-18。

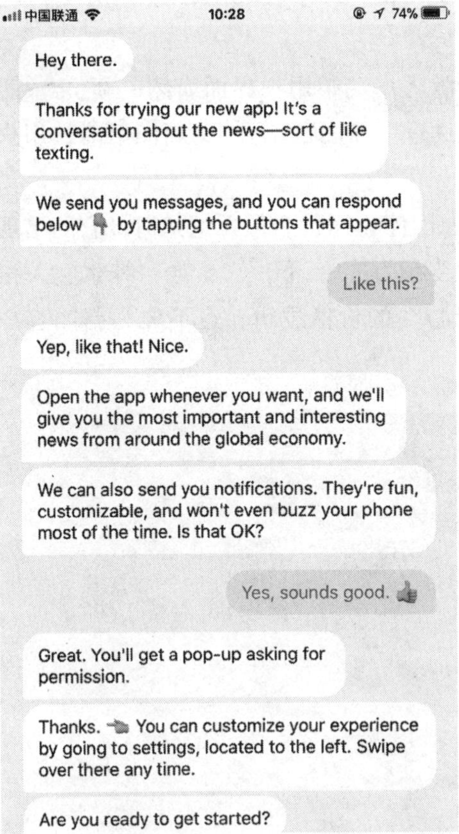

图 4-20　Quartz 主界面

图 4-21　Quartz 的 AR 功能

一应用推出后仍好评如潮，甚至被认为是一款颇具“未来感”的新闻 App。

受 Quartz 启发，2017 年 7 月，中央人民广播电台新闻节目中心（中国之声）、央广传媒发展总公司采用内部创业模式联合孵化了一款新闻客户端“下文”，除延续 Quartz“聊天说新闻”的核心模式外，“下文”在功能和体验上都进行了全方位的升级与创新，具体包括①：其一，除文本、动图，添加包括语音、图片、视频、外链等在内的富媒体表达形式；其二，增添“滚动窗”的资讯流界面，“最新”标签汇总即时快讯，“最热”标签汇总优质外部内容；其三，开放即时聊天室，打破主流新闻客户端的静态评论区样态，以期通过有逻辑、有交锋的即时对话产生更大的新闻讨论价值；其四，提供单条新闻“收藏”“分享”的固定按钮，对于重要新闻提供“钉”按钮，用户只要钉住某条新闻，就会第一时间收到新闻的最新进展，告别“烂尾新闻”。此外，特别设置了“上

① 央广新 App“下文”打造升级版“聊天新闻”探索新闻未来的样子［EB/OL］，http：//www.rmlt.com.cn/2017/0713/483918.shtml，2017-07-13。

文”模块，提供一份需要用户自行“解锁”的“新闻日历”，让“历史”与“新闻”遥相呼应。

2018 年 3 月，“下文”全面升级，新版客户端中用户界面焕然一新，“钉”新闻功能取消，但增加了全新的 AI“知识助理”，用人工智能为新闻赋能，用户体验更加优化。

2019 年 3 月，“下文”客户端因种种原因停止运行。但无论如何，它的出现都带给我们思考，在信息爆炸、标题党“当道”的当下，它干净、朴素、人格化的新闻表达及其“激发并善待用户好奇心”的价值逻辑，也不失为新闻客户端中的一股“清流”。

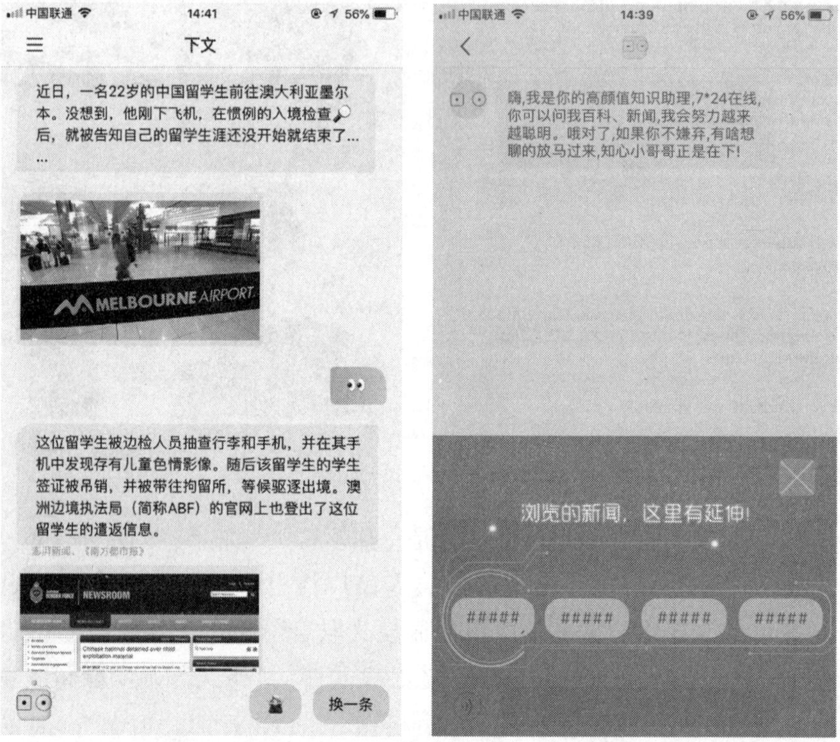

图 4-22　新版“下文”主界面（左）和 AI 知识助理（右）

随着人工智能的发展、泛智能终端和智能硬件的普及，传媒行业正进入一个崭新的时代——智能媒体时代，“智能+”被认为是媒体的未来。在传媒各领域中，音频是与人工智能融合得更为成熟、深入的一个方向，智能媒体所引领的智能传播作为对媒介边界以及媒介产业边界的全新拓展，不仅改变了音频传播模式，在内容制作、内容分发、内容呈现、用户管理等各环节重塑着传统的音频传播生态，也催生出一系列以开放、交互、共享为基本特征的音频传播新“声态”，改变着音频媒体的生存方式。智能移动平台是当前各大新旧媒体和各产业的必争之地，但最能体现音频独一无二优势的却是车载平台。从传统盒式磁带到CD播放机、MP3/4、车载收音机，车载音频的形式也随技术发展不断变更。2012年，NPR推出汽车专用App，成为第一个应用福特汽车的同步应用程序连接技术（SYNC AppLink）的广播媒体。① 与此同时，宝马公司互联驾驶（Connected Drive）也与我国百度公司合作，在其新款汽车中推出车载音乐应用程序“百度ting”，汽车与智能手机整合为人们提供服务的可能性让汽车厂商和广播机构都开始重视起“车联网”这一未来的新兴市场。

最令人瞩目的是苹果公司与谷歌公司的合作，两者推出低成本的“映射”模式，即“以CarPlay、Android Auto等外部介入系统取代车厂自带的娱乐服务功能，以智能手机为载体，通过数据线、蓝牙或WIFI的方式连接到汽车之后，将内容投射到车内显示屏中”②。在这种模式中，智能手机可以为车载系统提供操作系统的支持。2014年，谷歌公司还与通用、奥迪等多家汽车公司联合宣布成立“开放汽车联盟” （Open Automotive Alliance），以将其开源系统Android应用于汽车领域。2013年1月，美国第一大商业广播电台运营商清晰频道③在通用汽车上安装iHeartRadio车载版App；“2014年，美国iBiquity数字公司在奥迪等15种车型中启动‘艺术体验项目’，覆盖650家广播电台；美国最大的卫星广播公司天狼星广播公司（Sirius XM）不仅重视车载预装，还将二手车市场作为主打市场，并对已经拥有汽车且装有车内广播的用户推出特约版本的服务合约”④。

在我国，随着汽车产销量的增加、基础通信网络覆盖范围的扩大以及车联网被国家列入重大专项，车联网布局也快速起步。2015年，中央人民广播电台与福特汽车公司达成战略合作协议，其丰富的权威、正版音频内容将入驻福特全系搭载AppLink的车型，共同为车主打造全新车载连接音频体验；2016年4月，两家共同发布AppLink SYNC3版中国广播客户端。2017年，“中国广播”音频客户端又与百度CarLife达成战略合作伙伴关系、正式入驻CarLife，同时搭载SmartDeviceLink（SDL）手机互联平台，成为丰田汽车合作伙伴。此外，多听科技的“车听宝”（以智能手机为中介实现）、喜马拉雅的“随车听”（以汽车点烟器实现）、考拉FM的“考拉宝” （车载智能音箱）等也都是车联网的有益尝试。

当然，未来音频领域的智能平台不会止于车载，一些新“声态”已经出现。2017年12月，湖南广播电视台广播传媒中心与科大讯飞股份有限公司合作共建

① 高贵武，赵媛媛．移动互联时代广播媒体的态势与发展逻辑［J］．新闻记者，2014（10）：24—32。
② 张锐．车联网，传统广播的终结者？［J］．声屏世界，2015（7）：13—15。
③ 2014年9月该频道正式更名为iHeartMedia。
④ 高贵武，赵媛媛．移动互联时代广播媒体的态势与发展逻辑［J］．新闻记者，2014（10）：24—32。

国内首家广播人工智能实验室，双方以“AI+广播新技术”联合实验室为平台，将融合各自在内容、技术、渠道、运营等方面的优势，利用语音及人工智能交互、云计算、大数据等技术推动广播媒体的创新、转型、发展。① 此外，中央人民广播电台“中国广播”客户端也与小米达成战略合作关系，成为首批小米人工智能音箱合作伙伴。可以想见，未来的智能音频市场，将会呈现一番“繁花似锦”的景象。

三、创新开发经营资源

媒介融合除了在内容生产、传播平台、传播方式、交互方式等方面为传统广播带来新的变革，也大大拓宽了传统广播的经营渠道。搜索引擎广告、“淘代码”广告、声音二维码、摇一摇……越来越多类似的关键词正逐步勾画出媒介融合时代广播经营的新面貌。

（一）创新开发广告资源

过去，广播的主要收入要靠广告，尽管如今广告收入占广播总收入比重最高的现实依然未能突破，但在广告的内容和形式上，却有了诸多创新的机会。

从内容上看，一方面，互联网在优化资源配置中的作用日益凸显，“互联网+”带来的组织结构变革为原来独立单一领域之间的融合带来了无限可能，产生了一系列新的融合模式。基于数字化信息技术，通信、网络、娱乐、媒体以及传统文化艺术各行业之间的界域被打破，产业间相互渗透、功能互补，融合重铸，这种“跨行业融合”推动了一系列新兴业态的产生，为广播广告的行业结构调整提供了前所未有的机遇。事实上，2015 年新《广告法》颁布实施后，我国广播广告的行业结构已经在悄然发生变化，原来的医疗药品和保健品专题广播被大量削减，向非医疗、药品类专题广告转型，与此同时，公益广告、新兴行业/品类广告成广播广告“新贵”；另一方面，对于广播频率广告、受众、品牌等各类数据的精准挖掘也使得广播广告的“设计”和“定制”成为可能，节目内容和广告内容的相互定制也许会引领新一代广播广告的策划和制作机制。

具体来讲，媒介融合时代各类广播的数字化平台带动了广播广告的精准投放趋势。其一，网络电台在各个终端的出现突破了广播广告的空间限制，它们对于更多区域市场的拆分也使得广告商可以面向不同区域投放更具针对性的广告；其二，各类移动音频应用大大丰富了广告的可投放时段，使广告的投放突破了时间限制。最为关键的是，与社交媒体的深度结合使广告商可以通过对用户注册信

---

① 湖南出现全国首家与人工智能全面合作的电台［EB/OL］，http：//hunan. ifeng. com/a/20170822/5934809_ 0. shtml，2017-08-22。

息、个人使用数据的记录和收集根据其内在兴趣爱好、行为方式、分享习惯等进行定向投放，从而实现用户跟踪、地理跟踪、IP 地址过滤、基于 IP 的音频发布等，有时甚至可以吸引用户参与到广告互动中。目前，英国的 Absolute Radio 采取的就是在直播流内推送“一对一”定向广告的“流内广告”模式（InStream Ads Service）。

从形式上看，借助新媒体的技术优势，越来越多的创意广播广告形式被开发出来，不断刷新着人们的感官感受。例如：利用智能终端的语音识别技术进行广告声音识别的音频识别广告；可以将广播广告信息进行数字化编码、转译、驻留、传输、分享的音频二维码广告；利用搜索引擎技术进行互联网关键词营销的“关键词广告”，“广播的广覆盖和伴随性特征，特别是广播的小预算、低成本制作、快速发播等特征更使其成为互联网关键词营销的利器。广告时长 5 秒钟的搜索引擎关键词广告大量节省了广告时间资源，而关键词中涵盖的‘品牌关键词’‘周围关键词’‘长尾型关键词’使广告主的关键词营销诉求不断膨胀”①。

（二）创新开发营销资源

从 2012 年于扬在易观第五届移动互联网博览会上发言时提出“互联网+”概念，到 2015 年马化腾在全国两会上提交《关于以“互联网+”为驱动，推进我国经济社会创新发展的建议》的议案、十二届全国人大三次会议上李克强总理首次在政府工作报告中提出“互联网+”行动计划，尤其是近三年，“互联网+”一词逐渐走红，频见于政府文件及各类媒体之上。

“互联网+”的风头之盛，让社会各界看到了互联网的威力，也看到了“+”后面的无限可能，于是纷纷不约而同地创造起自己的“行业+”，其中，“视听+”“广电+”“广播+”等正体现出广播人自我革新与超越的勇气。在尝试的初始阶段，“+”的后面被放置的还只是与广播同处一级的媒体形态或行业形态，例如，“广播+网络文学”成就了有声小说，“广播+电视剧”创造了广播微剧，“广播+相声”催生了掌上听书……当“+”的运用越来越娴熟之后，“+”成为一种引领广播变革的桥梁，而广播人对“+”后面的猜想也日益大胆，情感营销、融媒体营销、娱乐化营销、事件营销、体验营销、数据化营销……一系列能够为传统广播注入活力的新要素、新创意、新玩法浮出水面，虽然当前出现的很多营销案例还只是“一个人的精彩”，并没有形成成熟、稳定的“商业模式”，却都在无形中指导着广播的营销变革方向。

中央人民广播电台文艺之声海阳工作室的《海阳现场秀》节目继之前的“广播+旅行”（海阳环球旅行团）、“广播+运动”（海阳乐跑团）、“广播+演出”

---

① 周伟，杨兆婧．互联网思维下广播广告的营销创新［J］．中国广播，2014（9）：14—18。

(现场观演团), 又于2015年探索出一条“广播+实时搜索”的新路, 4月3日, 其与百度“实时搜索”共同推出的广播全媒体产品“围观海阳”正式上线, 该产品借助百度平台, 加入弹幕等互联网元素, 将《海阳现场秀》的优质内容、强大粉丝团体以及中国广播喜剧第一品牌的品牌影响力与百度实时搜索数亿用户的平台影响力进行了一次完美结合。

无独有偶, 原本只在节目层面产生价值的“广播+微信”在2015年也创造出了经济效益。8月10日, 由北京电台网络媒体中心、广告经营中心联合文艺广播《吃喝玩乐大搜索》、音乐广播《早安音乐秀》共同推出的北京电台微信平台广播“摇一摇”功能正式上线测试, 听众在收听节目的同时可打开微信“摇一摇”参与互动抽奖, 极大地调动了其参与热情, 活动首日上线摇量即在5分钟内破万, 成为以“广播+微信”创新广告经营的新尝试。

深圳音乐广播的“广播+打车软件”则彻底将原本被人们当作广播对手的打车软件变成了“朋友”。深圳音乐广播动听102与全球即时用车软件优步(Uber)合作, 发起“动听102请你免费乘车”活动, 在全天6个时段内的第一首歌里, 暗藏一个9位字母加数字的通关密码, 听众可能正如往常一样陶醉于某首歌曲, 便会毫无准备地突然被一段播报优惠码的机器人女声打断, 机器人女声是由电脑模拟制作出的电子音, 声音无感情, 说出的却是网络化的幽默语言, 强烈反差之下, 听众有了新奇之感, 只要将优惠码记录下来并发送到“动听102”微信公众平台, 第一位准确无误者即可获得“Uber”30元动听102专属优惠码。该活动当天第一段优惠码播出后, 动听102微信公众号便吸引到500多位新粉丝加入。

“广播+电商”是另一种前景被看好的广播商业模式。其中比较有代表性的是被广播界讨论已久的“O2O2O”(On Air to Online to Offline)模式。“O2O2O”旨在借助在线支付、移动端地理定位等将线上的广播节目收听、社交互动、商品推荐与线下的实体消费相互结合, 构成一个完整的内容消费与实体消费生态圈, 是一种非常有潜力的商业模式。2014年11月11日, 珠江网络传媒和城市之声合作“双11”融媒体购物节目《双11, 一听即发》, 创造了一种“电台直播节目+互联网复合传播+电子商务”的电台融媒体购物模式“RTC”(Radio to Consumer)[①], 取得了很好的效果。央广广告的“淘代码”广告也是基于类似的模式。其运行原理是: 在初始阶段, 淘宝商户借助广播的媒体规模化优势推广自身, 广播作为一个“入口”, 起到的只是“引流”作用, 即将广播的海量听众引到淘宝平台; 而在第二个阶段, 这种“引流”又会进行反向的运动, 即淘宝平台的用

① 广东电台为传统广播突围憋大招! [EB/OL]. V传媒微信公众号, 2015-07-14。

户会被反向引到广播媒体，变成广播媒体的听众，双方实现共赢。

表 4-4 英美传媒集团几种主要移动互联网创意营销方式一览①

系统名称	作用	运行原理	实现模式	目前形式
积分系统	培养用户忠诚度	通过用户注册进行身份认证，实行统一用户管理，全面分析用户行为；平台互通，通过多个可植入广告的用户互动项目打造完整的用户激励机制	用户参与互动项目、获得积分→积分兑换由广告客户及电台提供的实物奖品	听节目回答问题；参与在线调查；知识问答题（音乐、体育、常识）；点击广告；博彩；告知朋友；音乐偏好测试；下载优惠券；参与抢票活动
奖品优惠券展示及兑换系统	搜集真实有效的用户信息	用户通过参与互动、抽奖获得积分，下载优惠券、兑换奖品使用积分	电台通过抽奖页面展示商家信息→用户填写个人信息，参与抽奖→电台以此搜集真实有效的用户信息	
游戏系统	增加互动的趣味性与多样性	用户通过玩游戏积累积分，通过买游戏装备消费积分	平台使用→玩游戏→增强平台使用黏性→买游戏装备→消费积分→浏览量增加，电台盈利	各类型游戏
团购系统	与用户分析系统对接，向潜在用户推送团购信息	完整的平台链：可自动生成团购界面的标准模板、独立安全的用户付款系统、使用简单的后台管理平台、客户凭证发送与反馈平台、广告客户付款平台	电台在节目中推出团购产品，设置优惠力度与时限，同时辅以其他形式宣传→电台与商家分成销售额→用户在社交媒体分享消息或购买需求→电台根据用户需求与自身资源予以安排	
邮件系统	基于用户分析与订阅实时推送个性化信息	通过节目调查进行节目推广，吸引用户向平台聚合	电台给注册用户发邮件请听众听新节目并到网站填答问卷→听众通过参与活动赢得奖励→部分听众向朋友转发推荐，通过人际传播达到“病毒营销”效果	生日提醒；网络明信片；辅助调查平台进行问卷发放；发送团购信息反馈，等等
调查分析系统	提供用户反馈与用户行为测量	为广告客户提供可量化的数据反馈，可服务于电台及企业的调查与营销，可用于产品与节目研发预测、广告客户定向调查与企业目标人群营销策略的制定，获得问卷用户群体特征与问卷填答结果的统计数据	用户随时参与电台主导的内容及相关服务的互动活动→平台与社会化媒体对接，用户邀请其他用户参与互动→社交媒体更广泛的人际传播	

① 参考李玥．广播新媒体可以如何获盈？[EB/OL]．赛立信媒介研究微信公众号，2015-08-20。

（三）创新开发产业资源

互联网进入中国的三十多年以来，如果要总结“互联网为我们带来了什么”，恐怕无论如何都难尽其详，但如果换成“互联网为我们带来了什么理念”，相信很多词便可于瞬间跳出脑海：互动，连接，跨界，融合，等等。

所有这些理念，既是对原有文化生态格局的重塑，也是对昔日主流文化传播媒介形态的颠覆。而与此同时，大量新的文化传播形式尤其是面向个人消费的文化娱乐型多媒体形式被创造出来，如内容软件、数字影音（包括数字电视、数字电影、数字音乐等）、电脑动画、数字游戏、网络服务、数字出版典藏、数字学习等，它们大多实现了先进的数字化技术与文化内容的融合，塑造并引领了一种崭新的文化消费方式。埃森哲咨询公司（Accenture）将数字化促生的新型市场生态和行业融合称为“数字融合市场”①，它包括技术和跨界两层含义，数字化正在重新定义行业界线，“视听业”已成为目前中国正在兴起的四大数字融合行业（其他三个分别为支付、购物、出行）之一。一些洞察消费者需求、将传统管理能力与数字技术相融合、以数字能力和新商业模式实现跨行业运营的生态链行业正悄然兴起，并在新兴的数字融合市场中占据越来越重要的市场份额。2016年，中央人民广播电台有声阅读频率“娱乐广播”（注：2019年10月21日，“娱乐广播”正式更名为“阅读之声”）申请的“国家有声阅读项目”获批，将持续三年使用财政部专项资金制作有声书。近年来，随着移动音频应用的普及，有声市场被捧得“火热”，而越来越严格的音频内容市场规制也将使“有声读物”成为传统广播电台和自媒体音频平台必争的重要产品资源。

在另一个维度上，文化发展的“跨界融合”也进一步推动了其内部各门类优化重组的“跨门类融合”。为适应市场需求，越来越多的企业通过延伸产业链来提高产业附加值，增强行业核心竞争力，内容、渠道、品牌、人力资源等多种文化市场要素加速整合。依托于海量用户行为数据，原来的许多平台商开始涉足文化产品的内容制作、内容传播、内容交易、内容下载、衍生品开发等。例如，传统的网络视频平台商涉足微电影、网络自制剧甚至电影，网络购物平台商涉足图书出版，影视和动漫游戏业则打通主题公园、音像图书出版、演绎展览等布局全产业链以创造附加价值，它们越来越趋向于通过开发内容塑造品牌优势，增强平台黏性的同时获得自主知识文化产权，形成自己的核心竞争力，实现多元驱动力的有效结合。其中，尤其是内容与平台表现出更高的融合度，一方面，更多的文化内容通过平台对外传播，将平台的资源整合优势转化为内容消费力量；另一方面，多样化的文化内容使平台有了直接与一线消费者进行接触的介质，增强了

① 埃森哲．数字融合市场——中国企业的跨界增长机遇［EB/OL］，http://www.199it.com/archives/335552.html，2015-03-27。

平台内部造血功能，反向推动用户对平台产生更大的黏性。① 以区域整合为特征的统一服务体系、产业链条和协同作战模式正在形成，跨地区经营和并购重组现象增多，并在此基础上形成"赢者通吃"（Winner-Takes-All）模式和"文化航母"② 景观。

在这样的发展背景下反观音频领域便会发现，长时间以来，被人定义为"传统媒体"的广播都只是对自己的内容生产充满信心，却始终没能真正树立起投资意识，高喊多年的"内容为王"便可在一定程度上提供佐证。而当今已经进入到一个股权和投资的时代，广播媒体所持有的内容资源和传播权作为一种软实力，其实具有很强的"孵化"特征，借助于媒介融合所提供的技术优势和平台便利，如果能够针对这些"资源"注入一部分"资金"，盘活全产业链指日可待。

从我国目前的发展来看，在这方面做得比较好的还是自媒体音频分享平台。在移动互联网诞生以前，音频行业、音频产业都不是经常被人提及的词汇。而当如蜻蜓 FM、荔枝 FM 等各类移动自媒体音频分享平台声势浩大之后，一个意欲构建和打通全文化生态产业链条的"大音频时代"正悄然到来。在国外，如苹果 Podcast 和德国 Soundcloud 等音频品牌早就进入了市场化发展、融资估值的阶段。我国虽起步晚，发展却非常迅速，2015 年 4 月 17 日，喜马拉雅 FM 集结近 500 位包括出版商、音频自媒体人、传统电台人等与音频行业息息相关的各行业精英，共同探讨音频行业发展的未来，其倡导的音频"新声活"生态战略就是一个串联整个音频行业上下游的计划，包括帮助自媒体人等声音创造者有声创业收听变现，联结出版商打造个性有声书市场，帮助传统电台人进行互联网转型，打造人性化有声智能硬件，携手广告合作商提出闭屏广告概念、打造耳朵经济，联合投资人设立专项首个音频行业基金，等等。③ 这一战略向传统广播传达的，正是耳朵经济、联盟经济的新信号。

令人欣喜的是，一些传统广播机构也已意识到做全产业链的重要性。深圳广电集团音乐频率飞扬 971 的美食节目《美味乐翻天》在传统广播节目之余，还开发出"美味百事通" App、出版发行了《吃遍深圳》系列图书等。2015 年 9 月，又结合深圳"万众创客"大环境联手快乐 1062《人才驾到》、飞扬 971《微风成长课堂》多档节目，与分时共享租车领导品牌"宝驾租车"共同推出"深圳创

① 朱承册．交流：内容与平台融合发展使互联网企业走得更远［EB/OL］，http://www.ccitimes.com/chanye/chanye/2014-12-20/118331118331.html，2014-12-20。

② 李凤亮，宗祖盼．中国文化产业发展：趋势与对策［J］．同济大学学报（社会科学版），2015（1）：65—73。

③ 武晓莉．听时代来临音频产业进入新纪元 FM"新声活"引导耳朵经济［N］．中国消费者报，2015-04-22（B01）。

客饭局”，利用“互联网+”召集有创业梦想的年轻人与创客大咖们约饭局。诸如此类的产业链一旦搭建成功，收获的将不仅仅是经济效益，还有媒体品牌和公众形象、社会效益，这也正是媒介融合时代传统广播创造性开发产业资源的关键。

除了互联网所带来的跨界融合，作为一种以出售内容和服务为主的文化产业，音频业发展的另一指向便是消费者的变化。与媒介融合相伴而来的数字化浪潮将消费者推向了产业势能的制高点，消费者获得主导权，并日益向生产过程渗透，创意的生发、集成、发酵越来越多地被分散到社交网络、互联网社区、网络论坛等虚拟空间的每个活跃个体上，数字技术与其影响下的生活方式日益形成了相互推动的关系。文化产品消费更加强调技术和时尚，数字文化产业不仅实现功能，而且强调潮流、抒发个性、表达自我，在这种环境下，一批既熟悉技术、具有消费能力，又具备创作热情和互动体验积极性的新一代互联网“原住民”成长起来，并逐渐成为文化消费和娱乐体验的主体，也成为新一代数字内容产业的“粉丝”，他们的消费行为不是被动的营销导入，而是主动的自发行为，为广播带来了另一盈利的突破口——“粉丝经济”。

与此同时，媒介融合时代对消费者主导权的强调和“用户至上”理念的贯彻也培育了一种新的用户消费习惯——体验化。数字技术不仅促进了娱乐便利化的趋势，使得不受时空限制的“无边界”娱乐生活成为可能，也使得娱乐化的生活方式反过来成为驱动文化科技产业发展的一种新动力，大众化的、新的娱乐形态及其生活方式为文化产业的快速发展提供了强大支撑。人们对文化产品的消费日益从过去的侧重功能演变为现在的偏向感觉，约瑟夫·派恩（B. Joseph Pine II）和詹姆斯·H. 吉尔摩（James H. Gilmore）所预言的“体验经济时代”已经到来。传统广播也因此迎来了“体验经济”的新机遇。

当前，传统广播机构开展的许多线下活动、线上社群等，实际都是利用了“粉丝经济”和“体验经济”效益。与报纸、电视等其他传统媒体甚至当前形形色色的新媒体相比，丰富多彩、灵活多变的线下活动一直是广播自诞生以来的巨大优势。如今，借助新媒体的平台便利和不断涌现的创意玩法，广播原先的许多线下活动都可以借助线上推广和新媒体手段介入扩大影响，甚至玩出“新花样”。近年来，“众筹”这种低门槛、多样性又能够充分调集大众力量的方式也成为一种新手段。继 2014 年 9 月中央人民广播电台经济之声《天下财经》通过众筹成功出版《保卫财富》一书，2015 年广播媒体的“众筹”进一步深入到节目制作层面。2 月 13 日至 28 日，广东广播电视台珠江经济台财经清谈节目《风云再汇》通过“用户是否愿意付费”决定“节目是否继续播出”，在互联网上众筹一年节目制作费用，仅用短短 13 天便成功募集到 88 万元人民币，创造了该网最短筹集周期的纪录，也开创了中国广播业的先河。

伴随着2011年我国第一家众筹网站点名时间的上线，“众筹”概念在我国也逐渐走红并快速发展起来。广播媒体通过众筹募集制作费用，从向广告商收钱变为向用户收钱，是其深挖节目资源优势、创新赢利模式的一大亮点。《风云再汇》的成功预示着，也许在不久的将来，过去“报选题—做节目—看收听率—决定节目去向”的传统广播生态将会被彻底颠覆。

四、精准开发受众资源

从昔日的新媒体到如今的传统媒体，从过去的聚众收听到现在的个人收听，广播在一路的技术革新、传播形式和收听方式演进中，也在不断改变、形塑着它的广大听众。而尽管广播的听众不断变化，直到今天，每每提及“广播听众”，视障人士、老年人、司机等群体仍是人们脑海中首先会想到的几大群体。可实际上，这种情况已经在发生变化——近几年，随着移动互联网的飞速发展，广播逐渐走出了过去纯粹的收音机匣子，凭借社交平台、移动音频平台、播客等走上了手机、iPad、可穿戴设备等智能移动终端，这种传播终端的迁移也在吸引着一批与专注于收音机匣子截然不同的使用者。毋庸置疑，这是一个庞杂、多元、难以轻易标签化和进行归类的群体，他们是谁？他们有什么样的特点？他们喜欢听什么、需要听什么？他们又有着怎样的收听习惯？所有这一系列问题，都需要广播人去一一解答，这便是广播媒体受众资源的开发。

在媒介融合时代，尽管不能断然说过去的收听率调查已经完全过时，但这种方式确实正在式微，在精准勾勒听众特征、考察听众如何收听及挖掘更深层次的收听习惯方面，它都显得捉襟见肘。而相比之下，通过微博、微信及一些客户端等工具反而能够更加近距离地接触听众。未来比此更进一步、更具革命性的，便是数据挖掘。20世纪80年代，“大数据”概念便已诞生；2011年5月麦肯锡全球研究所发表专门研究报告《大数据：下一个创新、竞争和生产率的前沿》后，这一概念得到大范围推广；2012年3月29日，奥巴马宣布将投入2亿多美元立即启动“大数据发展和研究计划”（Big Data Research and Development Initiative），从而引起了产业界、科技界和政府部门的高度关注。① 近年来，互联网、物联网、社交媒体及各种智能设备的飞速发展更使得人类的数据生产以数倍于往常的数量和速度增长，至此，“大数据”的影响不仅全面渗透到互联网企业、社交平台、电商、门户网站，也蔓延到包括广播在内的传统媒体领域。在美国，以Pandora、Spotify、iTunes Radio为代表的诸多新型流媒体网络广播应用主打的就是“个性化广播”（personalised radio），或称“定制广播”（custom radio）。“这类广

① 喻国明，王斌，李彪，杨雅．传播学研究：大数据时代的新范式［J］．新闻记者，2013（6）：22—27。

播根据用户的收听行为，通过系统的独特运算方法，判断出人们的个性喜好，从而建立根据其个性需求订制的播放列表，带领广播进入‘播放列表’（playlist）时代。”①

在我国，最早尝试采用数据挖掘方式进行受众分析的电台是豆瓣电台。2009年初，该电台推出内测版，并于当年12月推出正式版。除了简约、清新、文艺的风格，豆瓣电台最引以为傲的便是其能够“读懂”广大听友的音乐社区。它设置歌曲属性，对成千上万首歌曲进行分类，通过用户初始启动时的歌手喜好选择、“收藏”、“标记”等操作记录和播放频次做一些归类计算，统计出用户对音乐家和音乐风格的偏好，并记录用户的选择，推荐其可能感兴趣的其他曲目，满足用户的期望需求。一定时间之后，当用户再次打开电台，便会发现：无须挑选，就能与喜欢的音乐不期而遇，使用豆瓣的时间越久，它带来的服务越“贴心”，因为这个电台里装的，竟全是自己喜欢的歌曲，正所谓“一千个人，一千个豆瓣电台”。

豆瓣电台的尝试只是让人们初步认识到用户数据的价值，但真正让人们感受到“大数据”力量的是2013年的美剧《纸牌屋》。这部剧的投资方Netflix公司将大数据和自身的网络视频业务相结合，通过将每次用户搜索、评分数据和地理位置、设备、社交媒体分享、用户添加书签数据等进行专门分析，掌握用户习惯和喜好，并将这些分析结果介入创作环节，从而大获成功，这部剧也被人们誉为“大数据算出的美剧”。正是由于这部剧的成功，从2013年开始，“大数据”概念逐渐在我国走红。

毫无疑问，大数据时代的到来为传媒业带来了一场变革。而新闻生产转型和受众资源开发正是这场变革的“一体两面”：从新闻生产来说，不仅数据本身成为新闻生产的重要竞争资源，同时基于社交媒体的新闻生产对数据分析、解读和呈现的重视程度也在日益超越故事性的新闻事实讲述本身。由此，大多数媒体开始注重对数据新闻、可视化新闻的打造。不过，与各媒体机构对新闻生产方式的积极改革相比，利用大数据进行受众资源的开发却多少被忽略了，而实际上，它的重要性并不比新闻生产低，因为由大数据所挖掘出的受众是精准的、清晰的，因此从长远来看，无论是UGC、PGC还是PUGC，其吸引力都可以被DGC（Data generated content，DGC，数据生成内容）轻易夺去，只是DGC有一个前提，就是先要了解受众，再据此生成内容。值得欣慰的是，2014年，广播节目中的“数据思维”和广播媒体本身的“大数据建设”开始深入，首先是一些学者探索将大数据用于广播的市场调查。许多电台开始在收听率调查的基础上进一步加强对自身网站、微博、微信等新媒体平台的数据挖掘，通过社交账号的绑定记录听众喜好，甚至与第三方合作，采取多种手段构建更为系统、完善的受众研究体

① 高贵武，赵媛媛．移动互联时代广播媒体的态势与发展逻辑［J］．新闻记者，2014（10）：24—32。

系。例如，北京电台就积极利用大数据推动电台转型，加强同央视市场研究股份有限公司（CTR）等第三方广告监测数据公司的合作，进一步升级广告录入系统，加强合同信息统算过滤以及历史数据挖掘等功能，为构建客户大数据体系进行筹划。[①]

可以预见，在媒介融合时代，基于诸如大数据挖掘及分析等技术的受众资源开发将会日益普及，且渐趋细致。不过，这还不是传统广播在这个充满竞争的崭新媒介环境中所能把握的唯一机遇，借助于一些受众群针对性较强、使用群体相对单一的新媒体平台，传统广播一样可以挖掘更多并无限接近自己的潜在听众。BBC 一直很善于捕捉自认为重要的受众群体，此前就曾通过 WhatsApp、LINE 等接近“千禧一代”，这正是许多传统主流媒体想要抓住却又力有不逮的一个群体。2016 年，BBC 巧妙借助备受国外高校学生群体追捧的新型匿名社交网络 Yik Yak 完成了一次采访，并打开了与这一群体交流的大门。Yik Yak 被称为“小鲜肉、小萝莉的 Twitter”，它没有关注（Follow）机制，用户彼此不认识，通过文字+地图，用户能够看到 2500 米范围内的其他用户发布的 Yak，并能对它进行“顶”或者“踩”。[②] BBC 敏锐地捕捉到 Yik Yak 这种匿名机制（可以使评论更加真实）及其超级本地化信息接收特点带来的好处，将其变成自己的采访区，在“特殊的心理健康报道周”通过该平台向用户采访一些大家关心的心理健康问题及禁忌，得到该平台用户热情回复。这一举措不但帮助 BBC 完成了带有些许“禁忌”色彩的话题的采访，而且因为 98%的 Yik Yak 用户都是千禧一代，BBC 还收获了新的受众。BBC 的这一做法为我国传统广播电台带来了启示：想要接近受众，除了通过各类技术手段去挖掘、寻找，还可以去主动探索能够与受众完美沟通的渠道，有时候仅仅是借力一些现有平台，就可能有意外收获。

第三节　借力“大生态”——优化动态发展中的环境系统

任何媒体都在统一的媒介生态系统中生存，而这个媒介生态系统又是众多社会子系统的一部分，因此媒体的生存和发展脱离不了特定的政治环境、经济环境、文化环境、技术环境等，可以将它们看作是媒介生存所依赖的环境系统。在媒介的生存与发展中，环境的作用不可小觑：从宏观上看，正是一个时代社会环境的总体变化孕育形成一种新的文化，从而促进和接纳了一种特定的媒介文明；

① 此处部分内容选自本书前期成果：田园，官承波．2014 年广播媒体发展的十大关键词［J］．广播电视信息，2015（1）：19—26。

② BBC 赶时髦！用 Yik Yak 与小鲜肉、小萝莉叽叽喳喳［EB/OL］．话媒糖微信公众号，2016-02-23。

而从微观上看，一项政策的出台、一种潮流的兴起、一次偶然的技术发明或发现，都有可能对媒介的生存空间产生巨大影响。

环境系统的重要性和难把握性都在于其动态性，它不断改变着媒介既有的生存轨迹，媒介的生存指导原则、发展方向要随时依据环境的变化进行调整。但必须明确的是，尽管环境是不断变化的，却并非全然不可控，明智的媒介不会被环境所左右，而是要学会有效利用环境。结合历史经验，要做的实则只有两点：把握环境变化的“大势”，然后“借势”拓展自身的生存空间。

一、顺势而为：顺应媒介演进规律

人类传播史经历了口语传播时代、文字传播时代、印刷传播时代、电子传播时代和网络传播时代，在看似毫无联系、以一种各不相同的主要传播方式所标注的时代延续中，实则蕴含了许多媒介演进的规律：传播赋权，互动，人性化，加速迭代……而在所有规律中，有一条最为核心也最为重要，那就是并存与融合。

（一）在全局高度上看待融合

2005 年“媒体融合”概念引入我国，在其后的很长一段时间，一直局限于技术领域。而 2013 年后，这一概念逐步上升为我国的一项国家战略，成为经济社会的一种整体发展背景，被赋予了更为丰富的内涵，也获得了更多的发展动力。

2013 年 8 月 19 日，习近平总书记在全国宣传思想工作会议上指出：“要适应社会信息化持续推进的新情况，加快传统媒体和新兴媒体融合发展，充分运用新技术新应用创新媒体传播方式，占领信息传播制高点。”这是媒体融合的想法与概念首次在国家层面的会议中被公开提及，也可看作是党中央发出的推进媒体融合发展的第一道动员令。

2013 年 11 月，党的十八届三中全会提出，要整合新闻媒体资源，推动传统媒体和新兴媒体融合发展，这一论断被写入全面深化改革的纲领性文件《关于全面深化改革若干重大问题的决定》，媒体融合发展由此成为全面深化改革的一项重要内容。

2014 年 8 月 18 日，中央全面深化改革领导小组第四次会议审议通过了《关于推动传统媒体和新兴媒体融合发展的指导意见》，对媒体融合发展问题作了全面阐述，明确了理念、路径、目标任务和总体要求。[①] 由此，2014 年作为“媒体

① 习近平同志指出：“推动传统媒体和新兴媒体融合发展，要遵循新闻传播规律和新兴媒体发展规律，强化互联网思维，坚持传统媒体和新兴媒体优势互补、一体发展，坚持先进技术为支撑、内容建设为根本，推动传统媒体和新兴媒体在内容、渠道、平台、经营、管理等方面的深度融合，着力打造一批形态多样、手段先进、具有竞争力的新型主流媒体，建成几家拥有强大实力和传播力、公信力、影响力的新型媒体集团，形成立体多样、融合发展的现代传播体系。要一手抓融合，一手抓管理，确保融合发展沿着正确方向推进。”

融合元年”被写入中国传媒发展史。

中央政策制定的初衷是基于巩固和壮大主流宣传思想文化阵地、维护国家意识形态安全的需要，而这恰恰顺应了传媒产业发展规律和大众的消费需求，构成了我国媒体融合发展的“一体三面”。因此广播在看待媒体融合时，必须站在全局的高度，这不是传统媒体的一场“自救”，也不是媒介竞争中的“缓兵之计”，而是尽力在一股必然而不可逆转的潮流中争取主动。2015 年是媒体融合上升为国家战略的两周年节点，是“十二五”的收官之年，亦是“十三五”的前夜，中央网信办曾提出要将“媒体融合专项工程”纳入“十三五”时期网络文化改革发展规划纲要，由此，以广电为代表的传统媒体也正式驶入融合发展的快车道。2018 年 3 月 21 日，中共中央印发《深化党和国家机构改革方案》全文，其中提到：将撤销中央电视台（中国国际电视台）、中央人民广播电台、中国国际广播电台建制。对内保留原呼号，对外统一呼号为“中国之声”。这可以说是媒体融合发展的一件大事，它实现了中央层面的广播、电视，国内、国外传播机构的融合，为国家层面的广播电视改革提供了现实案例，既是顺应新闻传播规律的必然之举，也是满足受众需求、顺应媒体发展和国际传播诉求的必然之举。①

（二）在行业现实中把握融合

如果说，在过去，“媒体融合”还只是少数市场“先锋”主体探索前路的自发行为，那么今天，它已经成为整个传媒行业不容回避的必然选择。媒介技术的发展、国家战略的推动、大众的消费需求以及来自媒体自身的生存压力共同构成了媒体融合的四股驱动力量，在过去的几年间，“媒体融合”已然成为我国媒体发展的首要“关键词”。从中央广电媒体的多点融合、集团式推进到湖南台的独播战略、全产业链运作，上海广电的产业群落构建，再到各个省、地市、县因地制宜的不同操作形式，越来越多的创新转变在传统媒体中被激发出来，越来越多的新生融合模式被付诸实践，诸如“互联网+”“融合报道”“流程再造”“大数据营销”“云共享”“移动化迁移”“中央厨房”等越来越多的“新词”在传媒业普及，与此同时，媒体融合也由过去部分媒体单位试水的市场自发行为转变为一种行业自觉行动，从内容、渠道、平台向经营、组织、管理等纵深方向发展。媒体融合是大势所趋，但媒体融合的具体路径、步骤、阶段特点、模式选择等等，则需在行业现实中谨慎把握。

依当前的发展局势，广播媒体在探索媒介融合之路上已经取得了一些可见的成绩。从宏观上看，融合传播已成为广电领域的一大亮点，广播电视与新媒体之

---

① 夏康健．受众需求推动媒体发展需要 三台合并顺应传播规律［EB/OL］，http：//media.people.com.cn/GB/n1/2018/0328/c40606-29892669.html，2018-03-28。

间的相互依存关系日趋紧密；众多新的视听服务形式正在形成，传统广电媒体与新媒体之间的业态交织日趋广泛，产业参与主体日趋多元，产业规模不断扩大，产业价值全面提升，产业格局日趋复杂；此外，广电媒体与新媒体的聚合互动和多终端拓展也带动了广电媒体运营模式从单一、分散向集约、规模化方向转变，并进一步带动了视听媒体消费结构的优化升级。从微观上看，以 IP（Intellectual Property Right，即知识产权）为核心的全媒体产业链条已经开始布局；不同层级的媒体机构基于自身条件探索出了一系列有效的融合路径；在官方网站的基础上，各广电媒体机构的“两微一端（微博、微信、客户端）”平台已基本搭建完毕；部分媒体机构已经完成了采集、制作、加工、分享等一体化业务流程的改造或更新。

表 4-5　我国部分广电集团媒体融合实践一览

广电集团	思路	实践
上海广电	转变产业、受众、内容	1. 产业（全媒体、全产业链生态平台）：广告和节目制作、播出→新媒体流量 2. 受众：本地用户→全国用户、不确定性大众用户→细分用户、传统媒体受众→新媒体用户 3. 内容：传统名牌栏目+新媒体内容生产
深圳广电	内容为先、平台为上、资本为要、人才为本	1. 内容：打造原创性、贴近性的品牌节目；强化内容的版权意识 2. 平台：打造 CUTV 全国性融合媒体平台、CUTV 融合媒体云平台，辛迪加联播平台；推出广电伴随 App 客户端产品 3. 资本：借上市公司的融资平台功能整合资源，助力集团的产业集群发展 4. 人才：构建互联网方式生产平台，实现内容汇聚，探索人才创新
重庆广电	建平台、改结构、找模式	1. 平台：“融媒体”演播室和架构；建立新媒体中心 2. 结构：改变生产环境、组织结构 3. 模式：深耕本地、整合资源
湖北广电	开放共享、构建万物生长	1. 体制机制：整合全台资源，实现传统媒体与新媒体联动互通，拓宽对外合作渠道 2. 组织架构：媒体融合的领导、规划、管理一体化；成立媒体融合发展委员会，组建新媒体技术专家组、媒体融合专家顾问组 3. 内容：传统媒体与新媒体一体化发展 4. 其他：通过项目创新、对外合作开拓外部市场；设立长江新媒体创投基金，建设新媒体孵化基地；旗下长江新媒体集团与互联网公司联合研发新一代基于云计算、大数据的湖北新媒体云平台

但不可回避的是，在推进融合的过程中，也出现了一些令人遗憾的问题。例如，部分传统媒体没有把握好融合的边界，没有量体制定规划，而是盲目地向新媒体扩张，不仅没有开发出品质高、创新性强的产品，反而因形式上的广、大、全而耗去大量资金和人力、物力，使自身陷入进难攻、退难守的尴尬境地；一些

媒体在融合过程中忽略了技术革新和管理机制、组织架构、业务体系革新以及思维方式、文化基因革新步调的一致性，导致融合过程中各方相互掣肘，不能顺利推进；一些媒体机构没有彻底摒弃传统思维，对新媒体技术和传播特性理解不够深入，以为有了新媒体产品就是找到了媒体融合的路径，其结果是“穿新鞋走老路”，收效甚微。此外，在铺设产业链时，一些广电媒体仍坐守从节目制作、影视剧生产、版权交易、广告营销到有线传输、IPTV、互联网播出平台的已有业态而整合乏术，动作迟缓，创新能力不足、创新机制缺失。

媒体融合发展面临的一个不可忽略的行业现实是：大多数新媒体做的都是企业，遵循的是市场逻辑，它们可能会犯错、会冒进，但最不缺的就是创意；大多数传统媒体做的都是事业，遵循的是体制逻辑，它们有传承已久的权威性、公信力，而骨子里最缺乏的却是活力。媒体融合的一个基本前提是：不能因为一样东西已经存在或已经存在了很长时间，就认为这一定是合理的，例如体制机制。广播的媒体融合之路不应该只停留在业务层面的拓展或职能部门的调整，而应当是一次全新的创业过程，需要推翻重塑的智慧和勇气。

（三）在辩证眼光下审思融合

媒体融合的浪潮起兴于人类传播技术的跨越式发展时期，在网络化、数字化和三网融合的技术支持下，几乎在其发展的不同阶段都对媒体、人及社会产生了重要影响，也正是因此，从一开始人们对媒介融合的“审美”就远远大于对它的“审思”。一时之间，媒体融合，人人皆议，而对于究竟什么是媒体融合、怎样才算实现了融合，并没有形成清晰和相对统一的认知，以至于部分媒体不顾自身条件甚至忽视媒体发展规律一哄而上，盲目跟风，结果反而泯灭了自身的优势，错失了创新发展的良机。这给广播的融合发展带来一项重要启示：越是对于像媒体融合这种被捧得火热的事物，越不能过分乐观，而是要在辩证的眼光下，多加审思。

首先，媒体融合是一个具体的、相对的概念。媒体融合意味着对不同媒介形态及其所承载的信息传播方式、经营管理模式、内容生产样态的整合、汇聚，涉及理念、技术、内容、渠道、机制、体制等方方面面，然而这只是对媒体融合的全局性理解，具体到某种特定媒体，比如广播，媒体融合却又是一个相对的概念。一方面，从纵向的历时演进来看，媒体融合这一动态的过程连接着融合前的单一媒体和融合后的融媒体两个基点，任何媒体都是由先前相对独立、单一的形态通过这一过程才实现了转型的，媒体融合的过程既是一个量的积累过程，是新媒体对旧媒体的改造和补救，也是一个质的完善、突变过程，是旧媒体利用新媒体对自身的调整和重塑。因此，在旧媒体借助新技术在媒介形态、传播手段、传播技术、传播符号等各方面同新媒体建立联系、进行资源整合时，必须以原有媒体的优势和特质为基础，并需要这一特定媒介形态及其统领的传播方式、传播技术、传播符号等要素作支撑，媒体融合的目标并非要做“广而全”的全能媒体，而是要在融合更加先进的传播系统的同时仍然保持自身的专业性和不可替代性。另一方面，从横向的融合主体看，需要完成融合的不仅仅只有传统媒体，还有新媒体，它是一种双向的融合、互动、再造。在媒介融合这股浪潮的裹挟下，更易被发觉的是受到新媒体冲击而生存空间遭到挤压的传统媒体，因而媒介融合也往往被看成是以传统媒体为主体的行为，而实际上，不仅传统媒体需要利用新媒体实现战略转型和二次起飞，新媒体也同样需要借助传统媒体弥补自身劣势与短板，实现跨越式发展，媒体融合不应被视为传统媒体应对媒介变局的一种策略，它更是一股所有媒体都不得不面对的时代潮流，传统媒体和新媒体是这股潮流中不可偏废的两大维度。

其次，媒体融合存在于战略和战术两个层面。媒体融合是网络化、数字化技术和新媒体所诱发的整个传媒业发展的大趋势、大环境，是一场系统性、综合性、全局性的传媒业变革，而并非某种特定媒体、某一媒体机构或某一区域的单一化媒介实践。

从战略层面看，媒体融合的关键在于统筹传媒产业从微观到宏观的系统架构，完成对媒介长远发展的战略性构想以及宏观布局，并力求使自身的业务模式、组织机构、管理机制等与融合后的新平台相协调。在实践中，它主要是指不同媒体媒介所有权的集中，并在此基础上组建出相对更大型的传媒集团，该集团同时拥有报纸、广播、电视、网络等媒体形式，相互之间进行内容资源的充分共享，实现规模经济和范围经济。它可以表现为传统媒体通过资本整合等进行的产业更新换代（例如传统媒体收购新媒体公司、成立新媒体孵化器、推出融合发展品牌项目、引入互联网创新机制等），也可以表现为新媒体企业在对传统媒体的依附过程中通过业务捆绑等途径逐步渗透到传统媒体的运营管理体系，重新构建出新的盈利模式。与简单的业务融通相比，这是一种涉及媒介所有权的更深层次的融合，原央视成立央视国际网络有限公司，旗下组建未来电视公司、爱上电视公司分别运营 IPTV 和 OTT 电视业务，原央广成立央广之声文化传媒有限公司对音频节目进行产品化包装，还有原国广旗下的华闻传媒、上海文广集团重组旗下的百视通、湖南广电集团旗下的电广传媒等，都属于这种模式。

从战术层面看，媒体融合这一战略性趋势最终又将成为一种贯穿于媒介运营全方位的指导思想，转化为具体的发展策略，并细化为理念融合、内容融合、技术融合、渠道融合、市场融合等方方面面，其中每一个子项又可以做若干细分，例如具体到内容生产，又包括信息的采集、编辑、加工、传播、发布等。此时媒体融合的关键在于融合主体有效发掘自身的核心优势，并结合资金实力、组织架构、技术水平、发展规模、人力资源等现实条件，进行媒体自身的再造。在实践中，一方面，它指传统媒体通过流程再造、平台建设、产品开发、终端迁移、技术升级、营销创新、延伸产业链等手段实现与新媒体在内容、渠道、技术、服务、场景等方面的融合。这种形式的融合主要停留在业务层面，不仅解决了传统媒体自身向融媒体过渡的问题，同时也确保了其与新媒体良性外部竞争格局的形成。人民日报社的“中央厨房”、湖南广播电视台的“芒果独播”战略、上海广播电视台的“台网融合”战略等都属于这种模式。另一方面，也指新媒体通过与传统媒体建立战略联盟，多方位开展业务合作，借助各自的传播优势共同打造或推广某一特定的内容产品，实现规模经济的同时提升自身影响力，与传统媒体实现双赢。例如，2013 年乐视网花费过亿购买《我是歌手》第二季独家网络版权，2014 年腾讯公司花费 2.5 亿买下《中国好声音》第三季的独家网络版权。

从当前的媒介环境来看，媒体融合之于传统媒体，更多来说是一种应对新媒体冲击、拓展生存空间的战术选择；而对于新媒体来说，媒体融合则是其主动整合传统媒体、促成传媒产业格局重新洗牌的战略选择。也就是说，媒体融合时代媒体与媒体之间不存在“此消彼长”“谁吃谁”的关系，它所构建的是一套以新的思维方式和思想体系、市场需求为统领的融合媒体生态系统，这一时代真正的较量不是简单地存在于同一层面的“你”“我”之间，也不单单是新、旧之间，而是同时存在于战略和战术两个层面。

最后，媒体融合的模式不是唯一的、固定的。尽管媒体融合本身是一个着眼于全局的宏观概念，但落实到实际操作层面，又是非常具体的。媒体融合究竟应当如何运作？这恐怕是当下业界从业人员和学界研究者面临的最大困扰。截至目前，能否实现采编流程的再造一直被视为传统媒体进行媒体融合的关键，继 2015 年两会人民日报首推“中央厨房”全媒体生产平台，很多中央和地方媒体都遵照这一模式，推出了自己的“中央厨房”或类似的“全媒体中心”“中央编辑部”等平台，以求完成生产方式的变革。其实，这又进入了一个新的误区，因为媒体融合的模式从来都不是唯一的、固定的，它应当是融合主体对自身的核心优势、组织架构、资金状况、人力资源、技术水平、用户积累等因素综合考量的结果，而不应是对某一成熟模板的套用。从发展情况来看，处于不同发展阶段的媒体机构应当采取不同的融合策略；从发展环境来看，位于经济发展程度不同地区的媒体机构在传统媒体业务和新媒体业务上也应有不同侧重；而就我国而言，中央、省、市、县、地区等不同行政区划级别的媒体机构也势必会探索出适用于自身特点的融合模式。

媒体融合并非一场简单的存量改革，它还涉及体制机制、利益调整等更深层次的问题，其模式的差异多元无须多言，仅就当前的媒介实践而言，仍有许多模式正在被挖掘、探索。互联网思维、用户至上、大数据、云计算、移动性、社交化、智能化、产品与服务、流程再造、平台战略、渠道制胜、内容为王、跨界融合……这些不断涌现的“概念”和“说法”，其实都只是方法、工具，其中任何一种都不能真正指引我们看到媒体融合的未来。无论何种媒体，尤其对广播这样的传统媒体而言，我们要寻找的都不应该是模式，而是一条真正适合自己的道路。毕竟融合只是手段，而不是最终目的。如果能够从“融合”中超越出来，站得更高一些便会看到，只有以人为本、关照人的需求才是永恒不变的法则。

媒体融合的未来也映射了广播媒体的明天。在最初阶段，媒体融合表现为媒体内容的网络化、数字化（手机报、音视频网站的建立），它完成的是不同媒体之间业务的交叉互通，是传者与传者的融合，对广电媒体来说，这一阶段所做的是内容的数字化以及信息采编播发的网络化；第二个阶段，媒体融合表现为社交媒体兴起所带动的上述数字化内容的连接，它构建的是用户生成内容的信息传播模式，是受者与受者的融合，对广电媒体来说，这一阶段所做的是社会化新媒体平台的搭建，即我们常说的“两微一端”的建设；第三个阶段，与前一阶段有所交叉，媒体融合表现为信息传播的针对性、个性化（基于大数据技术的精准推送、订阅新闻、信息的私人定制），它完成的是从“多对多”到“一对多”“一对一”的变革，是传者与受者之间的融合，对广电媒体来说，这一阶段所做的是实现前两个阶段即数字化媒体平台和社会化媒体平台的融合。这三个阶段，从传者和传者之间的融合，受者与受者之间的融合，到传者与受者之间的融合，都是我们已经经历的。很显然，下一个阶段媒体融合要做的，就是在此基础上整合这三种融合形式，正像有人说的：第一阶段，传统媒体建设新兴媒体，你是你，我是我；第二阶段，传统媒体与新媒体互动发展，你需要我，我需要你；第三阶段，二者开始融合，你中有我，我中有你；最终将形成一体化：你就是我，我就是你。①

二、乘势而上：迎合数字化潮流

新技术往往会推动新媒介的产生，并对现存媒体的生态位产生直接影响。在生物生态系统中，当物种面对激烈的竞争，往往会趋向于避开正面交锋，填补尚未被占据的那部分生态位。就媒介种群而言，为避开激烈竞争，传统媒介会不断寻求种群间的“空白生态位”，并对其进行填补，这种策略即为媒介的生态位创造。生态位创造旨在挖掘潜在待开发的资源，探寻新的发展机会，是对自身生存空间的一种重塑。

类似于生态位整合，广播媒体的生态位创造策略也存在狭义和广义之分。从

① 冀业．媒体融合向深处去［N］．人民日报，2014-06-19（23）。

狭义上讲，广播媒体在竞争对手所没有涉及的“领地”上新增频率、节目、栏目等，都属于生态位创造。而从广义上看，广播媒体立足于数字技术，在激烈的媒介竞争格局中重新选择、定位，将数字化作为自己“以毒攻毒”“借力打力”的秘药良方，则是一种更大、更有意义的生态位创造。如果说媒介融合是当前媒介发展中的最大现实，那么可以说数字化是我国广播未来发展中的最大现实。数字电视的今天就是数字广播的明天，数字化能为广播带来的不仅仅是生存空间的拓展，而将是一块全新的广阔天地。

（一）数字广播提升广播生存空间的深度

数字广播是指广播节目在制作、传输、发射和接收过程中以数字信号为基础进行处理的传播技术，是将数字化了的音频信号、视频信号，以及各种数据信号在数字状态下进行各种编码、调制并传递给受众。① 如果说电子技术催生了广播，通信技术发展了广播，网络技术壮大了广播，那么数字技术无疑改变了广播。

从 20 世纪 90 年代初原国家广播电影电视部开始进行 DAB 广播的立项研究，到 2005 年年初北京人民广播电台全资子公司北京广播公司与阳光资产集团共同出资成立北京悦龙数字广播传媒科技有限责任公司，我国的数字广播发展正式从战略规划和准备阶段转入战略实施阶段。

当前，国际上几种发展较为成熟的数字广播主要有：数字声音广播（DAB）、数字多媒体广播（DMB）、数字卫星广播（DSB）和数字调幅声音广播（DRM）。对于传统广播而言，数字广播与人们所熟知的 AM、FM 广播技术有着质的不同。在数字广播时代，频率资源不再是稀缺资源，频谱的利用率大大提高，空间、地域不再成为阻隔，广播的传播空间大大扩展。它的影响不仅仅局限于把信息的传播载体由模拟信号变为数字信号，而且无论在内容博弈渠道还是渠道博弈内容方面，都将是又一个站在同一起跑线上的新机遇，使广播真正实现自诞生以来的巨大跨越与全新变革。

1. 内容多元化

传统广播主要依靠声音传递信息，而数字广播可以传递包括音频、视频、数据、文字、图形等在内的多媒体信号形式。原中央人民广播电台副总编辑李国君曾对数字广播带来的多元化内容做过如下精彩论述②：

① 李国君．数字化带给广播的变革与发展——广播改革发展系列谈之五［J］．中国广播，2006（3）：27—29。

② 李国君．数字化带给广播的变革与发展——广播改革发展系列谈之五［J］．中国广播，2006（3）：27—29。

数字广播在发送时，将声音、文本、图像、视频等节目信息生成节目码进行压缩，根据一定的要求打包传送，受众接收时可通过接收机按一定的程序识别、分离，按照自己的意愿选择接收声音或文字、图像、视频等多种信息，也就是在频率不变的情况下，改用数字化传输，频率承载的信息类别、容量和资源利用率都会提升。有人较形象地比喻说，模拟节目传输方式如同在传输带上单一摆放产品（声音信号），不能重叠混杂，数字广播是在传输带上放“集装箱”（打数据包），“集装箱”内堆积多种产品（信息），到用户接收端“开箱分检”（解包），同是一条传输带货物承载量却大大增加了。

广播数字化之后，人们收听数字广播的方式将由“听”转为“看”“读”，听觉与视觉的结合进一步拉近了电台与受众的距离，文字、视频等信息形式的加入也将为广播节目的制作提供更广阔的空间。此外，数字信号所占的频带非常窄，同样频段可容纳的电台数量更多，内容也更丰富。

作为新一代互联网、物联网和移动互联网发展的引擎，有关“云”的技术在我国自 2014 年起逐渐从理论走向实践。而“数字音频天生具有云计算的基因，它可以将音频文件超大化、虚拟化，并安全地存储在云端，消费者只需通过上网设备便可方便获取”①。建立在数据整合与流程再造基础之上、涵盖各类音频资源、以数据库形式呈现的“音频超市”，以及支持多维度音频开发和应用的“智能搜索”，将成为未来广播演化的两大关键词。由此，传统广播数字化转型的一大任务，便是对这种全媒体、跨平台、多终端全新数字音频平台的打造。云时代的传统广播媒体将化身为容纳海量音频库的高速信息网络数据中心——云存储通过将大量音频资料保存在云端，使广播声音不再“过耳不留”，而允许人们在任何时间、任何地点接入收听，同时保留在云端的资源还可以结合大数据为用户提供更多元、更精准的服务；云计算则通过模型的构建，使得音频可被分析及整合应用，缓冲、存储、连续收听成为许多电台 App 的必备功能。

2. 传播交互化

传统广播占据的是时间生态位，线性传播模式决定了人们只能按序收听。传受双方的界限非常分明，受众听什么、什么时候听、听多久都由广播电台决定，既无法自由选择想要收听的内容，也无法及时反馈，仅能通过短信、邮件、热线等方式对节目做一些简单的参与和沟通。而数字广播将完全克服这些弱点，过去的单向传播变为双向互动式传播，信息的传输能力和存储空间都将大大增强，这就为广大受众提供了一个发表意见的广阔空间，人们可以通过网上聊天室、电子

① 下一代广播演化的关键词：“音频超市”&“智能搜索”［EB/OL］. 赛立信媒介研究微信公众号，2014-10-29。

论坛、E-mail 等多种途径最大限度地参与到节目中去，广大听众不仅是节目的消费者，同时也是节目的制作者、传播者，传受界限不再分明。此外，传统广播那些与生俱来的弱点——转瞬即逝、不易保存、顺序收听等都将被克服，受众可以根据自己的兴趣随心所欲地选择喜爱的节目。即便是有其他事情要去处理，也只需轻按暂停键，在任意时刻继续享受数字广播带来的美好时光。

数字广播具有的“预先选择、按需订制、去节目时间表”等特点从根本上革新了传统广播理论①，它甚至将在一定程度上改变当前媒体以“内容为王”的时代，把受众推向大众传播的核心，整个广播活动只依靠受众的自主制作、上传节目、下载分享就能完成，而主持人在整个过程中只起到把关的作用。

3. 传收数字化

随着数字技术在广播领域的应用，广播制播设备开始了全面数字化阶段，从调音台、麦克风，到信号处理器、录音机，再到微波发射器、调制解调器，全部都用数字信号处理。在广播电台里，以往那种写稿、编辑、审稿、配乐、录音、放带、监控的运作方式不见了，取而代之的是一台台电脑，完全实现了新闻信息数字化采集、节目编排数字化运作、节目资源数字化存储、节目传输数字化发射、节目质量数字化监测、工作业绩数字化考核。②

不仅传播环节有了质的飞跃，数字广播的接收终端也将更为丰富，半导体收音机不再是广播的唯一收听工具，嵌入数字接收芯片的手机、电脑、MP3、MP4、数码相机、掌上电脑（Personal Digital Assistant，PDA）、车载电台等都可以接收数字广播。这些设备所带来的不仅是接收终端的多元化，还将为广播带来更多年轻新潮、多元化的听众群体。

4. 功能多样化

传统广播的功能仅限于节目收听，不具备其他功能。而数字广播不仅能“听”能“看”，还可以通过用户的交互使用实现多功能化。一方面，它可以实现节目伴随资讯、电子报纸、电子购物、旅游报道、股市资讯、交通诱导、交通时刻表、天气预报、预警预报、付费广播等功能③；另一方面，通过数字收音机，受众还可以看电影、读新闻、下载电子游戏等。电台则可以利用数字记录设备监测听众信息，包括收听时间、下载内容、调换频率的次数等，以实现有针对性的节目播出。

5. 制播高清化

传统的模拟广播以无线电波为传输载体，由于多普勒效应和多径反射干扰等

---

① 关金．数字技术对广播的影响分析［D］．沈阳：东北大学，2009。

② 关金．数字技术对广播的影响分析［D］．沈阳：东北大学，2009。

③ 姜薇．试论数字广播的前景与开发［J］．中国广播，2006（4）：74—75。

原因，容易受到地形、方位及其他信号的干扰，接收效果不稳定，声音质量较差。尤其在移动过程中，如在高速行驶的汽车、火车、飞机、轮船上更容易出现信号干扰、断开的现象，部分听众只是因为声音质量不好便放弃收听广播。

相比之下，数字广播的制播过程全部采用数字信号，具有比模拟信号更强的稳定性、抗干扰性和保真功能，能够减少声音失真，不易受到外界因素影响。此外，数字广播不仅将各种数据信号在数字状态下进行编码、调制、传递，同时也对数字传送、发射、接收过程中各种干扰引起的误码进行自我纠错处理，这就在容限范围内消除了传输途径中的各种干扰，从而保证了节目从制作到发射、接收全过程都高质量。① 数字收音机还原的声音清晰度高，效果可以与唱片相匹敌，适于便携收听。即便是在高速移动状态甚至是地下停车场所，也不会受到影响。

（二）数字广播拓展广播生存空间的广度

数字广播占据了数字媒介中以时间为维度的数字信号传播空间，为广播媒体的发展创造了新的生态位。在这一生态位中，数字广播既保留了传统广播的便携性、可移动性以及私密性等优点，又吸取了新媒体的交互性和多媒体性，成功完成了新旧媒体的交替转化，增强了广播种群的竞争力，开辟了广播发展的新纪元。

首先，数字广播扩大了广播种群的听众群体。凭借新颖的传播方式、超强的选择性和空前的交互性，数字广播必将赢得广大年轻群体的喜爱。这将使广播媒体的受众在原有基础上进一步向年轻群体扩张。美国 NPR 电台专门成立数字服务部，全面推进网站、播客、移动客户端等数字化平台的服务和后台数据分析，其数字平台用户数的增长有效弥补了传统广播频率听众的流失。

其次，数字广播实现了广播的多元化盈利。除广告经营外，数字广播的盈利方式还有以下几种：一是加密收费，对那些专业化程度较高、针对性较强的节目实施加密，收取收听费；二是服务费，数字广播功能多样，广播经营方可以向受众提供天气信息、娱乐信息及生活类信息服务，并收取一定的费用；三是点播收费，数字广播电台可以将自身打造成一个综合信息的供应平台，购买一些受众需求强烈的文件信息，供受众有偿下载。2008 年，美国清晰频道通信公司（Clear Channel Communications）推出移动应用 iHeartRadio，“将单纯的声音产品做成视觉、触觉、听觉结合的多媒体产品，同时打通上下游产业链，为收听、推荐、购买提供一站式服务……目前，iHeartRadio 已经入驻更多智能手机品牌系统，并与多家汽车厂商长期合作，打通了手机、平板、智能电视、车载和可穿戴设备等移

① 李国君．数字化带给广播的变革与发展——广播改革发展系列谈之五［J］．中国广播，2006（3）：27—29。

动终端平台”[①]。

总体而言，数字广播为广播开创了全新的生态位空间，使广播的功能进一步向交互化、多媒体化、服务化、数字化和高清化发展，听众群体重新向主流受众回归，广告资源开始向多元化和新媒体化迈进。但也应该看到，发展数字广播在政策、资金、技术、设备普及和受众收听习惯培养等方面还存在诸多困难。只有克服这些困难，数字广播才能真正为广播打造一个广阔的生存空间。

三、因势利导：转变生存逻辑[②]

同生物生态系统一样，媒介生态系统中的每个媒介种群也都遵循着一定的生存法则，它们规范着媒介的存在方式、取食习惯、发展样态以及在面临对手时所采取的竞争行为等。“生存逻辑”即是这种法则的核心体现。“逻辑”一词既可以用来表示客观事物发展的规律，也可以用来指称思维的规则或规律性。对一个特定的媒介种群而言，其广义上的主体包含了媒介物种本身，以及该种群内部所有的媒介机构或组织、媒介工作者。为了媒介种群的延续和发展，这些主体之间往往会建立一种约定俗成的内在规定性或指导思想，其自发的指向是保持该媒介种群以一种最适应当前媒介格局的方式存在，从而确保其正常、高效的运转，维护该媒介种群在媒介生态系统中的竞争优势，以进一步推动整个种群的繁衍与发展。这种具有一定目标指向性的内在规定或指导思想即可称之为媒介种群的“生存逻辑”。

媒介种群的生存逻辑并不是唯一的，以相互之间不产生矛盾为基本制定依据，有时多种逻辑交叉使用甚至能产生更好的效果；生存逻辑也不是恒定不变的，它要依据媒介生态格局的整体变化随时进行调整，以使媒介种群总是能够获得自身适宜的生存空间。回望媒介变革的历史，每一种新媒介的诞生都会引发整个媒介系统的生态变革，而由这种新媒介所带来的媒介技术又会将它的上一种媒介——所谓“旧媒介”——在信息生产方式、信息传播方式、文化与制度层面等推向一个崭新的领域。这种新旧媒介的交叠并不必然会使旧媒介遭到淘汰，但旧媒介却必须适应变化了的生态环境重新设定自身的生存逻辑，这也正是当前广播媒体所面临的问题。

（一）用户逻辑

“用户”一词最为普遍的用法是泛指一切产品、技术或服务的使用者。在IT业中，作为英文“User”的引译，它特指网络服务的应用者。然而，在新媒体时

---

① 高贵武，赵媛媛．移动互联时代广播媒体的态势与发展逻辑［J］．新闻记者，2014（10）：24—32。

② 此处部分内容选自本书前期成果：官承波，田园．媒介生态下广播媒体的生存逻辑探析［J］．中国广播，2014（8）：49—52。

代，“用户”的范围被无限放大了，鉴于它不带任何主观色彩和隐含指向性的优点，传媒人更乐于将其与传统的“受众”一词替换，以表明新媒体时代的媒介接触主体已经不再是过去那些只能被动接收信息、几乎没有发言权的“Audience”了，而是变成了能够自主选择媒介、使用媒介、自由与媒介展开互动的“媒介使用者”甚至“媒介消费者”。

媒介接触主体由信息的接收者（即“受众”）转变为媒介的自主使用者（即“用户”）正是新媒介生态的特征之一。在这一思想指导之下，广播也必须相应将过去的“媒介中心主义”逻辑转换为“用户逻辑”，即让渡信息传受关系中的主导权，以用户为中心，关注他们的兴趣、体验和媒介使用习惯。具体来说，尤其要注意两个方面。

1. 挖掘“金字塔底层”市场

经济学中有个名词叫“BOP”（bottom of the pyramid），意为“金字塔的底层”，初次关注这一概念的 C. K. 普拉哈拉德（C. K. Prahalad）在其《金字塔底层的财富》（*The Fortune at the Bottom of the Pyramid*）一书中表达了这样的观点：世界上最令人兴奋、增长最快的新兴市场不在那些拥有高收入、高身份、高学历的“金领阶层”，而正是在世界金字塔的底层。

尽管普拉哈拉德的初衷是为企业和消费者的双赢提供机会，但若将其思想架构移植到媒介上来，也可得到诸多启示：无论是报纸对读者群的争取还是广播电视对收听率、收视率的追逐，无论是网站对流量、点击率的争夺还是社交门户对粉丝数的索求，不外乎是想扩大自己的用户圈子。广播设备构成简单，收听成本低，具有一定的“草根媒体”色彩，当前它最有成效的做法不是刻意与新媒体争抢那些所谓的时尚、高端用户，而是应牢牢扎根于社会生活，关注社会底层的诉求，寻找最适合自己的最大用户圈。

目前，可以说广播已成功覆盖了有车族，交通频率不仅挽救了一度陷入低谷的广播，即使在今天这样的新媒体时代其威力仍在继续。随着汽车产业的发展，城市居民的汽车生活半径日益扩大，交通广播的成功就与其紧紧抓住了这部分人的需求密切相关。而与此类似，对农广播、老年广播、少儿广播、城市广播等等，都潜藏着有待深耕的庞大用户群，广播完全可以此为切口，不断拓展自己的用户圈。

2. 创建“粉丝经济”

2011 年微博风靡之时，李开复曾在其《微博：改变一切》一书中写道：“在微博时代，如果你有 100 个粉丝，就相当于办了一份时尚小报，可以在朋友圈子里享受被尊重、被阅读的乐趣；如果有 1000 个粉丝，相当于一份海报；如果有 1 万个粉丝，相当于创办了一家杂志；如果你有 10 万个粉丝，相当于创办了一份地方性报纸；当粉丝数增加到100万个，你的声音会像全国性报纸上的头条新闻那样有影响力；如果有1000万个粉丝，你就像电视播音员一样，可以很容易地让全国人民听到自己的声音。”① 而对于当时拥有1955万个（该数字目前为8393万，统计时间：2020年6月）粉丝的“微博女王”姚晨，有观点认为：“她每一次发言的受众，即便不算微博‘转发’后的间接传播，也要比《人民日报》的发行量多出近7倍。”②

在此，且不讨论这种类比的合理性，仅数字本身就值得深思。其实，用户获取信息的需求一直存在，不同的是在哪里获取信息。传统媒体与新媒体平台的一个最大区别是：传统媒体卖的是内容，而新媒体卖的是价值、是魅力；传统媒体的传播链条是生产与消费，而新媒体的传播链条是发布与被欣赏、被追随。与传统媒体时代的受众相比，新媒体时代的粉丝是一个更专业、更挑剔的群体，但是他们往往也更热心，具有更高的忠诚度，一旦他们成为某种媒介的关注者，很容易便能转化为这种媒介产品和服务的购买者，进而成为这一切的推销者、传播者，他们的忠诚度和口碑营销对于媒体来说至关重要。

与新媒体相比，广播媒体手中掌握着许多传统媒体所独有的优势资源，在“粉丝就是生产力”的时代，广播若能充分利用这些资源，与新媒体深度融合，精心打造自己的品牌，赢得更多用户的认可，走一条“传统用户—粉丝—铁杆粉丝—广播节目订户”的转化之路，定能创建属于自己的“粉丝经济”，争取到更多用户。

（二）服务逻辑

在过去的几年中，“服务”几乎成为所有行业的关键词，甚至可以说，几乎所有的行业都正在变成“服务业”。对媒体而言，信息采集、信息加工、信息传播的所有努力都要围绕为观众提供满意的服务这一核心来进行。而在信息不再是稀缺资源、用户的信息需求变得更为主动的今天，媒体提供信息的方式自然也须相应转变。在新媒体大潮来袭时，网站、微博账户和微信公众号几乎成为报纸、广播、电视等传统媒体的“标配”，但一个被忽略的关键事实是：转型并不意味着转场，而是要建立服务意识，从过去的内容型媒体转变为服务型媒体。

1. 服务个性化

“个性化”是物质产品极大丰富和审美旨趣显著分化后人们对包括媒介工具

---

① 王湛．你有100个粉丝就相当于办了一份时尚小报［EB/OL］，http：//news.163.com/11/0116/04/6QGB8DAA00014AED.html，2011-01-16。

② 王丽．“微博女王”姚晨不是《人民日报》的“对手”［EB/OL］，http：//gb.cri.cn/27824/2012/04/28/2165s3663267.htm，2012-04-28。

在内的许多事物的共同要求。度过物质稀缺时期后，工业社会的批量生产一度让人们从“物质丰盈”中获得极大满足，但如今，“丰盈”所带来的满足感却远不及“与众不同”“独一无二”所传递出的价值。无论是口语传播时代还是互联网时代，身处其中的人们最想获取的永远是能够最真实、快速地贴合自己需求的那种服务。由此，为用户提供个性化的服务就成为广播服务逻辑的第一要务。

目前，“个性化定制”在网络广播、在线广播等平台中已并不罕见，诸如Spotify、Last. fm、豆瓣电台之类的平台都可以通过记录用户喜好了解用户需求，并最终实现为不同用户推荐个性化内容。2013年6月上线的音频客户端“考拉FM”也是移动互联网时代个性化电台的典范，能够根据用户的操作习惯推送具有针对性的节目，使用时间越长越贴心。这些平台周围，都聚集了大量年轻的拥趸。传统广播也有成功的案例。2012年上海东方广播有限公司推出的两款新媒体产品——“驾车宝典”与“动感101小移”就是“大规模个性化定制”思维的体现，不同于大多数交通广播路况的线性式通用播报，驾车宝典可以根据用户所在位置提供个性专属路况的播报，告知车主他所在位置的周边交通情况，此外还提供诸如车务管家、智能导航、商家优惠、汽车医生、综合救援、一键秘书等基本功能，既从广播媒体本身出发，又完全从听众、用户的实际使用角度设计。动感101手机移动客户端也不仅能让受众随时随地收听广播节目，更融合了录音、歌曲查询、一键互动、在线评论、热点活动等一系列实用并且个性化的功能。①

无疑，个性化的服务更能够维持用户黏性，如何将“以内容换广告”的思维转变为“以服务换用户”的理念，适位生产，精准传播，为用户提供心贴心、个性化、“量体裁衣”式的服务，是未来广播媒体完善自身的重要方向。

2. 从满足需求到创造需求

在市场营销界，“创造需求”是一个经常被提及的话题。它的提出建立在消费者需求日益多元、多变、异质性的背景之下，认为消费者需求正表现出一种“无主流化”的趋势，不再是组织生产的最佳标尺，而若想在激烈的商战中取胜，关键要创新，即生产需要比生产产品更重要，创造需求比适应需求更重要。

在这点上，乔布斯做出了很好的榜样。他认为大多数消费者其实并不清楚自己的需求，而是大都局限在既有的需求中，优秀的供应者可以创造需求。纵观MacBook、iPhone、iPad等一切苹果产品，几乎都是创造需求的产物。在拥有这些东西之前，人们并不能准确地说出iPhone、iPad所具备的那些特征，更不知道自己需要的是什么样的产品。实物产品尚且如此，更遑论精神产品了。媒体无论

① 祁贺．广播新媒体拓展：做的就是“大规模个性化定制”［EB/OL］，http：//tech. ifeng. com/media/detail_ 2012_ 06/26/15570543_ 0. shtml，2012-06-26。

是生产内容，还是生产价值、魅力，都属于典型的精神产品，因此便更需在创造需求上下功夫。广播媒体若想为用户提供最好的服务，就要突破在现有节目、平台上进行改善工作的旧思路，避开竞争红海，而是从用户期望的信息生活出发，在充分调研而又不背离用户现实需求的基础上“无中生有”，创造需求，发掘自己的蓝海战略，为用户提供智能化的服务。

（三）“绿色传播”逻辑

这里所说的“绿色传播”并非简单的指通常意义上人们所理解的媒体要远离低俗、以社会效益为要旨、生产为人民群众所喜闻乐见的文化产品。而是在此基础上，针对广播媒体的特点及其当前面临的环境为其量身打造的新理念。具体地说，它要求广播做到两点：其一，立足听觉传播，弘扬声音优势；其二，规避大众传媒的“信息战”，变信息供应者为信息筛选者。

1. 抓牢听觉资源

即便脱离广播以声音为传播符号、以听觉为信息接收手段的本质，单是看看广播的刚性需求人群，听觉资源对广播的重要性也不言而喻：根据世界卫生组织的统计数据显示，世界范围内视力受损的人数约为2.85亿：3900万人患有盲症，2.46亿人为弱视；[①] 2010年，中国盲人（blind）824.8万，低视力者（low vision）6727.4万，视力残疾人士（visual impairment）是两者的总和——7551.2万。按照这个势头，目前的盲人，估计可能超过1300万，也就是，每一百个人里面，就有一个盲人。[②] 毫不夸张地说，即便有一天其他人都不再听广播了，那么仅是对于这部分人来讲，广播仍然有其存在的必要性和价值。

毋庸置疑，视障人士也有获取信息的需求，甚至也有通过各种新媒体手段获取信息的需求。在过去，他们可以通过读屏软件听取网络上的新闻，然而今天，新媒体把更多的注意力聚焦于屏幕，视障人士的使用需求反而被忽略。盛行于市面上的各种新媒体平台打的绝大多数都是“视觉牌”，就连新闻界也开始流行图表新闻、数据新闻、新闻可视化，一些非数据的新闻报道也为了讲求“互动”，将大段枯燥的文字转化为图表予以呈现。诚然，这对于普通人来说确实增强了阅读的便易性，但对于视障人士来说却于无形中增设了新闻获取的门槛：读屏软件可以阅读文字，却无法“形象地”读出数据和图表，如果那些重要的新闻信息都以这样的形式呈现，那么它们将很难为广大视障人士获取。

为此，“数据可听化”（Sonification）和“数据可触化”的概念被提出。前者是类比数据可视化利用人们对颜色、尺寸、方向的直觉感知将数字转化为图像的

---

① 世界卫生组织官方网站［EB/OL］，http：//www.who.int/mediacentre/factsheets/fs282/zh/。

② 揭中国盲人有多少，中国盲人数量世界第一［EB/OL］，http：//www.mrmodern.com/life/10271.html，2016-01-31。

例子，利用声音的响度、频率、音色、长度等操纵变量将数据与其连接，打造“可听化”作品。例如，语音式维基百科（Listen to Wikipedia）会实时监测维基百科的改动，然后将每次改动化为声音，改动越大，声音频率越高；音色代表改动类型——打击乐是增订，弦乐是删减。后者是假想将数据化作实际存在的物体，使视障人士能够通过触觉感知。西班牙记者塞缪尔·格拉纳多斯·洛佩兹（Samuel Granados López）就用乐高积木做过一个地图，用以标识美洲各国的移民流入、流出量。[①] 类似的可听化、可触化资源都是广播应抓、必抓的重要资源，也为其未来的新闻生产提供了很好的思路。

2. 变信息供应者为信息筛选者

报纸从最初的“单页”变为今天的“厚报”，电视从以前的录播演变为今天的“直播常态化”，手机从开始每天只有两条的新闻早晚报发展到今天定时推送的客户端新闻，互联网更是“一网打尽”：几乎汇集了所有信息的网页导航、超链接，实时更新的网页滚动栏、一触即可实现转发的微博……现代人获取信息的渠道、数量前所未有的“立体化”，信息繁殖的速度、广度、量度几近极致。多样的媒介终端、多元的传播方式、新奇的传播手段似乎正在合力构筑一个巨大却混乱的信息市场，身处信息洪流中的人们所遭遇的一个新问题是：太多信息则无异于没有信息。

在这样的信息泛滥时代，媒介和媒介使用者都面临着一个信息选择的问题。但相对而言，媒介使用者的信息选择很大程度上是被迫的，是想在海量信息中获取有效信息所必须采取的手段，与亲自动手相比，他们其实更希望有人能够把整理好的信息捧到面前。这就为具有专业背景的传统媒体提供了一个转变角色的机会：既然已经有足够多的信息供应者，甚至连消费者都变成了产消者，那么何不做这庞杂信息的筛选者。在新旧媒体一齐涌向“信息战”之时，广播媒体若能独立于信息洪流之外，专心、耐心地充当广大用户的信息过滤器，细选、精选优质信息进行有针对性的投放，再辅之以自身独特的“非视觉”传播手段，乃是真正践行“绿色传播”理念的关键所在。

（四）社交逻辑

从本质上讲，新媒体并不是反传统的，它只是对传统媒体在既有传播环境中的传播惯性构成了冲击。从媒介发展史的角度看，任何媒体都曾经是新媒体，也都成了继它之后的下一种媒体的参照系，而只有当旧媒体发现自己的不足，并主动对新媒体的传播逻辑进行吸纳、使媒介格局重新结构化之后，一个良好的媒介生态环境才最终形成。对包括广播在内的所有传统媒体而言，要想获得长久生存

---

① 新闻可视化火了，盲人怎么办？[EB/OL]．刺猬公社微信公众号，2015-10-15。

与发展，社交逻辑都是一个不得不吸纳的新型传播逻辑。

1. 内容“众包”

2006年6月，美国著名科技杂志《连线》记者杰夫·豪在一篇文章中首次提出“众包”概念，并阐述了其中心理念：比起最具才华、最专业的员工，数量庞大而多样化的劳动力群体总是能提出更好的解决方案。[①] 同理，在新闻领域，来自各专业领域的专业人士的优势要远远大于职业记者。

这是一个“社交传播”的时代，社会传播体系日益关系化、网络化，作为平台的传播渠道和作为信息的传播内容，其背后的专业机构出现了分化与分工。在此背景下，传统媒体一方面固然要试图重建自己的渠道优势；另一方面，也要看到和适应“渠道—内容”分离的新传播格局。[②] 目前，广播已经搭建起了包括网站、微博、微信、各类机构和成员账号在内的立体化传播集群，利用这个集群实现和维护“众包”的成本极低，而作为具有资金和资源优势的专业化新闻传播机构，广播又完全能够在该集群中占据重要的传播节点地位，依托于自身的公信力和品牌优势推广优质信息资源，同时在这个过程中获得新闻采编和节目创新的灵感。此外，不同于一般的互动和用户参与，“众包”所倚重的更多是用户的集体智慧，鉴于“参与生产的人才最关心生产”[③]，“众包”不仅能为消费者营造更多的参与感，也可以提升“众包”新闻产品本身的市场价值。

2. 深度平台合作

与社交平台合作，可能是所有传统媒体在成为真正的社会化媒体之前所必经的一个阶段，广播自然也不例外。当然，这种合作不仅限于目前的开通社交平台账号，而是与社交平台实现真正的深度对接。无论是电视纪录片《舌尖上的中国》还是电视真人秀节目《中国好声音》、电视剧《甄嬛传》，都是这方面成功的先例，借助于社交媒体，传统的传播媒介电视所传递的内容得到了从立意到视角都迥异于前的二次传播，其影响力也获得了前所未有的渗透和扩散，成为一场由电视和社交媒体合作出演的“传媒大戏”。它们完全脱离了传统的节目播出时长的限制，持续为社会大众提供着话题。

提供争议、制造话题、在微博上展开讨论、在微信上聚合舆论，几乎成为这类节目社交化的固有逻辑，看起来，电视正逐渐深谙此道。而遗憾的是，目前在广播媒体领域，尚少有节目本身与社交平台实现无缝合作的成功案例。当然，越来越多的广播人已意识到“社交”元素的重要性，许多广播电台纷纷在手机客

---

① 王晨郁．一次“众包”新闻实践带来的思考［J］．中国记者，2012（7）：78—79。

② 王舒怀．传统媒体转型的社交化路径——人民日报官方微博的运营实践［J］．青年记者，2013（8）：13—14。

③ 王晨郁．一次“众包”新闻实践带来的思考［J］．中国记者，2012（7）：78—79。

户端推出“社交广播”平台，为用户提供实时收听、点播、与主持人互动、上传自制广播节目等服务，意在满足听友的社交需求。但是，仅有这些还远远不够。广播媒体要想与社交平台实现有价值的合作，不应仅仅是内容传播场所的变更，而应是真正依托于内容和平台特点所建立起的分工传播。

第四节　统摄“整体性”——调控结构交互中的关系系统

正如前文所说，广播的生存空间由其物理空间、资源系统、环境系统及关系系统构成，它们的共同作用决定着广播对极限空间的有效占据。其中，物理空间可以看作是广播生存空间的基础和前提，资源系统是其赖以发挥作用的条件，环境系统标识了广播对外在因素的依存与反应，是广播进行自我调适的“晴雨表”，而最终，如何充分调动这三者，使其发挥最大功用、达到最大开展状态，却要依赖于广播的关系系统。

如果将物理空间、资源系统、环境系统等看作支持媒介生存与发展的重要节点性元素，那么“关系”就好比一条条连接各节点的线，它使得原本分散作业的各个节点共同构成了一个统一的网络系统。作为媒介生态学的基本视角之一，“关系”既连接着媒介与外部事物，也连接着媒介内部的各要素，在主体之外，对于主体“间性”的关注也同样不可忽视，如何确保媒介关系系统的高能、高效运转，对媒介争取生存空间的最大化具有至关重要的意义。

一、相互依存的媒介子系统间性

在生存空间理论的框架下，媒介是由物理空间、资源系统、环境系统、关系系统综合协调、相互作用而形成的对媒介极限空间的有效占据。因此，这里所说的“媒介组织”并非指人们所认为的通常意义上的以从事大众传播活动为本职来满足社会需要的媒体单位或机构，而是指结构主义视角下，使媒介生态系统发生作用的各结构组成部分，即物理空间、资源系统、环境系统。作为媒介种群在整个媒介群落中所赖以生存的根本，物理空间既是资源系统发生作用的基础，也是环境系统进行调整的基础；作为为媒介提供延续其生存和发展所需各项资源的资源系统，它依赖于一定的物理空间而存在，又依据环境系统的变化而调整；作为对媒介生存与发展具有重要影响的外部非资源要素，环境系统对媒介的物理空间和资源系统同时产生能动的指导性作用。三者之间相互联系，关系密切。

首先，资源系统只有存在于特定的物理空间时才能够充分发挥作用。就像人类生存发展需要阳光、水文、气候、矿产等资源，但这些资源却必须存在于人类群体的栖居地之中，如果脱离了这一基本前提，那么它们的作用对整个人类的生存与发展来说就是微乎其微的。媒介的物理空间就好比这块“栖居地”，资源系统的开发和功能发挥都必须在其中展开。对广播媒体来说，“非视觉空间”就是其未来应争、必争的一块“栖居地”，因此广播内容资源、平台资源、经营资源、受众资源等的开发也要以此为中心展开，为拓展广播的非视觉空间服务。具体来说，有以下几个要点：第一，广播内容资源的开发应当以听觉资源为主，对已经开发出的内容资源，应当从听觉传播的角度给予更多研究，并力图从声音传播的角度于这些内容中挖掘出更多的美学价值、文化价值；第二，广播平台资源的开发应当以有利于听觉信息的传播为基本原则，在这个原则下，再关注新媒体时代声音信息的视觉辅助呈现、社交互动等；第三，广播经营资源的开发应当以声音为基石，聚焦耳朵经济，关注声音产品；第四，广播受众资源的开发应当以受众“听”的需求为根本，关注需要听、喜欢听、应该听、可能听的人群，同时关注他们听的习惯、方式、兴趣等。

其次，当资源系统被充分调动、各项资源都发挥出最大效用时，又可能为媒介创造出新的物理空间。尽管媒介的资源系统对其物理空间有很强的依赖性，但当资源系统内部的各种资源都达到充分饱和、能够支持媒介生存与发展的状态时，又可以为媒介拓展出新的生存空间。例如，广播在发展早期仅仅是一种家用媒介，但随着汽车业的发展却获得了一批新兴的庞大移动受众群；技术方面，在汽车中内置收音机完全可以实现；内容方面，专为移动人群打造诸如路况播报等的节目也并不困难。可以说，各项资源条件完全具备，于是，广播为自己开拓出了全新的物理空间——移动生存空间。当前的媒介融合时代，各项新媒体技术层出不穷，广播已具备了崭新的技术资源，而智能终端的普及和各种移动音频 App 的开发也为广播带来了一批年轻受众资源，如果能够找准他们的需求，生产出让他们感兴趣、欲罢不能的内容，再找到合适的盈利模式，那么再开辟出新的物理空间也将指日可待。

最后，环境系统的变化和调整能够对媒介的物理空间和资源系统产生深刻影响，同时对媒介物理空间的拓展和媒介资源系统的运作具有较强的指导作用。媒介的环境系统本身就是一个多元、多变的复合体，既包含了像前文述及的媒介融合潮流、数字化潮流那样大的时空背景环境，也包含了许多具体、细小的政治环境、经济环境、社会环境、文化环境、技术环境等环境影响因子。对于任何一个媒介种群而言，环境系统的变化都是指导其进行资源系统开发和生存空间调整的依据。例如，电视的出现让广播转移到车厢（媒介竞争对手的出现促使生存空间调整），新媒体技术的发展促使广播开发新的移动平台、黏合年轻受众（媒介技术变迁推动资源系统调整），国家的“互联网+”战略和媒介融合战略推动广播谋求与其他媒体融合发展的新路（政策环境变化促使生存策略调整），等等。

二、牵引联动的子系统内部要素间性

媒介组织内部的关系是指构建起媒介生存空间的物理空间、资源系统、环境系统等子系统内部各类元素之间的关系，这些分布在各类子系统内部的元素是确保每一个子系统都能正常发挥作用的关键，如果用一条完整的逻辑链来描述就是：子系统内部各元素相互作用，合力对各子系统产生影响；各子系统相互作用，合力对整个媒介种群的生存空间产生影响。不同的子系统内，各类元素之间都或多或少存在着一种相互牵引、连带产生影响的关系，但也表现出了一些不同的特征。

（一）物理空间：场域空间与意义空间交叠存在

媒介的物理空间标识了其在整个媒介群落中所处的位置，从宏观上来讲，广播的物理空间就是前文提到的广播的空间生态位，即频率空间。然而，这只是泛化意义之上的物理空间，就像人类的物理空间是土地，但为了更好地指导生存发展，我们又会把土地分为平原、山地、林地等，并利用平原种植庄稼，利用林地保护环境，满足人类的不同需求。也就是说，在频率空间之下，事实上还隐藏着无数能够对广播的生存与发展起到特定作用的“小空间”，广播物理空间的拓展正依赖于对这些不同小空间的发现与挖掘。例如，仅仅从信息传播这一个角度来说，广播可占据的就有新闻空间、娱乐空间、教育空间等。由于这些“小空间”错综复杂，很难对其进行归类，因此，本书依据这些空间的属性从广义上将其划归为两种层面上的空间。

首先是广播生存的场域空间，它是指地理意义上的广播可以实际占据的空间，是看得见、摸得着、可考量的空间，对广播媒体场域空间的研究可以为其生存空间的拓展提供较为直接和方向性的参照。当前，广播已经占据的场域空间有客厅、车厢、智能移动终端等。

其次是广播生存的意义空间，它是指理论意义上的广播可以占据的相对抽象的那些空间，是看不见、摸不着、不容易被控制的空间。广播最大的意义空间就是其“非视觉空间”，而在这个“非视觉空间”中，可以拓展的又包括前文提及的信息空间、认知空间、美学空间、文化空间等。对广播意义空间的研究可以为其生存发展提供战略性的指导。

尽管性质完全不同，但广播的场域空间与意义空间是相互交叠的，无论是生存在客厅、车厢还是移动智能平台，其实都没有脱离大的“非视觉空间”；而无论是去拓展信息空间、认知空间还是美学空间、文化空间，也都需要搭载某种或几种特定的场域空间平台。广播物理空间的最理想状态是在场域空间和意义空间都得到充分开发的前提下，使两者能够达到最佳的相互适应和配合。

（二）资源系统：各类资源交相影响

媒介的资源系统中分布着媒介生存与发展所需的各类资源，科学、合理地开发这些资源有利于资源系统在整个媒介生态系统中更好地发挥作用。在媒介的资源系统中，不同类型的资源往往呈现出一种相互带动、交相影响的特征。

首先，技术资源是资源系统中的保障性资源，它贯穿于整个系统，连通着各种资源类型。前文在对资源系统的专门论述中提到内容资源、平台资源、经营资源、受众资源，而没有专门涉及技术资源，就是因为无论要开发何类资源，都无法脱离对技术资源的首先开发和应用。例如，非遗、方言之类音频内容的开发和库存需要借助于数字化技术，新媒体平台尤其是原生自有新媒体平台的开发需要以技术手段为先导，经营资源的开发及特定经营手段的实现也离不开技术的支持，而开发受众资源更是直接借助了大数据跟踪和挖掘等相关技术本身。

其次，内容资源和受众资源是资源系统中的核心资源，它们的有效开发对整个资源系统的运行具有关键性意义。媒介的内容资源和受众资源之间具有很强的连带性，在大多数情况下，是广播电台先开发出了内容资源，然后通过做好、做精这些内容去吸引受众资源的聚集，即某种内容资源的开发可能会连带开发出新的受众资源。例如，中央人民广播电台文艺之声于 2011 年 1 月上线的国内首档新闻娱乐脱口秀栏目《海阳现场秀》，尽管在诞生之初已经有了明确的受众定位——移动人群，但播出后效果良好，反响巨大，吸引了更为广泛的受众资源，甚至有了众多的“海阳粉”，生发品牌效应，这进一步激励了中央台于 2013 年成立了海阳工作室，去生产更具创意性的内容，并专门从事广播音视频节目策划、包装、品牌营销等业务，以进一步黏合受众，从而形成了良性循环。还有一些情况，是当广播电台已经意识到自己拥有某部分潜在受众资源，便专门针对这部分受众生产特定内容，即受众资源的启发促使内容资源的生产。例如，2015 年，北京人民广播电台开播了专门面向青年人的动听调频 Metro Radio FM94.5，珠海电台开播了专门面向航空工作人员的航空专业类栏目《爱飞行》。

再次，平台资源和经营资源是资源系统中的支撑性资源。合理地开发平台资源既能够确保优质内容资源以最适合、最有效的方式到达受众，也能够通过为受众提供良好的内容接收体验来留住更多的受众资源；而合理地开发经营资源则有利于维持“优质的内容资源—有效的平台资源—递增的受众资源”的良性循环。平台资源和经营资源之间也存在着微妙的连带关系，一方面，有时候平台资源的大小、属性、功能等决定了可用经营资源的多寡、优劣及使用方式，许多经营模式只适用于特定的平台；另一方面，有些经营模式并非特意为某个平台打造，但在与特定平台结合后却碰撞出奇妙的化学反应，大获成功。在音频领域，“听呗”是一款将平台资源与经营资源契合得非常好的移动音频应用。

总的来讲，广播的各类资源相互依存，交相产生影响，而所谓的完全合理开发、有效利用只是一种理想结果，具体到如何处理各类资源之间的关系、从而实现这一结果，其实并没有一种固定的模式，但对于如何使用这些资源，却有三个基本原则，即：适度开发，使用与维护并重；及时优化，存量更新与增量重组并重；定期调整，静态依存与动态平衡并重。

（三）环境系统：各类生态因子交互作用

在生物生态学中，环境是指包括生物有机体生存空间在内的、周围一切要素的总和。在媒介生态学中，一切影响媒介种群生存与发展的生态因子都可以看作是媒介的“环境”，媒介生态系统存在于一定的环境之中，甚至可以说，它就是由媒介群落和环境共同建构的。媒介环境的分类纷繁复杂，依据生态环境的伸展面，可分为大环境、小环境；依据传播活动参加者的感受，可分为硬环境、软环境；依据传播活动中人类皮肤内外的情况，可分为行为环境、心理环境。[①] 由于无论何种环境都是在生态因子的作用下产生的，因此这里不再对具体的环境类型做区分，而是从生态因子的角度说明环境系统内部的运作机制。

生态学认为，生态因子（ecological factor）是指生态环境中对生物生长、发育、生殖、行为和分布有直接或间接影响的环境要素，它包括气候因子、土壤因子、地形因子、生物因子、人为因子等五类……媒介生态因子作为媒介生存与发展的环境要素，除上述五类生态因子外，还有政治因子、经济因子、文化因子、信息因子和科技因子等。[②] 各种生态因子的聚集构成媒介的环境，它们以一种开放、相互联系、共同作用的方式对媒介的生存和发展产生影响。因此，不同生态因子之间的联系是密切、复杂的，很难用语言阐明是谁影响了谁、谁与谁之间究竟是一种怎样的关系。但是，从生态因子对媒介生存与发展施加影响的情况来看，却可以发现一定的规律性。

其一，通常情况下，各种生态因子会以一种相互联系、协同演进的方式对媒介的生存与发展产生影响。例如，国家层面的媒体融合发展战略、数字技术的发展、经济的繁荣和人们消费结构的改变、社会利益群体的多层化和受众需求的多元化等共同促成了当前势不可挡的媒介融合发展浪潮，使其成为深刻搅动媒介生态格局的重要力量。

其二，在媒介发展的特定阶段，会出现某种生态因子发挥主导作用的情况。在对媒介环境的影响上，每种生态因子都有其不可替代的作用，然而，它们对媒

① 邵培仁．媒介生态学：媒介作为绿色生态的研究［M］．北京：中国传媒大学出版社，2008：142—144。

② 邵培仁．媒介生态学：媒介作为绿色生态的研究［M］．北京：中国传媒大学出版社，2008：139。

介环境的作用力却并不是完全均衡的，总是有些生态因子起主导作用，有些生态因子起次要或辅助作用。例如，广播发展之初，科技因子起主导作用，而发展至战争时期，政治因子又起主导作用。我们无法改变环境，却可以通过及时发现影响广播发展的主导生态因子，并有效利用这一因子，从而助推广播的发展。

其三，除能够直接对媒介环境施加影响的主导生态因子外，一些其他生态因子的间接渗透作用同样不可忽视。政治因子、经济因子、文化因子、科技因子等都可被视为影响媒介环境的主导生态因子，或称直接生态因子，但在某些情况下，还有一些生态因子不直接对媒介环境施加影响，却可以通过影响主导生态因子，对媒介环境形成一种间接、长久、强大的渗透力，例如媒介所处地域的气候条件（间接决定了人们的作息习惯，进而对特定形态的节目类型产生影响）、媒介使用者的群体特征（例如，在具有听广播历史传统的广播大国英国，新媒体对广播带来的冲击就没有我国严重）。在实际考量中，这些因素往往被忽略，但有时它们却可以对媒介的生存和发展产生难以撼动的影响。

三、竞合共生的媒介种群间性

媒介组织外部的关系，即某一媒介种群与其他媒介种群的关系。与媒介组织间的关系和媒介组织内部的关系相比，这是媒介面临的更为直接、更急需处理的一种关系。对于广播来说，媒介组织外部的关系即它与纸媒、电视媒体、网络媒体和所有其他新媒体的关系。本书在第三章中曾有述及，不同媒介种群之间经过相互作用，会形成两种主要的种群关系：正相互作用（包括偏利共生、原始协作和互利共生）和负相互作用（包括捕食、寄生、偏害以及竞争关系等）。这是仿照生物生态学中生物种群的情况，以媒介种群是获“利”还是受“害”为出发点，所描述的媒介种群之间相互作用之后所产生的两种截然相反的关系。事实上，上述许多关系在媒介种群之间可能永远都不会出现，例如生长在其他媒介种群“体内”并靠消耗、蚕食其能量来获得自身发展的寄生关系，对其他媒介种群有百害而于己却无一利的偏害关系。这主要是因为：一方面，媒介生态系统与生物生态系统有着显著不同，它不适用纯粹的“优胜劣汰、适者生存”法则，却存在着新旧相接（旧媒介会在新媒介的竞争压力下向新媒介学习，以便在新的媒介环境中找到最适合自身的生态位）和各司其职、相互借鉴、共存共生的可能性；另一方面，打造与其他媒介种群之间的一种新型“竞合”关系正是媒介融合时代为媒介种群所带来的最重要的生存法则之一。

（一）价值差异化认知下的共生共存

每个媒介种群都有自己在媒介生态系统中的独特价值，报纸长于深度阅读和思想的沉淀，广播在声音的渗透力、覆盖面和伴随性上独具优势，电视声画并茂的大众化和娱乐性帮助其稳稳占据客厅，网络的海量信息无人能及……在处理媒介种群间的关系时，首要的一条原则就是充分认清自身和他人的价值，承认他人的价值，进而从他人的价值中汲取养分。“当两种或多种媒介为了生存与发展进行竞争时，承认并尊重其他媒介的生态价值和生存、发展的权利，相信对方能够从某些方面给自己以启迪和智慧，采取‘生活并让他人生活’的策略，是一个更重要、更人道的生态学原则。”①

广播诞生之初，报业曾一度对广播业大肆打压，但其结果却是不仅没有将广播置于死地，反而险些将自身的发展逼入绝境。经过一段时间的发展后，两者充分认识到彼此的价值，开始互相吸取对方的长处，从而都获得了长足发展。就广播来说，从最初的借鉴报纸内容，采纳报纸的新闻来源、广播读报等，到后来逐渐向资本运营、平台联合、互设议题等领域扩展。20 世纪末，中国国际广播电台便依托于驻外记者资源丰富的优势开办了《世界新闻报》，主打国际报道，内容涵盖国际政治、经济、文化、体育、教育等各领域。此后，广播借鉴报纸的优势来促进自身发展的情况屡见不鲜：天津经济电台联合《经济日报》《经济参考报》《环球时报》等国内 9 家媒体推出话题言论性节目《观点》，借助国内权威的时政、经济类报纸，以更加专业的视角、更为深刻的解读打动听众，受到了广大听众的喜爱；上海电台联合《新民晚报》推出《晚报大家听》，电台的部分评论内容在报纸上刊登，不仅实现了节目内容的互文，更实现了广播对不同受众群体的覆盖；北京电台体育广播和《北京晚报》携手，致力于打造北京最权威的体育新闻报道平台，北京电台推出全新体育类节目《北京晚报体育时间》，播出当日《北京晚报》体育版中的重要新闻、体育评论、人物专访、事件分析、深度研究等内容，并邀请报社编辑记者走进直播间与电台主持人一起对热门体育事件进行评析，《北京晚报》则在体育新闻版面上设置固定专栏《北京体育广播——1025 动听地带》，对电台节目内容进行全方位解读；2012 年 7 月 3 日，中央人民广播电台与全国 16 家报业集团在北京签署战略合作协议，相互借势传播，实现创新发展。

（二）生态位分离基础上的分工协作

生态位分离是生物有机体在面对竞争时的生存策略之一，它的基本理念是：将整个媒介生态系统看作一个“大家庭”，整合和共享媒介资源，并且重新优化组合，合理配置，让处于竞争关系中的不同媒介种群据守在自己最擅长的领域，各司其职，分工协作，而不是直接开展正面“交战”。通俗地讲，这种形式的关系其实包含了两个层面的内容：第一层面：面对竞争时，你做你的，我做我的，底线是“你”和“我”之间不产生冲突；第二层面：你做你擅长的，我做我擅

① 邵培仁. 媒介生态学：媒介作为绿色生态的研究［M］. 北京：中国传媒大学出版社，2008：66。

长的，“我们”拥有共同的目标，“我们”所做的事情为“你”“我”双方都能带来利好。从实践上看，21 世纪初广播与电视的合作就是这种逐层递进式分工协作关系的体现。

资源整合是广播与电视开展合作的基础。我国大多数地方都把广播和电视放在一起进行管理，这也为二者联合、实现资源共享提供了便利。

广播利用电视资源的初级表现为录制电视节目在电台播出。随着中央电视台《新闻联播》《今日说法》《百家讲坛》等节目的火爆，一些地方台拷贝此类节目进行播出，听众反响良好。

合办节目是广播与电视更为高级的业务合作方式。2007 年 5 月，河南郑州电台文娱广播联合郑州电视台三套文体频道推出了一个广播电视互动栏目《戏迷总动员》，双方共同策划、制作，节目播出方式时而为电视、时而为广播，听众与观众互相打通，双方的收视（听）率都有所提升。2008 年 3 月，厦门广电也推出了一个全新的广播电视互动节目《996 连线》，作为晚间新闻节目《厦门直播室》的小版块播出，不久后该节目的互动程度不断提高，上升为两大直播室之间的实时互动。两大媒体节目风格交融，优势互补，既增强了电视新闻的资讯量，让电视节目更贴近民生，也扩大了广播节目的知名度。①

当然，广播与电视之间的协作并不仅限于合办节目。2005 年 1 月 1 日，由 eTV 湖南经济电视台创办的“金鹰 955”正式开播，这是国内首家由电视台创办的电台，也是全国首家以私家车主为受众的电台。依托湖南经视新闻和直播都市两大资源，提供“955 最快捷的新闻资讯”，结合本土特色美食、车讯和都市夜生活，推出“955 最专业的贴心服务”，立足湖南经视的主持人、艺人，推出“955 最动听的声音产品”，通过短信互动、新闻跑题、心事倾诉，推出“955 最多元的互动话题”，开播以来受到了广大听众的热烈欢迎。这是电视与广播打通资源、整合营销的典型案例。

分工协作固然能带来利好，但需注意的是，一定要以稳固自身的原始生态位为前提，注意在合作中维护自身的主导地位，切忌盲目协作。

（三）兼顾“竞”“合”的互惠共赢

无论是广播对报纸的借鉴还是与电视的分工协作，实际上都只是一种媒介间的互动和整合，仍处于媒介种群间借用资源、借力传播、借势拓展的初级阶段，而若想实现真正的互惠共赢，则必须通过媒介种群间的有机融合。这种融合的特点是：相互融合的个体之间不分你我，甚至可以催生新的媒介形态，融合双方不排斥竞争的存在，却能在竞争中推进双方的发展。互联网诞生后，广播的媒体融合发展便开始逐渐进入这种在“竞”“合”下实现互惠共赢的新阶段。

---

① 参考王露娅．媒体融合与广播的发展［J］．中国广播电视学刊，2009（6）：88—89。

与互联网融合将使广播的功能得到进一步延伸：一方面，网络媒体的诸多技术优势和传播特性可以为广播所用，提供新的发展思路；另一方面，传统广播的节目有了更多可传播平台，也有了更多创新生产和制作的机会。除此之外，与网络联姻，还将改变传统广播单向线性传播的弊端，弥补声音信息稍纵即逝的局限。受众与广播进行互动将显得轻而易举，参与节目的形式也将更为多样化。在经历了以内容借鉴、成立网站和在线收听为主要形式的广播“上网”阶段后，广播终于与互联网开始了有机融合，其标志便是网络电台和播客广播的诞生。

网络电台真正开启了广播与网络媒体融合的序幕。相较而言，它不需要占据卫星频段和频率资源，节目内容、主持风格、讨论议题及听众范围均与网络具有强烈的关联性，其媒介偏向已经由广播转移到网络。网络媒体所有的信息传递方式，包括文字、图片、音频、视频等都可以为网络电台所用，这使得广播单向传递信息的时代彻底结束。

与传统广播相比，网络电台具有更强的随意性，依托于互联网，一档节目基本只需一个主持人就可搞定，制作成本比较低廉。除传播范围扩大、节目互动性增强外，锁定年轻群体也使其更显新潮化。网络电台主持人的角色由“DJ”变为“NJ”，“NJ”的所有活动均以网络为出发点和落脚点，其节目内容更强调个性化，旨在迎合网民的生活方式。为了增强节目的互动性，网络电台一般还会设立专门的网友QQ群和论坛，听众可及时对“NJ”进行信息反馈。

网络电台的诸多传播优势吸引了大批广播媒体和网络媒体。2005年伊始，我国许多大型门户网站和商业网站都开始进军网络电台广播。如21CN公司网站的21CN网络电台、腾讯公司QQ网站的QQ电台、猫扑网站的猫扑电台、网易公司的网络社区电台等。这些网络电台在网上建站并招募“NJ”，以网络音乐为主打，力求抢占网络音频服务的品牌阵地，以听众为主导，打破了传统广播电台的束缚，风格轻松活跃。2005年7月，中央人民广播电台联合中国广播网打造的银河网络台开通，一出场就立足于前卫和时尚，风格和形式也很是新颖，这是传统广播向播客迈出的重要一步。银河网络电台还成功开办综艺频道、校园之声频道、中国民乐频道等，全天24小时直播综艺节目，成为最具人气的华语网络电台。① 此外，中国国际广播电台开办的国际台、北京人民广播电台开办的青柠檬网络电台也是网络电台中的优秀代表。

综合来看，网络电台成功抢占了广播和网络的叠加生态位，借助网络平台，立足于广播特色，网络电台实现了功能网络化、娱乐化，吸引了大批年轻听众的

① 参考赵多嘉，许秀玲．内容·受众·传播——广播专业化概论［M］．北京：中国国际广播出版社，2008：280。

注意力，实现了广播的网络化生存。

表 4-6 部分国内外网络电台一览

区域	名称	成立信息	定位	特色	运作模式
国外	Pandora	2000 年 美国	美国最大的互联网电台	互联网+音频；第一个以“收费在线音乐服务”概念上市的公司	向用户提供数据挖掘和歌曲推荐服务；正版授权；靠广告和会员费盈利
	SoundCloud	2008 年 德国	提供音乐分享服务的社区网站	音频分享中的 YouTube	允许用户录制任何声音，并通过自己的播放器在社交网站分享，支持添加图片和位置信息
	Spotify	2006 年 英国	全球最大的流媒体音乐服务之一	可收听全世界的音乐	利用 P2P 技术向用户提供免费音乐，以插播广告的形式（包括声音和图片）盈利；收费用户没有广告
	Google Music	2011 年 美国	云端音乐服务	个人专属的云端音乐	提供订阅和推荐功能，用户点歌后可通过 PC 或移动设备在线收听歌曲；提供社交功能，用户购买音乐后在 Google+上分享，用户好友可免费收听一次完整歌曲
国内	QQ 音乐	2004 年 腾讯	一站式音乐服务	国内内容最丰富的音乐平台（在线音乐、音乐社区、音乐生活方式）	正版曲库；实施“QPlay”战略，将与音响、汽车、电视等所有能承载音乐的厂商合作；开放 API，支持各种终端设备无线播放手机上的 QQ 音乐；广告模式与“QQ 绿钻”盈利
	豆瓣 FM	2009 年	个性化音乐收听工具	自动发现并播出符合用户口味的歌曲	基于算法推荐个性化音乐收听服务；广告与付费制（音乐下载和增值服务，豆瓣 FM Pro）并存
	京东商城数字音乐	2012 年	数字音乐服务	为用户提供真正正版、高质量的数字音乐	利用电商渠道销售数字音乐，但价格只有传统 CD 唱片的 1/3 甚至 1/10；利用云计算实现云端存储音乐，用户可随时下载收听
	虾米音乐	2006 年 阿里巴巴	中国专业的音乐社区之一	提供流畅且近乎完美的无线音乐解决方案	付费 P2P 模式，利用 P2P 用户分销模式与口味匹配引擎吸引用户，从而实现音乐网站、唱片商、用户三者的共赢
	百度音乐	2011 年 （前身为“百度 ting”）	中国第一音乐门户	极致音乐体验	向音著协付费，正版授权曲库，为用户提供免费下载、在线播放等音乐服务，靠广告赞助获得营收

比网络电台更加来势汹汹的是被誉为“下一代广播”的播客广播。低门槛、

平民化、非线性传播、可订阅、收听自由、不插播广告……作为一种新的网络传播模式，播客广播的诞生完全颠覆了传统广播“你播我听”的被动收听方式，“秀出你的声音来”成为播客时代的自由号角。只需下载一个软件，拥有一个麦克风，广大听众就可以根据兴趣和喜好制作符合自身需求的节目，并将其上传到网络供网友分享或下载到播放终端收听。可以说，播客完成了广播信息传递方式由传者到受众的转移，开启了广播传播从“内容为王”转向以“听众为中心”的时代。

天生具备草根、小众、互动、空前自由的传播方式，使播客一诞生就受到了广大网民的欢迎。不过，缺乏组织性、系统性和专业性也成为其致命弱点。此外，传统电台长久以来积累的资金、人员、内容资源以及听众忠诚度等优势也令播客难以望其项背。这一切都为传统广播开辟播客广播的生存空间提供了基础。很多广播电台已意识到了这一点，虽尚未找到广播与播客的最佳结合点，但利用播客的传播优势进行内容创新、扩大影响力已成为国内外众多广播媒体的一致选择。

在播客的诞生地美国，WNYC 电台和 WGBH 电台等专门将专访、评论和对话节目等适合制作成播客的电台节目制作成播客供网友下载。2005 年 5 月 16 日，美国还推出了世界上首个以“播客”节目为载体的广播电台。BBC、加拿大广播公司（Canadian Broadcasting Corporation，CBC）等相继开通了“播客”频道，这些频道均对外开放，不仅有电台制作的节目，还允许网友上传自己的内容。我国广播媒体也看到播客带来的机遇。像上海东方广播电台的《波哥播客秀》、北京文艺电台的《播客风暴》等，都是广受好评的播客节目，银河台也于 2006 年 3 月 1 日添加了“播客”专题，致力于将其打造为集图、文、影、音于一体的多媒体播客平台（Mblog）。

回归到媒介生态系统中，尽管播客广播在很大程度上挤占了传统广播的生存空间，分散了传统广播的听众群体。但应当认识到，只要传统广播利用好播客的传播形式，立足于自身的传播特长，把播客广播视为拓展自身传播范围的新手段和新形式，以受众为中心，努力做到传播手段的多样化、传播内容的多元化，二者终将实现“共生共存、互惠共赢”。

如今，新媒体平台仍在层出不穷，移动互联网的飞速发展又为广播与微信、微博、短视频、移动直播等的融合以及融节目收听、社交分享、互动参与、生活娱乐、智能化体验等于一体的移动音频客户端的打造提供了机遇，而不管在下一个“秀场”中主角是谁，在对待与其他媒介种群的关系上，只要把握好上述三大原则，广播定能在媒介竞争中立于不败之地。

结　　语

“广播？还有人听广播吗？”

不管愿不愿意承认，至少在我国，广播从业者和广播研究者都会经常面临这样的疑问。在这个阅读碎片化、信息消费快餐化且稍显浮躁的社会里，音频的打开率变低似乎已经成为不争的事实了。的确，作为第一个电子媒介，广播的诞生曾引领人类迈入全新的电子传播时期，并建构起一个时代的集体记忆，从《火星人入侵地球》引起的大众恐慌到罗斯福“炉边谈话”流传的经典，再到第二次世界大战中激烈的战事宣传，众多载誉人类传播史的重大事件都无不与广播息息相关。然而，电视的出现使广播在短时间内黯然失色，广播被推向大众传播的边缘。专业化变革使广播走上了“二次创业”的道路，影响力也有所恢复。特别是在受众需求日益细分、分众传播成为潮流的情况下，专业广播一路风光。然而，好景不长，数字技术的诞生又使电波技术的优越性瞬间不复存在。网络、手机等新媒体使整个传播环境发生了改变。

背负着“弱势媒体”之名，广播一路走到今天。毫无疑问，广播仍然被需要着，但我们要做的不是一而再、再而三地去证明这种需要的存在，而是去发现这些需要，并研究如何采用更好的手段去满足这些需要，在服务大众的同时获得自身的发展。这正是本书竭力想要实现的目标。

“媒介生态”“媒介融合”“生存空间”是本书的三个关键词。

媒介生态学及其相关理论就像一副“眼镜”，带来了一种包含着关系、对比、整体、发展、平衡等在内的独一无二的系统论视角，它并非本书某处具体观点的理论支撑，而是作为一种思维方式和分析方法贯穿始终，以此使本研究不是局限于广播自身，而是同时关注到环境，关注到环境的变化发展，关注到其他媒介，关注到媒介生境中的种群关系，关注到关系中的“竞”“合”两面。

媒介融合，它所揭示的首先是当前广播倚靠的最大现实背景，是不得不面对的时代趋势，同时也蕴含了广播生存的方法论和未来的发展观。作为一种传统媒体的广播在媒介生态系统中始终处于特定的听觉生态位上，而立足于这个根本，依靠媒介融合，这一听觉生态位又可以得到拓展和超越，使未来的广播发展为“作为一种新媒体的广播”。从发展阶段上来说，传统广播是立足于听觉生态位本位的广播，它通过收音机接收信息，线性传播，声音过耳不留；现阶段的广播是听觉生态位面临拓展的广播，它仍然是广播，却可以走出收音机，走向各类智能移动终端，它仍要靠声音传播，却不再拘泥于时间束缚，声音也可以存储；未来的广播是听觉生态位全面超越的广播，它可能不再叫“广播”，而是基于人们的信息接收需求、从传播功能上被定义，它与其他任何使用声音传播信息的新媒体别无二致，是一种听觉媒体。

而生存空间，正是在媒介生态的理论视野和媒介融合的现实环境下本书想要探寻的落点，既包括媒介生态视野下广播媒体生存空间的发现和守护，也包括媒介融合环境下广播媒体生存空间的延伸和拓展。

在研读了大量相关资料和前期研究成果、走访了几家广播机构、了解了许多国外发展经验、试用和研究了诸多新媒体音频平台之后，“非视觉空间”，可以说是笔者所挖掘到的一个核心点，围绕这一核心点，本研究一直在试图搭建一个相对系统、全面、能够基本涵盖所有相关内容的广播研究的框架，具体地说，这一框架可分为三个层面。

宏观层面，本书是关于“非视觉传播”或称“听觉传播”的研究。在听觉传播的体系架构下，不存在通常意义上的传统媒体和新媒体，广播作为一种听觉媒体，它与其他所有以声音为传播符号、致力于满足人们听觉需求的新媒体形态都是打通的、一体化的。想要站在更高的立足点之上研究广播，就必须超越广播这种单一的媒体视角，从听觉传播的层面，从人类信息接收需求的角度，去研究声音、研究听觉信息的传播和接收规律，研究听觉美学和听觉文化，等等。

中观层面，本书是关于生存空间拓展策略的研究。媒介融合为广播媒体生存空间的拓展带来了机会，那么究竟该如何利用这些机会拓展生存空间？实践中应采取哪些手段？从层次上来说，这些策略包括战略上的、战术上的；从类型上来说，又包括理论上的、实务上的；具体到实务方面，又包括内容上的、平台上的、技术上的、经营上的等；而仅从一个细小的实务类型出发，还可以分出更多的分支，难以尽述其详。本着理出一个能够较为全面地开展广播研究框架的目的，本书搭建了一个生存空间模型体系，并将其分为物理空间、资源系统、环境系统、关系系统四个层面，然后尝试在每个层面进行分析、探讨，从而提出策略建议。

微观层面，本书是关于中观策略具体执行和衍生问题的研究。对于媒介的生存和发展来说，把握正确的理念和明确的方向只是第一步，策略的提出是第二步，而真正不可忽视的则是第三步——策略的执行。本研究所搭建的宏观、中观、微观逻辑链也希望能够体现这样的阶段性递进。那么，什么是策略的执行呢？比如，我们总是提出“要以内容为王”，但这其实是一个非常笼统的概念，究竟如何做才算是以内容为王呢？这可能涵盖优质和权威内容标准的框定、内容把关机制的建设、对UGC内容的专门筛选和鉴定、内容自制和内容外包的生产流程控制等。有时候，中观层面的策略已经众所周知，而对于当前的我国业界来说，真正具有指导意义的正是少有人关注的微观策略执行方式。当我们开始关注这些微观策略的执行时，还会发现许多细小的衍生问题，比如：不同平台有着不同的信息讲述方式，广播利用微信公众号推送信息时，推送什么类型的内容最合适？“语音+语音文字版”的信息呈现方式是科学的吗？一条长多少秒的语音内容是最容易被听众接受的？还有许多类似的问题都值得思考和研究。

在研究过程中，本书积累了很多感悟和收获，当然也留下了不少遗憾和困惑。这些遗憾和困惑既是本研究的不足，也可看作是对业界方家的求教、对未来研究的建议，是展开后续研究的动力。

其一，听觉传播是一个含义丰富的话题，对于广播来说，“非视觉空间”的打造不仅需要宏观的、方向性的规划，更需要对声音特性、对听觉传播规律的深刻认识，而这必须要深入广播语言研究、广播播音研究、广播主持人研究、广播节目研究等方方面面。例如：新闻节目、情感故事类节目、娱乐节目等不同广播节目类型分别需要怎样的口播音色、音调？怎样利用声音来进行广播品牌的听觉识别传播？广播如何利用听觉感知来塑造声音景观，又如何从美学的角度去表述听觉艺术？类似这每个问题的背后其实都隐藏着一个个广阔的待研究空间，而要回答这些问题，则必须去了解传播学、物理声学、文化人类学、美学、文艺学等跨学科的相关知识。这些都是目前本书所无力涉及的。

其二，为了紧抓对广播生存发展具有核心和根本性作用的路径，也是基于当前广播界“声音”研究和利用稍显不足的现实，本书一直在突出强调“听觉”“非视觉空间”的概念，却未能展开篇幅对当前议论纷纷的“广播视觉化”观点予以说明。实际上，对“非视觉”的强调并不是否认视觉元素在广播中应用的可能性和合理性。未来是一个多终端的时代，而这些终端大多都是有屏幕的，广播不仅要研究如何利用这些层出不穷的终端将音频推送给用户，还要研究应该在这块屏幕上展示和提供什么，但无论是什么，人们“读”报纸、“看”电视、“听”广播的信息接收本质是不会变的，即使广播可以视觉化，也绝不会仅仅是插图片、做视频这种简单、粗放的方式。智能化时代的到来为音频行业带来了更多机会，广播的“声音传播”会出现怎样的“新声态”？这已经是我们不得不去思考的问题。

其三，当前的媒介生态学研究还处于上升阶段，就连对这一领域的学科界定也还存在媒介生态学和媒介环境学之争，因此缺乏深层次的理论挖掘，以该理论作为分析工具来研究某种具体媒介的前期成果借鉴也较少；与此同时，生存空间理论更是多被用于人类生存空间和企业生存空间的研究，将其引入媒介研究中并与媒介生态学相结合，算是本书的一个大胆尝试。这两方面都决定了本书在一些理论引述、概念阐发甚至模型建构上难免不到位、欠妥当、不周全，这也是后续研究中应当竭力完善的地方。

广播的发展已近百年，在众多媒体中，它似乎是既传统又时尚、无甚变化又变化最大的一种媒体。它的传统与不变在于：一直守望在声音的世界中，不管有没有网络，也不管市面上最流行微博还是微信，只要有一根线、一个喇叭，一说一听，广播还会是广播，以至于许多人怀疑它是否早已过时；它的时尚与变化在于：在一波又一波的环境变化和竞争对手冲击下，广播似乎总是那个能够最快适应的媒体，从收音机到车载收音机，从网络电台、微电台到移动音频应用、播客，千姿万态，甚至有人说广播已不再是传统媒体而成了新媒体。其实，广播的变与不变都在暗示着它的价值——既有历史、声音的传承和魅力，又有与时俱进的精神和能力。而作为研究者，我们要做的，只是帮助它把握好发展之路上的每次机遇。

参 考 文 献

1. 保罗・莱文森．软边缘：信息革命的历史与未来［M］．熊澄宇等，译．北京：清华大学出版社，2002。
2. 赵玉明．中国广播电视通史（新一版）［M］．北京：中国广播影视出版社，2014。
3. 毕一鸣．世界广播电视发展史——视听传媒的历史变迁［M］．北京：中国广播电视出版社，2010。
4. 宫承波．传播学纲要［M］．北京：中国广播电视出版社，2007。
5. E. M. 罗杰斯．传播学史：一种传记式的方法［M］．殷晓蓉，译．上海：上海译文出版社，2001。
6. 杰弗里・帕克．二十世纪的西方地理政治思想［M］．李亦鸣，徐小杰，张荣忠，译．北京：解放军出版社，1992。
7. 车晴，王京玲．数字卫星广播系统［M］．北京：北京广播学院出版社，2000。
8. 邓炘炘，黄京华．广播频率专业化研究［M］．北京：中国传媒大学出版社，2006。
9. 李彬．全球新闻传播史［M］．北京：清华大学出版社，2009。
10. 梁一儒，户晓辉，宫承波．中国人审美心理研究［M］．济南：山东人民出版社，2002。
11. 林文刚．媒介环境学：思想沿革与多维视野［M］．北京：北京大学出版社，2007。
12. 罗伯特・福特纳．国际传播：全球都市的历史、冲突及控制［M］．刘利群，译．北京：华夏出版社，2000。
13. 迈克尔・埃默里，埃德温・埃默里．美国新闻史（第八版）［M］．展江，殷文，译．北京：新华出版社，2001。
14. 孟子厚，安翔，丁雪．声景生态的史料方法与北京的声音［M］．北京：中国传媒大学出版社，2011。
15. 普雷斯顿・詹姆斯．地理学思想史［M］．李旭旦，译．北京：商务印书馆，1982。
16. 普雷斯顿・詹姆斯、杰弗雷・马丁．地理学思想史（增订本）［M］．李旭旦，译．北京：商务印书馆，1989。
17. 普列汉诺夫・格奥尔基・瓦连廷诺维奇论．论一元论历史观之发展［M］．博古，译．北京：三联书店，1961。
18. 邵培仁．媒介生态学：媒介作为绿色生态的研究［M］．北京：中国传媒大学出版社，2008。
19. 尚玉昌，蔡晓明．普通生态学［M］．北京：北京大学出版社，1992。
20. 申启武，安治民．中国广播电视研究90年［M］．广州：暨南大学出版社，2010。

21. 盛叙功．西洋地理学史［M］．重庆：西南师范大学出版社，1992。
22. 沃尔夫冈·韦尔施．重构美学［M］．陆扬，张岩冰，译．上海：上海译文出版社，2002。
23. 希伦·A. 洛厄里，梅尔文·L. 德弗勒．大众传播效果研究的里程碑（第三版）［M］．刘海龙等，译．北京：中国人民大学出版社，2004。
24. 雪莉·贝尔吉．媒介与冲击：大众媒介概论（第4版）［M］．赵敬松，译．大连：东北财经大学出版社，2000。
25. 詹姆斯·多尔蒂，小罗伯特·普法尔茨格拉夫．争论中的国际关系理论［M］．邵文光，译．北京：世界知识出版社，1987。
26. 张凤铸．扬声音之优势，增强广播的感染力．广播的创新与发展［M］．北京：北京广播学院出版社，2004。
27. 张彩．日本广播概观［M］．北京：中国广播电视出版社，2001。
28. 张明新．媒体竞争分析：架构、方法与实证——一种生态位理论范式的研究［M］．武汉：华中科技大学出版社，2011。
29. 赵多嘉，许秀玲．内容·受众·传播——广播专业化概论［M］．北京：中国国际广播出版社，2008。
30. 中国广播电视年鉴2014［M］．北京：中国广播电视年鉴社，2014。
31. 毕一鸣．论口语文化中的广播语言［J］．中国广播，2010（12）。
32. 陈功．保罗·莱文森的媒介演进线路图谱［J］．当代传播，2012（2）。
33. 成红珍，李汉如．广播频道专业化的思考［J］．新闻前哨，2007（1）。
34. 丁钊．构建广播媒体核心竞争力的探讨［J］．中国广播电视学刊，2008（4）。
35. 封志明．人类生存空间的框架模型及拓展途径［J］．战略与管理，1993（1）。
36. 高贵武，赵媛媛．移动互联时代广播媒体的态势与发展逻辑［J］．新闻记者，2014（10）。
37. 高金萍．西方电视研究范式的价值分析［J］．国际新闻界，2007（10）。
38. 高金萍．西方广播研究的视角分析［J］．新闻与传播研究，2012（5）。
39. 宫承波，田园．媒介生态下广播媒体的生存逻辑探析［J］．中国广播，2014（8）。
40. 古丽萍．加强网络广播建设势在必行［J］．电声技术，2002（10）。
41. 郝丽萍．浅谈广播语言的想象魅力［J］．中国广播，2007（5）。
42. 郝旭，杨洋．广播频率定位要特色化［J］．记者摇篮，2004（1）。
43. 韩志方．麦克卢汉的听觉与视觉空间理论探究［J］．青年记者，2008（23）。
44. 姜薇．试论数字广播的前景与开发［J］．中国广播，2006（4）。
45. 李凤亮，宗祖盼．中国文化产业发展：趋势与对策［J］．同济大学学报（社会科学版），2015（1）。
46. 李国君．数字化带给广播的变革与发展——广播改革发展系列谈之五［J］．中国广播，2006（3）。
47. 李云朝．对广播“三分”与“三化”的思考［J］．现代传播，2012（2）。
48. 梁颐．电视和电视机的未来命运——以莱文森媒介生存进化论为视角［J］．西部广播电视，2014（4）。
49. 梁颐．走出“电视消亡论”：媒介进化论视阈下的电视未来命运［J］．新闻知识，2014（7）。
50. 刘智明，吴亚婕．从BBC Schools网络教育频道建设看我国中小学课程资源库发展思